es 1916
edition suhrkamp
Neue Folge Band 916

ein
no
4 16
werden

a) sich "Neuigkeit" oder
literell enthalten,
die seit der Feder des
Papers egalisiert man
im Prinzip bekommen
sind

b) diese Papers überhaupt
ignorieren

c) ihnen verweigern
die Lesen – mit ihren
poin. Denken, ihm
Rolle für ś am
Entwick d. Collog. buen

d) die empirische
Dimension der
Collog., überlebend

In diesen Jahren stehen die Welt und damit Europa vor einer grundlegenden Alternative: Entweder wird es zu einer Weiterentwicklung internationaler Politik im Sinne ihrer Zivilisierung kommen, oder es wird ein Zerfall schon erreichter Kooperationsgefüge eintreten. Wenn nicht Zivilisierung, sondern Regellosigkeit bis hin zur Anarchie entwicklungsbestimmend würde, träte die einseitige Durchsetzung von nationalen oder partikularen Interessen an die Stelle einer umsichtigen Steuerung von Interessenverflechtungen. Globales und regionales Interdependenzmanagement bliebe chancenlos. Unter den Vorzeichen von Zivilisierung käme es demgegenüber zu einem Konsens über Normen friedlicher Konfliktbearbeitung. Sie dürften in politischer Praxis nicht unterschritten werden, ohne gemeinsame Sanktionen auszulösen. Interdependenzmanagement im Sinne von Weltinnenpolitik könnte auch die Dilemmata, die im internationalen System in den Bereichen Sicherheit, Entwicklung und Ökologie angelegt sind, entschärfen: Dem wachsenden politischen Koordinationsbedarf in einer Welt der gleichzeitigen Globalisierung und Fragmentierung würde entsprochen.

Dieter Senghaas, geboren 1940, lehrt Friedens-, Konflikt- und Entwicklungsforschung an der Universität Bremen. 1987 Preisträger des Lentz International Peace Research Award. Veröffentlichungen: *Abschreckung und Frieden* (1969); *Aggressivität und kollektive Gewalt* (1971); *Rüstung und Militarismus* (1972; es 498); *Aufrüstung durch Rüstungskontrolle* (1972); *Gewalt-Konflikt-Frieden* (1974); *Weltwirtschaftsordnung und Entwicklungspolitik* (1977; es 856); *Von Europa lernen* (1982; es 1134); *Die Zukunft Europas* (1986; es 1339); *Konfliktformationen im internationalen System* (1988; es 1509); *Europa 2000. Ein Friedensplan* (1990; es 1632); *Friedensprojekt Europa* (1992; es 1717); Mitautor von *Europas Entwicklung und die Dritte Welt* (1986; es 1393). Herausgeber u. a. von *Kritische Friedensforschung* (1971; es 478); *Imperialismus und strukturelle Gewalt* (1972; es 563); *Peripherer Kapitalismus* (1974; es 652); *Kapitalistische Weltökonomie* (1979; es 980).

Dieter Senghaas
Wohin driftet die Welt?

*Über die Zukunft
friedlicher Koexistenz*

Suhrkamp

Tanja zuliebe

edition suhrkamp 1916
Neue Folge Band 916
Erste Auflage 1994
© Suhrkamp Verlag Frankfurt am Main 1994
Erstausgabe
Alle Rechte vorbehalten, insbesondere das der Übersetzung,
des öffentlichen Vortrags
sowie der Übertragung durch Rundfunk und Fernsehen,
auch einzelner Teile.
Satz: Hümmer, Waldbüttelbrunn
Druck: Nomos Verlagsgesellschaft, Baden-Baden
Umschlagentwurf: Willy Fleckhaus
Printed in Germany

1 2 3 4 5 6 – 99 98 97 96 95 94

Inhalt

Vorwort

Wüßte man, wohin sich die Welt in absehbarer Zukunft entwickeln wird, würde der Titel dieses Buches kaum einen Sinn machen. Doch solches prognosefähiges Wissen gibt es nicht. Gerade die Entwicklungen auf der internationalen Ebene zeichnen sich durch markante Widersprüche mit kaum verläßlich prognostizierbaren Gesamtfolgen aus:

Während die Globalisierung vieler Handlungszusammenhänge zunimmt und sich weltweite Interdependenzen unterschiedlicher Ausprägung weiterhin zu vertiefen scheinen, ist gleichzeitig ein Trend zum Zerfall bisheriger politischer Strukturen zu beobachten. Der Globalisierung entsprechen internationalistische, der Fragmentierung meist nationalistische Perspektiven. Auf weltwirtschaftlicher Ebene wiederholt sich dabei (zum wievielten Male!) die Kontroverse zwischen Kosmopolitismus einerseits und Protektionismus bzw. Neomerkantilismus andererseits. Und mit ähnlichen Fronten steht dem Geltungsanspruch universell definierter Werte (insonderheit universell verstandener Menschenrechte) ein meist regional eingefärbter kultureller Relativismus bzw. Partikularismus entgegen. Während wachsende Interdependenzen in der Welt nationale Souveränität relativieren, wenn nicht gar untergraben, macht sich gleichzeitig mit großer Eindringlichkeit, ja Militanz das Verlangen nach Selbstbestimmung und einer Neubegründung von Souveränität bemerkbar. Einer universalistisch orientierten Welt ist der Gedanke, sich bei schwerwiegender Mißachtung von Minimalstandards zivilisierten Verhaltens in die inneren Angelegenheiten anderer Völker und Staaten einzumischen, nicht fremd; ihm aber steht das althergebrachte eherne völkerrechtliche Prinzip der Nichteinmischung entgegen. Und immer noch gleicht die Orientierung politischen Handelns an »Menschheitsinteres-

sen« einem bloß rhetorischen Fluchtpunkt, während Sonderinteressen das tatsächliche Handeln bestimmen.

Was also charakterisiert die Welt? Eine erste Antwort deu-
tet auf Entwicklungen, die in einander entgegengesetzte
Richtungen weisen.[1] Dabei ist in verschiedenen Teilen der
Welt das Mischungsverhältnis von globalisierenden und frag-
mentierenden Trends höchst unterschiedlich: In der indu-
strialisierten Welt (OECD) wurden in den vergangenen Jahrzehnten jene Prozesse bestimmend, die auf eine Vertiefung
der Verflechtungen bei gleichzeitiger institutioneller Absicherung der daraus entstehenden »komplexen Interdependenz« ausgerichtet sind. Wenngleich eine weitere Evolution
in diesem Sinne wünschenswert wäre, gibt es in Wirklichkeit
nicht einmal eine Bestandsgarantie für das erreichte Ausmaß
an Kooperation, zumal wenn die Wettbewerbsbedingungen
sich verschärfen. Selbst Rückbildungen und damit ein Wiederaufleben von Geopolitik und Geoökonomie können nicht
ausgeschlossen werden. Fragmentierung ist jedoch vor allem
das Kennzeichen von Entwicklungsgesellschaften, insbesondere wenn diese eine chronische Entwicklungskrise ohne
Aussicht auf deren Überwindung durchlaufen.[2]

Eine zweite Antwort erschließt sich aus den strukturellen
Dilemmata, die auf internationaler Ebene in den Beziehungen zwischen organisierten Kollektiven angelegt sind. Immer
noch ist die Welt eine Staatenwelt – angesichts der Ausbrei-

[1] Zur Gesamtproblematik von Globalisierung und Fragmentierung s. auch Benja-
min R. Barber, *Jihad vs. McWorld*, in: *Atlantic Monthly*, März 1992, S. 53-63;
Michael Zürn, *What Has Changed in Europe? The Challenge of Globalization
and Individualization*, in: Hans-Henrik Holm und Georg Sørensen (Hg.),
Whose World Order? Uneven Globalization and the End of the Cold War, Boulder 1994.

[2] S. Dieter Senghaas, *Zwischen Globalisierung und Fragmentierung. Ein Beitrag
zur Weltordnungsdebatte*, in: *Blätter für deutsche und internationale Politik*,
Nr. 1, 1993, S. 50-59. Kritisch hierzu, aber ohne anderen Befund Michael Bonder
u. a., *Vereinheitlichung und Fraktionierung in der Weltgesellschaft*, in: *Prokla*,
Bd. 23, 1993, S. 327-341. S. auch Robert Jervis, *The Future of World Politics. Will
It Resemble the Past?*, in: *International Security*, Bd. 16, 1991/92, S. 39-73.

tung des Staates als grundlegendem politischem Organisationsprinzip heute vielleicht mehr denn je. Eine der wesentlichen Dimensionen dieser Welt stellt demnach weiterhin das Sicherheitsdilemma dar, das in aller Regel zwischen politisch abgrenzbaren organisierten Kollektiven besteht. Der eigentliche Status von Staaten ergibt sich jedoch aus ihrer Position innerhalb der jeweiligen weltwirtschaftlichen Hierarchie.[1] Denn die Welt ist heute zuinnerst eine Entwicklungswelt, die durch die Existenz unterschiedlich leistungsfähiger Ökonomien gekennzeichnet wird. Die aus solchem Kompetenzgefälle sich ergebenden Zugzwänge für alle Beteiligten definieren das Entwicklungsdilemma. Dieses ist gleichermaßen dramatisch für die Spitzenökonomien, die immer wieder durch nachrückende aufwärtsmobile Akteure herausgefordert werden, wie auch für jene Ökonomien, die sich in die Tretmühle nachholender Entwicklung hineinbegeben. Anders als in den vergangenen zwei bis drei Jahrhunderten wird dabei in Zukunft die Rechnung nicht mehr ohne den Wirt – die Natur – gemacht werden können, weshalb die Ökologisierung von Politik, gerade auch von internationaler Politik, unabweisbar wird.[2] Dem Sicherheits- und Entwicklungsdilemma gesellt sich deshalb mit großer Wahrscheinlichkeit und mit strukturprägenden Folgewirkungen die Ökologieproblematik hinzu: Aus der Übernutzung der Natur in der Folge von sich rücksichtslos durchsetzenden Sonderinteressen resultiert das Ökologiedilemma, die »Tragödie der Gemeingüter« (G. Hardin).

Eine dritte Antwort auf die Frage, was die heutige Welt charakterisiert, erschließt sich aus der Beobachtung, daß die Welt nunmehr, anders als vor Jahrzehnten und Jahrhun-

---

1 Hierzu grundlegend Michael Porter, *The Competitive Advantage of Nations*, London 1990, und im Hinblick auf die Folgen für weltpolitische Mächtekonstellationen Charles Doran, *Systems in Crisis. New Imperatives of High Politics at Century's End*. Cambridge 1991.

2 S. Ernst Ulrich von Weizsäcker, *Erdpolitik. Ökologische Realpolitik an der Schwelle zum Jahrhundert der Umwelt*, Darmstadt 1992[3].

derten, durch eine in gesellschaftlichen Veränderungen begründete Politisierbarkeit bzw. Politisierung gekennzeichnet
wird. In allen Teilen der Welt machen mündig gewordene und
selbstbewußt werdende Bevölkerungen mehr und mehr eigene Lebensperspektiven und Interessen geltend. Kaum ver-
wunderlich ist deshalb, daß die Konflikthaftigkeit der Welt
zu- und nicht abnimmt. Deshalb wird die Frage friedlicher
Koexistenz weit mehr, als noch vor kurzem erwartet, erneut
zu einem Streitpunkt von Innenpolitik und nicht nur von
internationaler Politik.

In vielen Teilen der Welt stellt sich damit in einem ganz
elementaren Sinne die »hobbesianische Problematik«, d. h.
die Frage nach den Grundbedingungen friedlichen Zusammenlebens pluralistischer Gesellschaften, besonders solcher,
in denen es latente oder gar virulente Bürgerkriegsparteien
gibt.[1] Diese Problematik ist deshalb von existentieller Bedeutung, weil in sozial mobilen und politisierbaren Gesellschaften heute, anders als im 17. Jahrhundert, die »hobbesianische
Lösung«, d. h. das Konstrukt eines pazifizierenden über-
mächtigen Gewaltmonopolisten, keine tragfähige politische
Perspektive mehr vermittelt. Über die Bedingungen friedlicher Koexistenz erneut nachzudenken ist deshalb nicht nur
eine analytische Aufgabe, die um ihrer selbst willen von Bedeutung ist; es handelt sich dabei vielmehr um eine existentielle Problemstellung, ohne deren konstruktive Bearbeitung
interessenmäßig zerfurchte Massengesellschaften nicht überlebensfähig sind.

Diese These gilt um so mehr, desto mehr die Welt in Turbulenzen gerät. Vordergründig haben diese mit dem Ende des
Ost-West-Konfliktes zu tun. Aber hintergründig betrachtet
sind diese Turbulenzen das politische Ergebnis eines säkularen sozioökonomischen und soziokulturellen Umbaus der

---

1 S. hierzu immer noch Christian Graf von Krockow, *Soziologie des Friedens*,
Gütersloh 1962, Teil I.

Welt in der Folge anhaltender Modernisierung.[1] Auch wenn diese heute unter ökonomischen, ökologischen und kulturellen Gesichtspunkten kritisiert wird, schreitet sie unabweisbar voran. In solcher Kritik wird allerdings meist verkannt, daß für viele Menschen solche Modernisierung nicht Verlust und Verfall bedeutet, sondern die Chance der Selbstbestimmung, also Emanzipation. Noch in der Abwehr der Moderne dokumentiert sich – wie heute an vielen Stellen in der Welt zu beobachten ist – eine solche Suche nach Selbstbestimmung als entscheidende Antriebskraft politischen Handelns. Ohne vorgängige Modernisierungsschübe wären solche Bestrebungen gar nicht denkbar. Und sie werden erfolglos bleiben, wenn sie nicht ihrerseits grundlegende Errungenschaften politischer Modernisierung, insbesondere die rechtsstaatlichen und demokratischen Prinzipien des modernen Verfassungsstaates, aufgreifen.

Widersprüchliche Entwicklungstrends, alte und neu sich herausbildende strukturelle Dilemmata und eine unumkehrbare, weil aus säkularen Umwandlungsprozessen sich ergebende Politisierung von Völkern, Gesellschaften und Staaten lassen eine Welt entstehen, die zu Recht oder zu Unrecht als »Weltunordnung« empfunden wird.[2] Deren analytische Vermessung ist eine komplexere Aufgabe geworden, als sie es in der vergangenen weltpolitischen Epoche des beherrschenden Ost-West-Konfliktes gewesen ist.[3] Auch die Koexistenzpro-

---

1 S. hierzu die frühe Analyse von Karl W. Deutsch, *Kontinuitäten und Veränderungen in den internationalen Beziehungen bis zur Jahrtausendwende*, in: *Österreichisches Jahrbuch für internationale Politik*, Bd. 2, 1985, S. 145-161.

2 S. Samir Amin, *L'empire du chaos*, Paris 1991.

3 Ein früher umfassender Versuch der Konzeptualisierung findet sich in James N. Rosenau, *Patterned Chaos in Global Life. Structure and Process in the Two Worlds of World Politics*, in: *International Political Science Review*, Bd. 9, 1988, S. 327-364. S. auch Dieter Senghaas und Michael Zürn, *Kernfragen für die Friedensforschung der neunziger Jahre*, in: *Politische Vierteljahresschrift*, Bd. 33, 1992, S. 455-462. Eine thesenhaft zugespitzte Lagebeurteilung findet sich in Die-

blematik zeichnet sich durch eine zusätzliche Komplexität aus: Unklar geworden ist der *modus vivendi* zwischen den »großen Mächten« dieser Welt bzw. denen, die sich dafür halten. Unklar ist und derzeit viel größeren politischen Sprengstoff besitzt jedoch auch die Koexistenzfrage auf mittlerer und ganz unterer Ebene in der Hierarchie der Staaten und in ihnen. Deshalb ist es ratsam, sich der grundlegenden Bedingungen friedlichen Zusammenlebens zu vergewissern.

Diesem Ziel dient der erste Teil des Buches. Frieden wird darin als ein voraussetzungsvoller Prozeß der Zivilisierung von politisierten Kollektiven begriffen. Zivilisierung meint dabei: Formen und Formeln der friedlichen Koexistenz zu finden, unter deren Prämissen anhaltende unausweichliche Konflikte ohne Androhung und Anwendung von Gewalt ausgetragen werden. Wo Koexistenz gelingt, wurde eine konstruktive gewaltfreie Konfliktbearbeitung verläßlich institutionalisiert. Zerfällt diese Errungenschaft, findet eine zivilisatorische Rückbildung statt: An die Stelle von Zivilisierung tritt Regression.

Der Zivilisierungsprozeß im definierten Sinne steht in einem unmittelbaren Zusammenhang mit der Entwicklungsproblematik, die sich als politische Erscheinung in der Gestalt von unterschiedlichen Entwicklungsnationalismen dokumentiert. Mit dieser Welt setzt sich der zweite Teil des Buches auseinander. Im engeren Sinne geht es dabei um nachholende Entwicklung, im weiteren Sinne jedoch um das Problem nachholender Zivilisierung, also die Sicherung des inneren Friedens in Gesellschaften, die sich hierfür die Voraussetzungen erst noch erarbeiten müssen. Die Alternative zu nachholender Zivilisierung ist der latente bzw. der akute Bürgerkrieg. Eine weltpolitische Erweiterung findet diese Problemstellung in der neuerlichen Debatte über einen drohen-

ter Senghaas, *Frieden und Krieg in dieser Zeit*, in: *Sicherheit und Frieden*, Bd. 11, 1993, S. 159-165.

den internationalen Kulturkampf, den »Zusammenstoß der Zivilisationen«.[1]

Im dritten Teil wird die Lage der Welt im Lichte jener eingangs genannten Kerndilemmata, die im Zusammenleben von Völkern, Gesellschaften und Staaten wirksam sind, analysiert. Diese Dilemmata sind strukturell begründet, solange es auf internationaler Ebene maßgebliche unabhängige Akteure mit eigenen Identitäten und Interessen geben wird. Da es ihnen allen um eine Optimierung ihrer jeweiligen Positionen geht, laufen sie ständig Gefahr, gemeinsam in eine Optimierungsfalle mit langfristig abträglichen bzw. katastrophalen Folgen hineinzugeraten. Je mehr sich gleichzeitig die Welt mit der Folge von Konfrontation *oder* Kooperation (oder einer Mischung von beidem) vernetzt, desto unabweisbarer wird jedoch Weltinnenpolitik als Leitperspektive und praktischer Imperativ. Ohne entsprechende redliche Bemühungen, die ohnehin meist hinter dem objektiv Erforderlichen zurückbleiben, droht das Chaos.

Strukturanalysen in einer Welt des Verfalls von überkommenen Ordnungen sind ohne Zweifel ein analytisches Wagnis. Aber bei weitem entspricht nicht alles, was in der Welt geschieht, Geratewohlprozessen. Deshalb sind solche Analysen nicht nur weiterhin möglich, sondern auch sinnvoll, wenngleich aus ihnen nicht jene verläßlichen Prognosen ableitbar sind, die unter der Bedingung verfestigter und relativ dauerhafter Strukturen formulierbar wären. Unter den obwaltenden Bedingungen werden Strukturanalysen zu Aussagen über offene Konstellationen und deren mögliche Entfaltung:[2] Alternative weltpolitische Konstellationen werden im vierten Teil des Buches vorgestellt.

1 Politisch relevant wird damit erneut eine alte Debatte über die in einer zerklüfteten Welt erforderlichen gemeinsamen Orientierungs- und Verhaltensstandards. S. hierzu Gerritt W. Gong, *The Standard of ›Civilization‹ in International Society*, Oxford 1984.

2 Panajotis Kondylis, *Planetarische Politik nach dem Kalten Krieg*, Berlin 1992, S. 37 ff.

Ob sich letztlich eine Konstellation herausbildet, die die Zivilisierung internationaler Politik oder die Regression begünstigt, hängt auch von den Initiativen und Impulsen jener Staaten ab, auf die es ankommt. Deutschland gehört zum Kreis solcher Staaten, und deshalb wird abschließend Deutschlands Beitrag zur Gestaltung des eigenen europäischen Umfeldes und der Welt diskutiert.

Dieses Buch ist während eines Forschungsaufenthaltes in der Stiftung Wissenschaft und Politik, Ebenhausen, entstanden. Neben dem attraktiven Ambiente war für mich erneut die Breite der verfügbaren Expertisen von besonderem Gewinn. Die meisten der in diesem Buch entwickelten Überlegungen wurden in zahlreichen Diskussionen erprobt. In schöner Erinnerung bleiben die dabei entstandenen Diskussionsfreundschaften – Ergebnis gemeinsamer Bemühungen um das Verständnis neuer Wirklichkeiten.

Mein besonderer Dank gilt auch Frau Renate Brock, die die Reinschrift der einzelnen Kapitel besorgte. Das Manuskript wurde im Dezember 1993 abgeschlossen.

I

Die Welt im Lichte
des zivilisatorischen Hexagons

Frieden als Zivilisierungsprojekt

Wenn im folgenden von Frieden als einem Zivilisierungsprojekt die Rede ist, dann nicht in einem abstrakt-allgemeinen Sinne, sondern im Hinblick auf die Friedensproblematik in und zwischen sich modernisierenden bzw. *modernen* Gesellschaften. Moderne Gesellschaften sind im Unterschied zu traditional-stationären Gesellschaften, in denen die Position von Menschen statusmäßig vorgezeichnet ist, durch Pluralismus gekennzeichnet. Pluralismus meint: die Pluralität von Identitäten im Sinne der Vielzahl von Selbst- und Umweltbildern, von Meinungen und »Wahrheiten« einschließlich unterschiedlicher Gerechtigkeitsvorstellungen. Und darauf aufbauend meint Pluralismus vor allem: die Pluralität der Interessen.

Zeichnen sich traditionale Gesellschaften in aller Regel durch eine relativ einfache Klassenspaltung aus – hier die an Zahl winzige tributeintreibende herrschende Klasse und dort die Masse der schreib- und leseunkundigen Menschen, die recht und schlecht in dörflichen Gemeinschaften ihre Subsistenz fristet und nur ein geringes Mehrprodukt erwirtschaftet –, sind moderne Gesellschaften das Ergebnis von noch längst nicht abgeschlossenen säkularen Emanzipationsprozessen, wozu insbesondere zu rechnen sind: die Herausbildung überdörflicher *Verkehrswirtschaften*, die eine enorme Horizont- und Handlungserweiterung von Menschen bewirkt haben; die *Verstädterung* mit der Folge, daß die meisten Menschen in kommunikationsmäßig verdichteten Räumen organisationsfähig und interessenbewußt werden; die *Alphabetisierung*, die die geistige Emanzipation großer Bevölkerungsteile fördert, sowie die *Erweiterung politischer Mitbestimmung* als Ergebnis langwieriger und wechselvoller, aber schließlich erfolgreicher politischer Konflikte.[1]

1 Diese säkularen Transformationsprozesse werden unter den Begriff der »sozialen

Solchermaßen mündig gewordene Gesellschaften sind per definitionem konflikt- und gewaltträchtige Gesellschaften. Deshalb ist die Antwort auf die Frage nach der »Natur des Menschen« – inhärent gut oder inhärent aggressiv-böse – ziemlich ohne Belang: Auch mit einer optimistischen Anthropologie – einer *best case*-Anthropologie – ließe sich der Zusammenhang zwischen geschilderter Transformation bzw. Emanzipation und Konfliktausweitung (mit dem durchaus häufigen Grenzfall des gewalttätig ausgetragenen Konfliktes) nicht aus der Welt schaffen.

Wenn solche Gesellschaften nicht in potentiell gewaltsame Dauerkonflikte, in bürgerkriegsähnliche Zustände oder in tatsächliche Bürgerkriege versinken sollen, bedarf es in ihnen der Vereinbarungen, also der Verständigung über Koexistenz gerade wegen der prinzipiell nicht überwindbaren Meinungs- und Interessenvielfalt. Formen und Formeln der Koexistenz zu finden, unter deren Prämissen anhaltende und unausweichliche Konflikte ohne Androhung und Anwendung von Gewalt ausgetragen werden, ist in modernen Massengesellschaften die zentrale zivilisatorische Aufgabe. Und diese Aufgabe obliegt der Politik, die angesichts der Pluralitäten Vereinbarungen im Grundsätzlichen (Verfassungen) und im Konkreten (in einzelnen Politikfeldern) zustande zu bringen hat.[1] Wo Koexistenz verläßlich gelingt, wird die genannte zivilisatorische Aufgabe erfolgreich bewältigt; wo Koexistenz mißlingt, scheitert der Versuch, das Zusammenleben von Menschen innerhalb und zwischen Gemeinwesen vermittels politischer Vereinbarungen zu zivilisieren. Worum

Mobilisierung« zusammengefaßt. S. hierzu grundlegend Karl W. Deutsch, *Soziale Mobilisierung und politische Entwicklung*, in: Wolfgang Zapf (Hg.), *Theorien des sozialen Wandels*, Königstein 1979, S. 329-350.

1 Grundlegend hierzu Dolf Sternberger, *Die Politik und der Friede*, Frankfurt a. M. 1986. Im Hinblick auf neuere Entwicklungen in politischer Theorie s. Jürgen Habermas, *Anerkennungskämpfe im demokratischen Rechtsstaat*, veröffentlicht als Beitrag in: Charles Taylor, *Multikulturalismus und die Politik der Anerkennung*, Frankfurt a. M. 1993, S. 147-196.

es also in sich modernisierenden bzw. in modernen Gesellschaften geht, ist, dauerhafte Formen konstruktiver, gewaltfreier Konfliktbearbeitung zu finden und zu institutionalisieren.

Genau damit ist der Kern der modernen Friedensproblematik bezeichnet: Wo Politik innerhalb von Gesellschaften zu verläßlicher Koexistenz führt, ist *innerer Frieden* gesichert. Der Zusammenbruch von Koexistenz, also Regression, wäre dann gleichbedeutend mit Entzivilisierung bzw. der Gefährdung und dem Verlust des inneren Friedens.

Gelungene Zivilisierung und Frieden sind also identische Tatbestände. Eine solche Aussage gilt auch im Hinblick auf die Pluralität von Gesellschaften innerhalb des modernen internationalen Systems. Frieden als Zivilisierungsprojekt läßt sich somit als die moderne Problematik beschreiben, in und zwischen politisierbaren und politisierten Gesellschaften Koexistenz zu begründen.

Welches sind die Dimensionen, die zur Zivilisierung moderner Gesellschaften bzw. der »Weltgesellschaft« beitragen? Welche »Bausteine« sind für den Prozeß der Zivilisierung erforderlich? Was ist, differenziert betrachtet, unter Zivilisierung von Politik zu verstehen?

Obgleich heute Frieden vor allem im Hinblick auf die gelungene bzw. mißlungene Koexistenz von Großkollektiven (Völkern, Staaten, Kulturen) erörtert wird, erschließen sich die entscheidenden Dimensionen des *Zivilisierungsprojektes Frieden* zunächst eher einer Betrachtung derjenigen Bedingungen, die in modernen politisierten Gesellschaften *inneren* Frieden ermöglichen. Denn das Zivilisierungsprojekt *Innerer Frieden* ist inzwischen höchst differenziert. Demgegenüber ist eine Zivilisierung internationaler Politik nur ausschnitthaft und anfänglich beobachtbar. Es ist deshalb methodisch naheliegend, sich zunächst mit dem Zivilisierungsprojekt Frieden im Hinblick auf den inneren Kontext in modernisierten politischen Gemeinwesen zu beschäftigen.

1. Das zivilisatorische Hexagon

Wo zivilisierte Politik zur Zivilisierung des Zusammenlebens der Menschen innerhalb von modernen Gesellschaften beiträgt, wird ein solches Projekt *idealiter* von den folgenden sechs Sachverhalten gekennzeichnet:

1. Entprivatisierung von Gewalt (Gewaltmonopol): Wesentlich für jeden Zivilisierungsprozeß ist die Entprivatisierung der Gewalt bzw. die Herausbildung eines legitimen, in aller Regel staatlichen Gewaltmonopols, dem die einzelnen untergeordnet sind (»Entwaffnung der Bürger«). Wo das Gewaltmonopol zusammenbricht, also die Wiederaufrüstung und Wiederbewaffnung der einzelnen Bürger eine Chance bekommen, findet statt, was in der neueren Diskussion im Hinblick auf entsprechende Vorgänge als »Libanisierung« bzw. »Jugoslawisierung« politischen Konfliktverhaltens bezeichnet wird, nämlich die Renaissance von Bürgerkriegssituationen.

2. Kontrolle des Gewaltmonopols und Herausbildung von Rechtsstaatlichkeit (Verfassungsstaat): Ein Gewaltmonopol, das nicht durch Rechtsstaatlichkeit eingehegt wird, wäre im Grenzfall nichts mehr als eine beschönigende Umschreibung von Diktatur. Dann wären seine gesellschaftlichen Träger nichts anderes als eine von mehreren Konfliktparteien in einer potentiellen Bürgerkriegssituation.

Soll demgegenüber das Gewaltmonopol als legitim akzeptiert werden, bedarf es der Institutionalisierung rechtsstaatlicher Prinzipien und öffentlicher demokratischer Kontrolle, auf deren Grundlage sich Konflikte in einem institutionellen Rahmen fair austragen lassen.

Rechtsstaatlich verfaßte politische Ordnungen hegen das Gewaltmonopol ein. Es verliert dadurch seinen ursprünglichen Charakter, nämlich einfach eine Instanz von letztlich kriegerisch errungener, also willkürlicher Vormacht zu sein.

Zu den einhegenden, kontrollierenden und das Gewaltmonopol transformierenden, insbesondere verrechtlichenden Prinzipien gehören u. a. der Schutz von Grundfreiheiten, die Gewährleistung von Menschenrechten durch Gesetze, die Gleichheit der Bürger und Bürgerinnen vor dem Gesetz, als einer der wesentlichsten Punkte: die Gewaltenteilung, die freie Wahl und das Recht auf politische Partizipation, das verfassungsgemäße Handeln von Regierungen, die Rechtsgebundenheit von Regierung und Verwaltung, das Prinzip der Öffentlichkeit, die Verwaltungsgerichtsbarkeit, die Rechtsmittelbelehrung in richterlichen Sprüchen, die Unabhängigkeit der Richter und der Staatsanwaltschaft, die Eindeutigkeit der vor dem Strafverfahren festgelegten Strafverfahrensregeln, das Recht auf Rechtsbeistand im Falle von Strafverfolgung, das Recht auf öffentliches und faires Gerichtsverfahren, das Recht auf Verteidigung, eine Strafverfolgung nur bezüglich gesetzlich festgelegter Tatbestände, die Unschuldsvermutung bis zum richterlichen Nachweis der Schuld usf.[1]

Überdies zeichnen sich solche politische Ordnungen auch im gesellschaftlichen Bereich durch eine Fülle von institutionalisierten Formen der Konfliktartikulation, des Konfliktmanagements, der Konfliktregelung und der Konfliktlösung aus. Konflikte jedweder Art, seien es Interessen- oder Identitätskonflikte, werden dabei von vornherein als »normal« und legitim erachtet, wobei in intakten rechtsstaatlichen Ordnungen Interessenkonflikte häufiger sind als Identitätskonflikte und die ersteren in aller Regel leichter bearbeitbar sind als die letzteren.

So verfaßte rechtsstaatliche politische Ordnungen lassen weiche und unfertige Problemlösungen auf Zeit entstehen,

---

1 Eine umfassende Aufführung von Prinzipien und Institutionen rechtsstaatlich verfaßter politischer Ordnung findet sich in dem *Dokument des Treffens der Konferenz über die Menschliche Dimension der KSZE in Kopenhagen vom 29. Juni 1990*, wieder abgedruckt in Dieter Senghaas, *Friedensprojekt Europa*, Frankfurt a. M. 1992, S. 191-210.

die einem Versuchs- und Irrtumsprozeß unterliegen. Man könnte deshalb eine rechtsstaatliche Ordnung als institutionalisiertes Dauerlernen hinsichtlich der Bearbeitung von Konflikten, die für die Allgemeinheit von Bedeutung sind, interpretieren. Sein Produkt sind rechtmäßig zustande gekommene (legale) autoritative Entscheidungen auf Zeit, welche nur dann nicht zum Ausgangspunkt gravierender politischer Konflikte, im Grenzfall von Bürgerkriegen werden, wenn sie unter prozeduralen und substantiellen Gesichtspunkten als legitim akzeptiert bzw. als prinzipiell revisionsfähig empfunden werden.

Über das Verhältnis von Gewaltmonopol und Rechtsstaat ist, sachlogisch betrachtet, also festzuhalten: Ohne die vorgängige Konstitution des Gewaltmonopols ist der demokratische Rechtsstaat gar nicht vorstellbar. Der Rechtsstaat selbst wird aber, wo ausgebildet, zum Inbegriff der Kontrolle des Gewaltmonopols. Das Gewaltmonopol seinerseits wird verrechtlicht.

3. Interdependenzen und Affektkontrolle: Die Entprivatisierung von Gewalt (»die Entwaffnung der Bürger«) und die Sozialisation in eine Fülle von institutionalisierten Konfliktregelungen implizieren eine Kontrolle von Affekten. Solche Selbstkontrolle wird maßgeblich durch die Herausbildung von großflächig angelegten Verflechtungen (im Eliasschen Sinne: von »langen Ketten des Handelns«) unterstützt, weil diese, zu beobachten vor allem in arbeitsteiligen Ökonomien, ein erhebliches Maß an Berechenbarkeit erfordern und in der Folge Erwartungsverläßlichkeit mit sich bringen.

Affektkontrolle – Ergebnis einer Sublimierung von Affekten – meint dabei die in differenzierten Gesellschaften sich aus diversen Handlungszusammenhängen ergebende Selbstkontrolle bzw. Selbstbeherrschung. Sie ist Grundlage nicht nur von Aggressionshemmung und Gewaltverzicht, sondern darauf aufbauend von Toleranz und Kompromißfähigkeit. Beide Einstellungen sind wahrscheinlich überhaupt nicht denkbar ohne vorgängig eingeübte Selbstdisziplin. In ihr findet das Autonomiestreben von Individuen und von Gruppen, das moderne Gesellschaften kennzeichnet, ein unerläßliches Korrektiv.

Die Herausbildung von geographisch umgrenzten dichten Interdependenzgeflechten übersetzt sich deshalb in aller Regel nicht nur in einen einheitlichen Rechtsraum, einen einheitlichen Wirtschaftsraum (symbolisiert durch eine gemeinsame Währung) und ggf. in einen einheitlichen Kulturraum, sondern, was meist wenig beachtet wird, in einen entsprechenden »Gefühlsraum«. Dieser ist ein Spätprodukt von Modernisierungsprozessen; er kommt in »nationaler Identität« oder auch »regionaler Identität« zum Ausdruck. Auf der Grundlage solcher politisch relevanter Tiefenbindungen oder »Ligaturen« (Dahrendorf) entwickelt sich die Fähigkeit, im Hinblick auf eine weit größere Zahl von Menschen als diejenigen, die einem unmittelbar nahestehen, empathisch zu denken und zu handeln.

4. *Demokratische Beteiligung:* Gesellschaften, in denen sich weiträumige Interdependenzgeflechte herausbilden, werden zu sozial mobilen Gesellschaften. In ihnen findet ein Transformationsprozeß statt, der sich stichwortartig wie folgt umschreiben läßt: Entbäuerlichung bzw. Proletarisierung, Entdörflichung bzw. Urbanisierung sowie für sozial mobil werdende Gesellschaften grundlegend: Alphabetisierung. Ein solcher Transformationsprozeß führt zur Herausbildung neuer Sozialschichten, die je nach ihrer Verortung in der Gesellschaft und abhängig von ihrer potentiellen Aufwärts- bzw. drohenden Abwärtsmobilität je spezifische Interessen artikulieren und verfechten. Seit einigen Jahrzehnten werden als Ergebnis fortschreitender Demokratisierung auch geschlechtsspezifische Rollenzuschreibungen und die ihnen zugrunde liegenden patriarchalen Beziehungen in Frage gestellt.

In politisierbaren Gemeinschaften müssen Interessen auf

breiter Front artikulationsfähig und in den gängigen politischen Prozeß integrierbar sein. Je offener und flexibler dabei das rechtsstaatlich-demokratische Institutionsgefüge ist, um so belastungsfähiger wird es bei anhaltenden und möglicherweise sich ausweitenden politischen Anforderungen sein.

In aller Regel werden in fortgeschrittenen sozial mobilen Gesellschaften Unterordnungsverhältnisse aufgrund von Geschlecht, Rasse, Klasse oder anderen Merkmalen von den Betroffenen nicht mehr hingenommen. In demokratisierten Rechtsstaaten mit einem hohen Politisierungspotential untergräbt solche Diskriminierung die politische Stabilität.

5. *Soziale Gerechtigkeit:* Sozial mobilisierte Gesellschaften mit einer sich ausweitenden demokratischen Partizipation sind Gesellschaften, die durch einen hohen Grad an lobbyistischer Organisation von vielen (wenn auch nicht immer allen) Interessen und demzufolge durch ein hohes Ausmaß an potentieller bzw. tatsächlicher Politisierung gekennzeichnet sind. Unabweisbar wird in ihnen soziale Gerechtigkeit im doppelten Sinne des Begriffes, nämlich von Chancengerechtigkeit und Verteilungsgerechtigkeit, zu einem virulenten Problem.

In Gesellschaften mit einem erheblichen Politisierungspotential ist eine aktive Politik der Chancen- und Verteilungsgerechtigkeit, letztlich ergänzt um Maßnahmen der Bedürfnisgerechtigkeit (Sicherung der Grundbedürfnisse), unerläßlich, weil nur dann sich die Mehrzahl der Menschen in einem solchen politischen Rahmen fair behandelt fühlt. Die materielle Anreicherung von Rechtsstaatlichkeit, insbesondere im Sinne eines Anteils an Wohlfahrt, ist also nicht eine politische Orientierung, der in solchen Gesellschaften nach Belieben gefolgt werden kann oder auch nicht; sie ist vielmehr eine konstitutive Bedingung der Lebensfähigkeit von rechtsstaatlichen Ordnungen und damit des inneren Friedens. Rechtsstaatlich verfaßte Gesellschaften tun deshalb gut daran, die

Frage der Gerechtigkeit niemals zur Ruhe kommen zu lassen, zumal wenn die ihnen zugrunde liegenden Ökonomien, in der Regel Marktwirtschaften, systembedingt eher Ungleichheit als Gleichheit produzieren.

6. *Konstruktive politische Konfliktkultur:* Gibt es in einer aufgegliederten, aber deshalb auch zerklüfteten Gesellschaft faire Chancen für die Artikulation *und* den Ausgleich von unterschiedlichen Interessen, kann unterstellt werden, daß ein solches Arrangement verläßlich verinnerlicht wird, eine Bereitschaft zur produktiven Auseinandersetzung mit Konflikten vorliegt und kompromißorientierte Konfliktfähigkeit einschließlich der hierfür erforderlichen Toleranz zu einer selbstverständlichen Orientierung politischen Handelns wird. Dann kann noch ein weiterer Faktor hinzutreten: Das Gewaltmonopol und die Rechtsstaatlichkeit werden in politischer Kultur verankert, denn ohne diese blieben beide ohne emotionale Grundlage. Die materiellen Leistungen (»soziale Gerechtigkeit«) erweisen sich dabei als eine wichtige Brücke zwischen dem Institutionengefüge und dessen positiver emotionaler Absicherung (»Bürgergesinnung«).

Diese sechs Bausteine des Zivilisierungsprojektes Frieden bzw. Komponenten von Zivilität fügen sich gewissermaßen zu einem *zivilisatorischen Hexagon* zusammen (s. Schaubild). In ihm wird eine historische Erfahrung aus der neuzeitlichen Geschichte in Teilregionen Europas gebündelt. Historisch betrachtet hat sich seit dem Ende des europäischen Mittelalters zunächst das Gewaltmonopol herausgebildet; dieses Monopol war das Ergebnis lang anhaltender politischer Ausscheidungskämpfe (in aller Regel von Kriegen) um Vormachtstellungen. Zusammen mit der Herausbildung des Gewaltmonopols begannen sofort die Konflikte um die Kontrolle dieses Gewaltmonopols; langfristig mündeten sie in die Institutionalisierung von Rechtsstaatlichkeit. Die Ausdifferenzierung und Vernetzung der sich modernisierenden Gesellschaf-

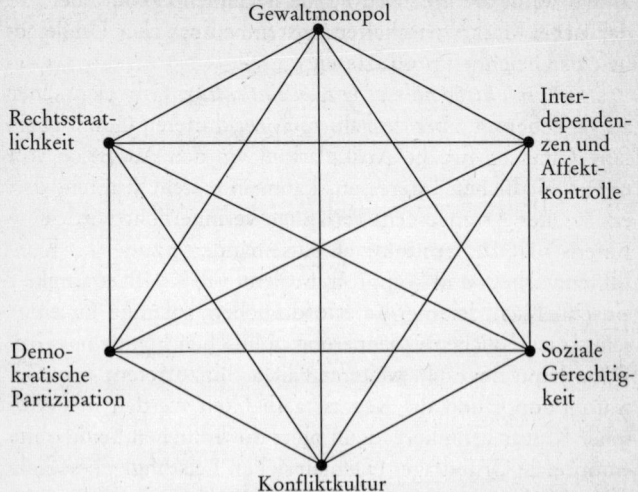

ten in der Folge großflächig werdender Verkehrswirtschaften und immer feinmaschigerer Kommunikationsstrukturen erfolgten zeitverschoben. Der Kampf um demokratische Partizipation, vorstellbar nur auf der Grundlage sozial mobil gewordener Gesellschaften, ging einher mit Auseinandersetzungen um soziale Gerechtigkeit, insbesondere Verteilungsgerechtigkeit. Parallel dazu entfaltete sich schrittweise eine politische Konfliktkultur liberaler Prägung.

Wo dieser historische Prozeß, der allmählich sich durchsetzenden sozialen Innovationen gleicht, ein gewisses Entwicklungsniveau erreichte – ein solches ist in den westlichen Industriegesellschaften (OECD) erst nach 1950 zu beobachten –, kam es zu symbiotischen Wechselbeziehungen, gewissermaßen positiven Rückkopplungen zwischen den genannten politischen, wirtschaftlichen, gesellschaftlichen und kulturellen Errungenschaften.

Dieses zivilisatorische Hexagon, das angesichts politisierter Gesellschaften die Erfordernisse einer Zivilisierung von Politik differenziert reflektiert, steht heute ungeachtet seines historischen Bezugs für sich selbst, sei es als Bündelung historischer Erfahrungen, sei es als eine »Idee« im Kantschen Sinne, also als Begriff von einer »Vollkommenheit, die sich in der Erfahrung noch nicht vorfindet«.

In Kategorien des zivilisatorischen Hexagons denken heißt im wesentlichen konfigurativ, nicht also monothematisch oder schrumpftheoretisch, denken. Monothematisches bzw. schrumpftheoretisches Denken über das Zivilisierungsprojekt Innerer Frieden konzentriert sich auf einen der sechs genannten Punkte des Hexagons, um diesen positiv oder kritisch (einschließlich fundamentalkritisch) zu beleuchten. Die Komplexität der Konfiguration geht dabei (wie beispielsweise bei den Fundamentalkritikern des Gewaltmonopols) verloren. Nicht gesehen werden dann die in die Konfiguration eingebauten wechselseitigen Korrektive (negative Rückkoppelungen), auch nicht die sich wechselseitig stützenden Rückkoppelungen. Dabei gerät insgesamt der im Hexagon angelegte sachlogische Bezug der Eckpunkte außer Blick: Ohne gesichertes Gewaltmonopol keine Rechtsstaatlichkeit, auch keine gewaltfreie demokratische Partizipation; ohne Verteilungsgerechtigkeit keine Bestandsgarantie für eine als legitim empfundene Rechtsstaatlichkeit und demzufolge kein verläßlich eingehegtes Gewaltmonopol, auch keine Konfliktkultur; ohne demokratische Partizipation und Verteilungsgerechtigkeit keine Bürgergesinnung, usf.[1]

---

1 Tendenziell konfigurativ sind die diesbezüglichen Überlegungen von Norbert Elias ausgerichtet, vor allem in dessen Hauptwerk: *Über den Prozeß der Zivilisation*, 2 Bde., Frankfurt a. M. 1976 (zuerst publiziert 1939). Elias' Konzept kennt allerdings nur zwei Dimensionen: das Gewaltmonopol sowie die sich hieraus und aus materiellen Interdependenzen ableitende Affektkontrolle. Ihm fehlen die Komponenten: Kontrolle des Gewaltmonopols per Rechtsstaatlichkeit, demokratische Beteiligung, soziale Gerechtigkeit sowie Konfliktkultur. Frühe Vorschläge zu einem konfigurativen, wenngleich inhaltlich anders akzentuierten

Im übrigen ist das zivilisatorische Hexagon, analytisch betrachtet und in der Realität allemal, ein Kunstgebilde, das an jedem seiner Eckpunkte gefährdet ist: Das Gewaltmonopol, pur und simpel, kann in einen Polizeistaat umkippen; die Rechtsstaatlichkeit und demokratischen Prozesse können sich als reine Fassade (Legitimation durch Verfahren) herausstellen und an Legitimität verlieren; überwältigende Interdependenzen können zu Identitätsverlust und in der Folge zur erneuten Freisetzung von Affekten führen; Verteilungsungerechtigkeit ist eine ständige Gefahr. Wenn solche abträglichen Sachverhalte sich bündeln, hat auch konstruktive Konfliktkultur keine Chance.

Das zivilisatorische Hexagon ist also nicht nur abstraktanalytisch, sondern auch im Hinblick auf konkrete Realität immer in zweifacher Hinsicht zu betrachten: zum einen im Hinblick auf seine Vertiefung in jedem der sechs Eckpunkte und deren Konfiguration (weitere Progression bzw. Evolution des Hexagons), zum anderen im Hinblick auf eine drohende Regression in jeder der sechs Dimensionen sowie in der gesamten Konfiguration.

Gibt es in diesem Gebilde folglich die Chance weiterer Progression bzw. politischer Evolution, so sollte doch die Gefahr einer Regression nicht unterschätzt oder gar übersehen werden. Die Stufenfolge einer »Libanisierung«, am Beispiel des Libanon exemplifiziert, bietet hierfür ein repräsentatives Szenario: wahrgenommene und politisch virulent werdende Chancen- und Verteilungsungerechtigkeit, Entlegitimierung der verfassungspolitischen Koexistenzformeln, Zusammenbruch der Konfliktkultur, Reprivatisierung von Gewalt sowie

Konzept finden sich z. B. in Georg Picht und Wolfgang Huber, *Was heißt Friedensforschung?* Stuttgart 1971, S. 13-33; Ernst-Otto Czepiel, *Friedensstrategien. Systemwandel durch internationale Organisation, Demokratisierung und Wirtschaft*, Paderborn 1986; Johan Galtung, *Visionen einer friedlichen Welt*, in: *Leviathan*, Bd. 16, 1988, S. 331-354; Hanna Newcombe, *The Pentagon of Values*, in: Günther Bächler (Hg.), *Perspektiven. Friedens- und Konfliktforschung in Zeiten des Umbruchs*, Chur/Zürich 1992, S. 171-187.

Mißachtung und Zusammenbruch der Rechtsstaatlichkeit, Munitionierung der Konfliktparteien, Verfall der überkommenen interdependenten Handlungsgeflechte einschließlich der Ökonomie, Freisetzung parochial bestimmter Affekte, Bürgerkrieg und Enthemmung der Affekte – bis zur schließlichen Erschöpfung der Beteiligten.

Das Zivilisierungsprojekt bleibt also, auch wenn es schon weit fortgeschritten ist, ein immer erneut zu sicherndes Unternehmen mit brüchigen Stellen. Um diesen Brüchigkeiten mit Erfolg entgegenzuwirken, bedarf es deshalb anhaltender Anstrengungen in allen von den sechs Eckpunkten bezeichneten Bereichen. Auch in praktischer Hinsicht muß also konfigurativ und nicht schrumpftheoretisch gedacht werden.

Im übrigen ist dieser Sachverhalt auch aus der Geschichte des politischen Denkens erkennbar. Synoptisch rekonstruiert stellt er sich wie folgt dar:[1] In der neuzeitlichen Friedensdiskussion hatte Hobbes die pazifizierende Wirkung des staatlichen Gewaltmonopols angesichts drohenden Bürgerkriegs hervorgehoben. Der Kantsche Beitrag war auf die rechtsstaatliche Einhegung dieses Gewaltmonopols (»republikanische Ordnung«) gerichtet (sowie auf die konföderative Vernetzung der Staaten in einem »Friedensbund«). Liberales Denken thematisierte in vielen Variationen ergänzend die zivilisierende Wirkung von Arbeitsteilung und freiem Warenverkehr; die sozialistische Tradition betonte nachdrücklich die Verteilungsgerechtigkeit. Später war die psychologische (insbesondere die psychoanalytische) Argumentation auf Selbstbewußtwerdung, Ich-Stärke, Affektkontrolle und Empathie ausgerichtet. Feministisches Denken hat, wo es zu einer konstruktiven Wende fähig war, viele dieser Gesichtspunkte akzentuiert. Rückblickend enthüllt sich in diesen unterschiedlichen, aufeinander aufbauenden Denktraditionen die konfigurative Komplexität des Zivilisierungsprojek-

---

1 Erhellend hierzu Wilhelm Janssen, *Frieden*, in: Otto Brunner u. a. (Hg.), *Geschichtliche Grundbegriffe*, Bd. 2, Stuttgart 1975, S. 543-591.

tes: seine verfassungspolitische, institutionelle, materielle und emotionale Dimension.

Das zivilisatorische Hexagon systematisiert Erfahrungen, die ganz ohne Zweifel europäischen und nicht außereuropäischen Ursprungs sind. Muß es deshalb mit dem Verdikt, eurozentrisch zu sein, belegt werden? Und falls nicht, wie steht es um seine Universalisierbarkeit?

Der weltgeschichtliche Zufall oder Nichtzufall (darüber gibt es eine tiefgründige Kontroverse)[1] wollte es, daß sich der Übergang in die uns heute bekannte Moderne zunächst nur im europäischen Kontext vollzog. Bestimmte zivilisatorische Errungenschaften sozial mobil gewordener Gesellschaften wie beispielsweise die grundlegenden rechtsstaatlichen Prinzipien sind deshalb unbezweifelbar europäischen Ursprungs. Insofern ist ihre Charakterisierung als eurozentrisch korrekt. Universelle Geltung gewinnen diese Errungenschaften in der Gegenwart nicht dadurch, daß eine solche postuliert oder gar in der übrigen Welt missionarisch propagiert wird. Die universelle Geltung stellt sich vielmehr dadurch ein, daß es auch in allen übrigen Teilen der Welt einen Übergang in die Moderne, d. h. in sozial mobile und darauf aufbauend politisierte Gesellschaften gibt: Wenn Menschen in zunehmender Zahl weltweit nicht mehr in voneinander isolierten kleinbäuerlichen Gemeinschaften leben, sondern mehrheitlich in städtischen Agglomerationen, wenn sie überdies lese- und schreibkundig sind, also ihre potentielle Intelligenz aktualisieren können, wenn sie ihren geburtsmäßig vorgezeichneten Ort innerhalb der Gesellschaft durch soziale Aufwärtsmobilität sowie innerhalb und zwischen Gesellschaften durch geographische Mobilität hinter sich lassen können, entsteht ein Problemdruck im Hinblick auf politische Partizipation, die

[1] S. John A. Hall, *Powers and Liberties. The Causes and Consequences of the Rise of the West*, London 1985, sowie Eric L. Jones, *Das Wunder Europas*, Tübingen 1991.

Wahrnehmung ökonomischer Chancen, Verteilungsgerechtigkeit und – allgemein formuliert – Emanzipation, zu dessen Bewältigung auf »westliche« Lösungsangebote auch dann zurückgegriffen würde, wenn westlicherseits diese nicht mit universellem Gültigkeitsanspruch propagiert würden. Wenn es beispielsweise um institutionalisierte Konfliktregelung im öffentlichen Raum geht, wird man sich der Prinzipien und Institutionen bedienen, die andernorts in langen politischen Auseinandersetzungen um die Herausbildung des Verfassungsstaates erkämpft wurden. Erfahrungen mit rechtsstaatlich motivierter Gewaltenteilung, dem Mehrheitsprinzip und dem Minderheitenschutz usf. werden dann unmittelbar relevant. Entscheidend ist also nicht der Universalisierungsanspruch an sich, auch nicht die mit ihm zusammenhängende politische oder philosophisch begründete »Propaganda«; von entscheidender Bedeutung sind vielmehr die objektiven Veränderungsprozesse in der Welt und die daraus entstehenden spezifischen Problemlagen: Wie können sozial, ökonomisch und kulturell sich transformierende Gesellschaften die sich aus unentrinnbaren Transformationsprozessen ergebende höhere gesellschaftliche Komplexität in angemessenen bedürfnisgerechten politischen Ordnungen auffangen?

Der Westen Europas (und heute die Welt der OECD) hat als Ergebnis jahrhundertelanger politischer Konflikte auf diese Frage spezifische Antworten herausgearbeitet, gewissermaßen das in allen sechs Dimensionen in Zukunft weiterhin zu optimierende zivilisatorische Hexagon. Das große Gegenprojekt *innerhalb* des Westens, der Realsozialismus, ist bekanntlich gescheitert: In ihm glaubte man, eine, sozialstatistisch betrachtet, moderne Gesellschaft mit mündigen Menschen und eine Ökonomie mit anfänglich durchaus erheblicher Produktivkraftentfaltung mit den Mitteln des politischen Absolutismus manipulieren zu können. Ohne frühzeitige grundlegende Korrekturen, die ohne Schwierigkeit im Lichte des zivilisatorischen Hexagons hätten erkannt werden können, mußte ein solches Vorhaben zu dramatischen Dysfunktionalitäten, schließlich zum revolutionären Umbruch führen.[1]

Auch in der Dritten Welt gibt es vor allem in jenen Fällen, wo schon relativ komplexe Gesellschaften und Wirtschaften bestehen, keine Alternative zur Suche nach korrespondierend-komplexen politischen Regulierungsmechanismen, die nach dem derzeitigen Stand unserer Erfahrungen rechtsstaatlich-demokratischer Natur sein müssen, da bedauerlicherweise weiterführende Experimente, die zu erneuter sozialer Innovation beitragen könnten, derzeit nicht erkennbar sind.

Dabei sollte nicht verkannt werden, daß nicht der eurozentrische Ursprung des zivilisatorischen Hexagons seiner Übernahme andernorts im Wege steht (wenngleich die Überforderungsproblematik nicht gering zu schätzen ist), sondern in aller Regel der Machtanspruch der derzeitig herrschenden Klassen und Eliten in den Entwicklungsregionen der Welt, die zu Recht (nicht anders als ihre Vorläufer im alten Europa) als Folge einer solchen Übernahme ihre Machtposition gefährdet sehen. Allerdings, Erfolg wird dem Zivilisierungsprojekt im Sinne des Hexagons in der weiten Welt nur beschieden sein, wenn dessen Errungenschaften, genauso wie einst in Europa, jeweils eigenständig erkämpft und damit aus innerem Antrieb rezipiert und innovativ weiterentwickelt werden. Manipulierte Transplantationen ohne solche kritischen Vorgaben waren schon innerhalb Europas zum Scheitern verurteilt; sie werden auch außerhalb Europas scheitern.

Und im übrigen sollte im Hinblick auf den Eurozentrismus-Vorwurf immer bedacht werden: Das zivilisatorische Hexagon gehört nicht zur originären Ausstattung Europas. Vor tausend Jahren war es in Europa praktisch unbekannt; vor 500 Jahren zeigten sich erste Umrisse; vor 100 Jahren begann

---

1 S. Wolfgang Engler, *Die zivilisatorische Lücke. Versuche über den Staatssozialismus*, Frankfurt a. M. 1992.

es sich in wenigen einzelnen Fällen auszudifferenzieren; noch in diesem Jahrhundert gab es dramatische Regressionen; und ob sich die relativ positive Erfahrung der letzten 40 Jahre, die breitenwirksame Vertiefung des Hexagons inerhalb der OECD, bruchlos in die Zukunft verlängern lassen wird, ist keineswegs sicher. So wenig sich also in Europa eine Ursprungsgewißheit feststellen läßt, so wenig gibt es für das zivilisatorische Hexagon in diesem Europa und in der westlichen Welt insgesamt eine Bestandsgarantie. Auch wäre abwegig zu unterstellen, es seien in den kommenden Jahrzehnten oder gar Jahrhunderten jenseits der heute bekannten Ausprägungen des Hexagons keine politisch-institutionellen Innovationen mehr möglich, obgleich solche derzeit nicht erkennbar sind.

Von großer Dringlichkeit in Europa selbst ist allerdings derzeit nicht die ausbleibende Innovation, sondern weit davorliegend die Tatsache, daß in der östlichen und südöstlichen Hälfte Europas vier der sechs Bausteine des zivilisatorischen Hexagons (Rechtsstaatlichkeit, kohärente Ökonomie und entsprechende Interdependenzen, ökonomischer Ausgleich, konstruktive Konfliktkultur) nicht oder nur unterentwickelt sind, andererseits jedoch die inzwischen erfolgte Demokratisierung oft in Bürgerkriegssituationen und in der Zersetzung des Gewaltmonopols mündete, mit der Folge einer Chaotisierung der politischen Ordnung, pendelnd zwischen Anarchie und Diktatur, sowie einer sich epidemiehaft ausbreitenden Gewaltkultur, gewissermaßen dem negativen »Äquivalent« einer auch in der Zeit vor den realsozialistischen Regimen nie erprobten demokratischen Konfliktkultur.

Zivilisierter innerer Frieden ist nunmehr nur auf neuer Grundlage zu erlangen, nämlich als Ergebnis anhaltender und zudem langwieriger Bemühungen um das zivilisatorische Hexagon in all seinen Komponenten. Die Tatsache aber, daß es sich im Osten Europas – wie im übrigen auch in vielen Entwicklungsgesellschaften der Welt – um sozial mobile, politisierte und noch weiter politisierbare Gesellschaften ohne gesichertes Gewaltmonopol und erprobte Rechtsstaatlichkeit, überdies um Gesellschaften ohne leistungsfähige Ökonomie und demokratische Kultur handelt, weist auf die Dramatik der Gesamtproblematik hin.

2. Die Zivilisierung internationaler Politik

Das zivilisatorische Hexagon wurde mit Blick auf die Zivilisierungserfordernisse von Politik innerhalb von Gesellschaften erläutert. Dort entsteht in der Folge des Zivilisierungsprozesses ein sich homogenisierender und kohärent werdender Handlungszusammenhang, die »Staatsnation« bzw. der »Nationalstaat«. Lassen sich die Überlegungen zum Zivilisierungsprojekt Innerer Frieden auf die Ebene jenseits des einzelnen Staates übertragen? Was würde Zivilisierung von Politik auf internationaler Ebene bedeuten? Und bestünde die Chance, ein Zivilisierungsprojekt *Internationaler Frieden* oder *Weltfrieden* in die Praxis zu übersetzen?

Eine Übertragung des zivilisatorischen Hexagons von der staatlich-innergesellschaftlichen auf die internationale Ebene müßte die Welt entweder als eine Summe von Zivilgesellschaften oder gar als eine einzige Weltzivilgesellschaft begreifen. Deren Entwicklung könnte, *abstrakt betrachtet*, wie folgt vorgestellt werden: Herausbildung von sich verdichtenden transnationalen zwischengesellschaftlichen Verflechtungen innerhalb der überkommenen *Staatenwelt*, wodurch sich zunächst in regionalen Zusammenhängen eine transnationale »Gesellschaftswelt« und »Wirtschaftswelt« entfalten würde[1]; allmähliche Relativierung der Staatenwelt und schrittweise Herausbildung einer *Weltgesellschaft* vor allem vermittels sich globalisierender systemischer Bezüge in den Dimensionen

1 Zu diesen Begriffen s. Ernst-Otto Czempiel, *Weltpolitik im Umbruch*, München 1993[2].

Weltwirtschaft, Verkehr, Information und Kommunikation; Entfaltung korrespondierender normativer Horizonte, institutioneller Überwölbungen und politischer Steuerungsmedien, die einen zivilen Umgang mit Konflikten fördern würden und zur kulturellen Entfaltung und Stabilisierung einer *Weltzivilgesellschaft* beitrügen. Existierte eine solche Weltgesellschaft als eine tendenziell homogene Wertegemeinschaft, so würde die heutige Staatenwelt schließlich in eine *Weltgemeinschaft* transformiert, wobei den einzelnen Staaten in einem solchen Zusammenhang nur noch eine subsidiäre Rolle zukäme. Innerhalb eines solchen Gesamtgebildes – der Weltzivilgesellschaft – wäre, nunmehr auf höchstmöglicher, nämlich weltweiter Ebene, die Realisierung des zivilisatorischen Hexagons vorstellbar: Herausbildung eines (wie immer im einzelnen institutionell ausgestalteten) Gewaltmonopols; Kontrolle dieses Gewaltmonopols analog zur Rechtsstaatlichkeit; weltweite Interdependenzgeflechte und daraus resultierende Disziplinierungszwänge mit dem Ergebnis der Affektkontrolle; Demokratisierung zumindest im Sinne angemessener Vertretungsmöglichkeiten wesentlicher Kollektive oder Gruppierungen; ökonomischer Ausgleich, um soziale Gerechtigkeit auf weltweiter Ebene zu erreichen; sowie internalisierte Konfliktkultur vor allem im Sinne von Toleranz als dem grundlegenden Inhalt eines Weltethos.

Nichts kann einen hindern, das zivilisatorische Hexagon in seinen einzelnen Komponenten und als Gesamtfigur *abstrakt* in eine solche künftige Welt hineinzudenken, ungeachtet, ob man eine solche Entwicklung für wünschbar oder verwerflich hält. Was die Wünschbarkeit anbelangt, so könnte man in diesem Zusammenhang an Kant erinnern. Dieser vertrat die These, daß voneinander unabhängige benachbarte Staaten per se schon einen Zustand des Krieges begründen (wenn nicht eine föderative Vereinigung derselben Feindseligkeiten vorbeugt), daß aber gemäß der Vernunftidee eine föderative Vereinigung solcher unabhängiger Staaten besser sei als deren

Zusammenschmelzung in eine alle einzelnen Staaten über-
wachsende, in einen Weltstaat übergehende Macht. Seine Begründung: »weil die Gesetze mit dem vergrößerten Umfang
der Regierung immer mehr an ihrem Nachdruck einbüßen
und ein seelenloser Despotism, nachdem er die Keime des
Guten ausgerottet, zuletzt doch in Anarchie verfällt«. Und
obgleich die Verschiedenheit der Sprachen und der Religionen zwar den Hang zu wechselseitigem Haß und den Vorwand zum Kriege in sich trage, werde doch gerade diese
Verschiedenheit von »der Natur« genutzt, um die Völker von
der Vermischung abzuhalten und sie abzusondern. Wachsende Kultur und die allmähliche Annäherung der Menschen
an gemeinsame Prinzipien und zu einem Einverständnis im
Hinblick auf Frieden würden Wetteifer und schließlich ein
Gleichgewicht hervorbringen, die friedensfördernder wären
als jener »Despotism«.[1]

In der Sprache der neueren Theorie: Die *abstrakte* Extra-
polation des zivilisatorischen Hexagons von der einzelnen
Zivilgesellschaft auf die Welt zielt auf die Herausbildung einer
»amalgamierten Sicherheitsgemeinschaft«, Kants Kritik daran orientiert sich demgegenüber an der einen oder anderen
Variante von »pluralistischer Sicherheitsgemeinschaft«.[2]

Was möglich, was wahrscheinlich und was überdies sinnvoll ist, hängt natürlich in erster Linie nicht von solchen
abstrakten Extrapolationen, sondern von der Realität ab.
Diese zeichnet sich zuallererst dadurch aus, daß sie sich nicht
als ein einziger homogener und kohärenter Handlungszusammenhang darstellt, sondern als ein in sich zerklüftetes
Beziehungsgefüge. Und die Wahrscheinlichkeit, daß sich die
Welt allmählich und in absehbarer Zeit flächendeckend ho-
mogenisieren wird, ist äußerst gering: Einer interdependent

---

1 Immanuel Kant, *Zum ewigen Frieden*, Stuttgart 1963 (zuerst veröffentlicht 1795),
S. 48 f.
2 Die beiden Begriffe sind entnommen aus Karl W. Deutsch u. a., *Political Community and the North Atlantic Area*, Princeton 1957.

vernetzten OECD-Welt steht die Welt untereinander und in sich zerklüfteter Entwicklungsgesellschaften gegenüber. Neben fortschreitender Globalisierung in den Dimensionen Ökonomie, Kommunikation und Verkehr ist in Teilbereichen der Welt eine rasante Fragmentierung politischer Strukturen zu beobachten. Angesichts solch unterschiedlicher Realitäten kann das zivilisatorische Hexagon nicht unkontextuiert auf die Welt insgesamt übertragen werden. Dennoch ist auf internationaler Ebene die zivilisatorische und damit friedenspolitische Aufgabenstellung vergleichbarer Natur. Sie läßt sich in vierfacher Hinsicht konkretisieren und als entsprechende Imperative formulieren:

1. Schutz vor Gewalt: Da das Sicherheitsdilemma als ein chronisches Strukturproblem in die Staatenwelt eingebaut ist und es also eine »hobbesianische Grundsituation« (Staatenanarchie) gibt, sind institutionelle Vorkehrungen erforderlich, um dieses Sicherheitsdilemma abzuschwächen bzw. es durch die Institutionalisierung von Erwartungsverläßlichkeit weitmöglichst aus der Welt zu schaffen. In der bisherigen Geschichte haben Versuche, das Sicherheitsdilemma über Hegemonialordnungen bzw. Ordnungen des Gleichgewichtes zu eliminieren, nur einen zeitlich begrenzten Erfolg gehabt. Souveräne Einzelstaaten miteinander so zu verschmelzen, daß dadurch das Sicherheitsdilemma aufgehoben würde (»Amalgamierung«), wäre weltweit nur vorstellbar, wenn man einen Weltstaat mit einem entsprechenden Gewaltmonopol für möglich und sinnvoll hielte. Auf regionaler Ebene ist ein solcher Vorgang jedoch vorstellbar, allerdings würde dadurch das Grundproblem, wenn man die Welt insgesamt betrachtet, nicht gelöst: Durch die Regionalisierung der Gewaltmonopole würden nämlich nichts anderes als zugespitzte interregional gelagerte Sicherheitsdilemmata entstehen.

Weniger anspruchsvoll, aber realistischer, wenngleich durchaus schwierig zu realisieren ist die »pluralistische Sicherheitsgemeinschaft«, innerhalb deren förmlich souveräne Staaten ein wechselseitiges Sicherheitsarrangement einzugehen versuchen, bei dem die Androhung bzw. die Anwendung von Gewalt innerhalb der eigenen Sicherheitsgemeinschaft tendenziell undenkbar wird. Die Europäische Gemeinschaft vor der Realisierung der Maastrichter Übereinkunft kann als eine solche »pluralistische Sicherheitsgemeinschaft« charakterisiert werden. Ihre Voraussetzungen sind: eine Übereinstimmung in zentralen Werten, dichte ökonomische, soziale, mediale und institutionelle Vernetzungen, gemeinsame Problemlösungskapazitäten, insbesondere die Transparenz der Verhaltensmotivationen und davon abgeleitet Erwartungsverläßlichkeit und Berechenbarkeit.

Auch der Verbund der KSZE-Staaten ist, idealiter betrachtet, als ein Versuch zu sehen, allmählich eine solche pluralistische Sicherheitsgemeinschaft aufzubauen, einschließlich der erforderlichen Mechanismen für kritische Eventualfälle: Institutionen für konstruktive Konfliktbearbeitung und friedliche Streitbeilegung sowie Vorkehrungen für kollektiv-kooperative Sicherheit.

Auf Weltebene wären entsprechende Vorkehrungen vorzusehen; sie werden heute, einem UNO-Dokument folgend, als »Agenda für den Frieden« thematisiert: vorbeugende Diplomatie, vertrauensbildende Maßnahmen, Tatsachenermittlung, Frühwarnung, vorbeugende Einsätze in Krisengebieten, vorbeugende Herbeiführung entmilitarisierter Zonen, aktivere Rolle bei friedlicher Streitbeilegung (einschließlich der Nutzung internationaler Gerichtsinstanzen), Entschärfung von Konflikten durch Hilfeleistungen, Blauhelm-Missionen, ggf. Friedensdurchsetzung mit militärischen Mitteln, Hilfestellung nach Beendigung von Konflikten.[1]

1 *Agenda für den Frieden. Bericht des UN-Generalsekretärs an den Sicherheitsrat*, vorgelegt in New York am 17. Juli 1992, veröffentlicht in: *Die Agenda für den Frieden. Analysen und Empfehlungen des UN-Generalsekretärs*, hg. von der Stiftung Entwicklung und Frieden, Bonn 1993.

Diese und ähnliche Maßnahmen werden nicht das Sicherheitsdilemma unter allen Umständen und angesichts der unterschiedlichsten Eventualfälle verläßlich beseitigen. Aber sie können zur Einhegung von potentiell gewaltträchtigen Konflikten beitragen – und weit in die Zukunft vorausgedacht einer allmählichen »Entwaffnung der Staaten« dienen.[1]

2. Schutz der Freiheit: Sicherheitsgemeinschaften auf zwischenstaatlicher und zwischengesellschaftlicher Ebene finden ihre beste Rückversicherung darin, daß ihre Mitglieder sich als Rechtsstaaten bzw. demokratische Verfassungsstaaten verstehen und sich entsprechend konstituieren. Dieser Prämisse liegt die Vermutung zugrunde, daß Gesellschaften, die die Imperative des zivilisatorischen Hexagons intern verwirklicht haben, gelernt haben, Konflikte relativ verläßlich auf friedlichem Wege zu regeln: Weshalb mit hoher Plausibilität unterstellt werden kann, daß sie auch, insbesondere wenn sie mit anderen vergleichbaren Gesellschaften vernetzt sind, zwischenstaatliche und zwischengesellschaftliche Konflikte analog zu regeln willens und imstande sind.

Die These, gefestigte Demokratien würden keine Kriege führen, ist jedoch nur eine plausible Vermutung.[2] Deshalb ist die Kombination des ersten Imperativs (institutionalisierte Vorkehrungen zum Schutze vor Gewalt) mit diesem zweiten Imperativ (rechtsstaatlich-demokratischer Verfaßtheit der die Sicherheitsgemeinschaft aufbauenden Staaten) von großer Bedeutung. Denn aus plausibler Vermutung kann Gewißheit werden, wenn das Restrisiko im Hinblick auf Gewaltanfälligkeit durch entsprechende Arrangements der gemeinsamen Sicherheit praktisch eliminiert wird.

1 S. hierzu perspektivisch argumentierend Bernd Guggenberger, *Der erste der letzten Kriege? Am Ende des Kalten Krieges: Nachgedanken zum Krieg am Golf*, Eggingen 1991.
2 S. hierzu jetzt zusammenfassend Thomas Risse-Kappen, *Demokratischer Frieden? Unfriedliche Demokratien? Überlegungen zu einem theoretischen Puzzle*, in: Gert Krell und Harald Müller (Hg.), *Frieden und Konflikt in den internationalen Beziehungen*, Frankfurt a. M. 1994, S. 159-189.

Auf internationaler Ebene vermittelt sich das Bemühen um Rechtsstaatlichkeit vor allem über eine aktive Politik des Schutzes von Menschenrechten und über deren institutionalisierte Garantie. In dieser Hinsicht sollte das Prinzip der Nichteinmischung in innere Angelegenheiten von Staaten problematisiert und in menschenrechtlicher Hinsicht aufgegeben werden: Internationale Instanzen (wie UNO-Gremien, Menschenrechtskommissionen, Ad-hoc-Gremien u. a.) sollten die Möglichkeit erhalten, mit international legitimiertem Anspruch in einzelne Staaten hineinzuwirken, so wie Individuen die Möglichkeit bekommen sollten, unter völkerrechtlich garantierten Bedingungen jenseits des eigenen Staates als Staatsbürger Menschenrechte direkt einklagen zu können. Von einer solchen sich auf die Welt erweiternden Rechtsgemeinschaft ist die Menschheit noch weit entfernt. Aber in regionalem Zusammenhang ist ein solcher Schritt nicht nur vorstellbar, sondern, wie das Beispiel Westeuropas zeigt, punktuell schon Realität.

Ob es jemals jenseits einzelner zivilisierter Staaten dauerhaft zu dem im zivilisatorischen Hexagon beobachtbaren Zusammenhang von übergeordnetem Gewaltmonopol und dessen Kontrolle kommen wird, ist eine weit in die Zukunft vorausgreifende Frage, die für die Welt insgesamt noch nicht akut ist. Zunehmende Bedeutung erlangt jedoch die Tatsache, daß in der Welt immer weniger die grobe Verletzung von Menschenrechten und das Unterschreiten von Mindeststandards toleriert werden und ein menschenrechtlich sensibler Teil der internationalen Gemeinschaft zu intervenierenden Gegenmaßnahmen bereit ist. Das wirft Fragen einer Kasuistik legitimer Intervention und der Modalitäten solcher Intervention auf, Problembereiche eines überfälligen und allmählich sich entwickelnden »Weltinnenrechts«.[1]

---

1 S. Jost Delbrück, *Wirksameres Völkerrecht oder neues ›Weltinnenrecht‹?*, in: Winrich Kühne (Hg.), *Blauhelme in einer turbulenten Welt*, Baden-Baden 1993, S. 101-131.

3. Schutz vor Not: Menschenrechte betreffen nicht nur den Schutz der Freiheit und der Grundrechte der einzelnen (»bürgerliche und politische Rechte«), sondern auch wirtschaftliche und soziale Rechte, also den Schutz vor Not. So wie eine Politik des aktiven ökonomischen Ausgleichs für den inneren sozialen Frieden von sozial mobilen Gesellschaften unerläßlich ist, so ist ohne ökonomischen Ausgleich, zumindest ohne anhaltende Bemühungen um einen solchen, internationaler Frieden nicht erreichbar.[1]

Ein solcher Ausgleich ist relativ einfach erreichbar, wenn symmetrische Interdependenz vorliegt: Dann treten vergleichbar produktive bzw. effiziente Ökonomien miteinander in Wettbewerb. Sie durchdringen sich wechselseitig vermittels sogenannter substitutiver Arbeitsteilung: Agrargüter werden dann gegen Agrargüter getauscht, Konsumgüter gegen Konsumgüter, Ausrüstungsgüter gegen Ausrüstungsgüter, Technologie gegen Technologie usf. Der Nutzen solchen Austausches besteht darin, daß die Ausweitungseffekte (spin-off-Effekte) von Produktion und Austausch in vergleichbare Niveaus der Diversifikation und Qualifizierung der betreffenden Ökonomien münden. Dadurch werden diese wechselseitig integrationsfähig. Wenn ein solches qualitativ hohes Entwicklungsniveau nicht vorliegt, ist eine stabile Integration nicht zu erwarten. In der Abwesenheit substitutiver Arbeitsteilung ist der Grund zu sehen, warum so viele Integrationsversuche in den Entwicklungsregionen der Welt gescheitert sind.

Viel schwieriger ist ökonomischer Ausgleich unter asymmetrischen Ausgangsbedingungen zu realisieren. Angesichts

---

1 S. Dieter Senghaas, *Die moderne Entwicklungsproblematik und ihre Implikationen für Friedenspolitik*, in: *Asien, Afrika, Lateinamerika*, Bd. 19, 1991, S. 5-19. Zum folgenden s. auch Dieter Senghaas, *Von Europa lernen. Entwicklungsgeschichtliche Betrachtungen*, Frankfurt a. M. 1982; Ulrich Menzel, *Auswege aus der Abhängigkeit. Die entwicklungspolitische Aktualität Europas*, Frankfurt a. M. 1988; Ulrich Menzel und Dieter Senghaas, *Europas Entwicklung und die Dritte Welt. Eine Bestandsaufnahme*, Frankfurt a. M. 1986.

ungleicher Startchancen gibt es im Grunde genommen nur eine Möglichkeit, um zu reüssieren: eine je besondere Verbindung von selektiver Integration und selektiver Dissoziation. Das heißt partielle Einkopplung in den Weltmarkt – die Zentren der Weltwirtschaft –, um daraus jenen Nutzen zu ziehen, der für die eigene Entwicklung, insbesondere die entsprechende Kapitalbildung, erforderlich ist; selektive Dissoziation (Abkopplung), um jenen Schutzraum zu gewinnen, ohne den angesichts des überlegenen Verdrängungswettbewerbs der höher entwickelten Gesellschaften die eigenen Bemühungen um eine nachholende Entwicklung von vornherein zum Scheitern verurteilt wären. Diese Mischung aus Ankopplung und Abkopplung ist das eigentliche Kunststück in jedem neuen Fall, insofern der Wille vorliegt, noch einmal nachholende Entwicklung mit dem Ziel zu inszenieren, Wirtschaftsräume breitenwirksam trotz des in der Weltwirtschaft beobachtbaren erheblichen Kompetenzgefälles zu erschließen.

Die hierfür erforderlichen praktischen Maßnahmen wurden in einer 40jährigen Entwicklungsdebatte eingehend diskutiert und können heute als bekannt, wenn auch selten realisiert, vorausgesetzt werden. Stichwortartig lassen sie sich wie folgt beschreiben: Präferenz für landwirtschaftliche Entwicklung und eine landwirtschaftsnahe Industrialisierung, um das grundlegende Problem jeder Gesellschaft zu lösen: die Fähigkeit, die eigene Bevölkerung zu ernähren; Entfaltung von Massenmärkten im eigenen Bereich, wobei nur bei Abwesenheit krasser Ungleichheiten in der Verteilung von Grund und Boden und bei den Einkommen Binnenmärkte breitenwirksam erschließbar sind; Herausbildung von Wissen, Kenntnissen und Kompetenzen durch ein differenziertes Erziehungssystem, um das Fehlen von natürlichen Ressourcen auszugleichen und die Grundlagen für Innovation zu legen (Humankapital); Aufbau von Kapazitäten für die Anpassung von Technologien an eigene Bedürfnisse und für die Erzeugung von Technologien; Selektivität von Förderungs- und

Schutzmaßnahmen beim Austausch mit anderen Ökonomien. Werden die Prioritäten falsch gesetzt, kann das Entwicklungsprojekt nicht gelingen und ökonomischer Ausgleich wird nicht stattfinden.

Ein solches Entwicklungsprojekt ist unter den Bedingungen dramatischer Kompetenzgefälle eine unvergleichliche Herausforderung, die auch bei bestmöglichen flankierenden Maßnahmen durch internationale Entwicklungspolitik nur abgemildert, aber nicht wirklich aufgehoben werden kann. Daß aber Ausgleichsprozesse stattfinden können, belegen anhaltende Aufwärts- und Abwärtsmobilitäten von einzelnen Gesellschaften innerhalb der Weltwirtschaft. Andererseits wird immer mehr bewußt, daß ohne ökologische Korrekturen Entwicklung im bisher verstandenen Sinne nicht weltweit verallgemeinerbar ist. Die Bringschuld liegt dabei bei den Industrieländern, weil sie weit mehr weltweit relevante Zerrüttungen der Ökologie hervorrufen (Treibhauseffekt, Ozonloch) als arme Länder, in denen Ökologieschäden massiv zunehmen, aber meistenteils noch lokal eingrenzbar sind.

4. *Schutz vor Chauvinismus:* Nachholende Entwicklung bedeutet Abgrenzung und Aufbau. Ohne Abgrenzung fände eine Überwältigung statt; Abgrenzung ist also erforderlich, um sich überhaupt auf die eigenen Kräfte besinnen zu können, um eine eigene Identität zu gewinnen. Deshalb gehen Entwicklungsprozesse meist einher mit Entwicklungsnationalismen, die als Defensivreaktionen interpretiert werden müssen. Denn neben dem Aufbau ökonomisch kohärenter Strukturen meint Entwicklung: politische Selbstbestimmung und kulturelle Identität. Asymmetrische Interdependenz bzw. Abhängigkeit bedeutet aber zuallermeist einseitigen Überfremdungs- und Assimilierungsdruck, weshalb die Defensivreaktionen einen entwicklungsrationalen Kern besitzen. Denn schließlich und endlich bleiben ohne konsolidierte Identität Verflechtungen und Vernetzungen sowie Wettbewerb unzuträglich.

Aber jede Abgrenzung hat auch ihre Gefahr. Während *ein* Zivilisierungsproblem zu bewältigen versucht wird, nämlich die Überwindung von Rückständigkeit und Unterentwicklung durch teilweise Dissoziation, droht im Verlauf solchen Bemühens eine funktional erforderliche Abgrenzung zur pathologischen Ausgrenzung zu werden, also rationaler Entwicklungsnationalismus in irrationalen Chauvinismus umzuschlagen.

Diese Problematik ist nicht ein »Privileg« der Entwicklungswelt. Sie ist vielmehr in die Struktur der Staatenwelt eingebaut, in der Staaten kollektiv organisierten Vorurteilen gleichen. Unerläßliche Abgrenzungen und ethnozentrische Ausgrenzungen liegen nahe beieinander: Hier ist die Einfallschneise für Xenophobien, Feindbilder und Chauvinismen, die oft genug durch Rassismus eine Zuspitzung erfahren. Projektive Bezüge zur Umwelt, also hier zur internationalen Realität, werden dann weit bestimmender als kritische Realitätsprüfung. In dieser Strukturproblematik der internationalen Politik liegt die Anfälligkeit für autistisches Denken, Fühlen und Handeln.[1] Wo immer solche Autismen an Wirkungskraft gewinnen, sind Sicherheitsgemeinschaften zum Schutze vor Gewalt nur schwer erreichbar; schon erreichte institutionelle Vorkehrungen zur Gewalteinhegung werden wieder brüchig. Menschenrechte sind dann gefährdet; und ein Sinn für Gerechtigkeit jenseits des eigenen begrenzten Lebensraumes läßt sich kaum noch feststellen. Es kommt zu einer Selbststilisierung politischer Handlungseinheiten vermittels Freund- und Feindbilder: Wechselseitige Identitätsstiftung findet über Verfeindung statt. Angesichts solcher vielfach historisch und aktuell dokumentierter Sachverhalte wird die Relevanz des vierten Imperativs – Schutz vor Chauvinismus – unmittelbar einsichtig. Die oben zitierte »pluralistische Sicherheitsgemeinschaft« ist auch dafür erforderlich,

---

1 Eine diesbezügliche Strukturanalyse findet sich in Dieter Senghaas, *Rüstung und Militarismus*, Frankfurt a. M. 1972, S. 63-93.

der Chauvinismus-Anfälligkeit von mehr oder weniger abgegrenzten Kollektiven auf breiter Grundlage verläßlich, d. h. durch institutionelle Arrangements entgegenzuwirken.[1]

Zusammenfassend läßt sich also hinsichtlich der Übertragbarkeit des zivilisatorischen Hexagons auf die internationale Ebene folgendes feststellen:

Ein weltstaatliches Gewaltmonopol, das als Entwaffnung der Staaten definiert wäre, ist derzeit unwahrscheinlich, aber verwirklichbar sind Formen *kooperativ-kollektiver Sicherheit* auf bilateraler, regionaler und Weltebene, die die politische Brisanz des durch die vielen einzelstaatlichen Gewaltmonopole hervorgerufenen internationalen Sicherheitsdilemmas abmildern bzw. realtiv verläßlich einhegen können. Zu kooperativ-kollektiver Sicherheit gehören auch Maßnahmen, die in der »*Agenda für den Frieden*« vorgesehen sind: neben den Instrumentarien der Konfliktprophylaxe solche der Friedensdurchsetzung mit polizeilichen und ggf. militärischen Mitteln. Nicht anders als ein derzeit nur abstrakt vorstellbares, verallgemeinertes weltstaatliches Gewaltmonopol bedarf jedoch auch kooperativ-kollektive Sicherheit einer vorgängigen *internationalen Rechtsordnung* (»Weltinnenrecht«), zumindest einer Entwicklung in solche Richtung in normativer und institutioneller Hinsicht.[2] Gäbe es institutionelle Vorkehrungen für die Überprüfung der Rechtmäßigkeit von Entscheidungen (beispielsweise über intervenierende Aktionen) und der Verhältnismäßigkeit eingesetzter Mittel, also ansatz-

---

1 Solche Arrangements hätten empathiefördernd zu sein. S. hierzu Norbert Ropers, *Vom anderen her denken: Empathie als paradigmatischer Beitrag zur Völkerverständigung*, in: Reiner Steinweg und Christian Wellmann (Red.), *Die vergessene Dimension internationaler Konflikte: Subjektivität*, Frankfurt a. M. 1990, S. 29-61.

2 S. hierzu, auf Europa bezogen, die Studie des Instituts für Friedensforschung und Sicherheitspolitik an der Universität Hamburg: *Vom Recht des Stärkeren zur Stärke des Rechts. Die Europäische Sicherheitsgemeinschaft (ESG) als Garant von Sicherheit und Frieden*, veröffentlicht in: Dieter S. Lutz, *Deutschland und die Kollektive Sicherheit*, Opladen 1993, S. 101 ff.

weise eine »Gewaltenteilung auf internationaler Ebene«, so wäre ein Schritt auf eine, wenngleich immer noch embryonale »Verfassungsstaatlichkeit auf internationaler Ebene« getan. Jedoch, Entwicklungen in eine solche Richtung sind mühsam, zögerlich und vor allem äußerst rückfallgefährdet.[1]

Auf weltweiter Ebene und in den meisten regionalen Zusammenhängen sind überdies, wie dargelegt, meistens die *materiellen Vernetzungen* schwach oder unausgeglichen, so daß von ihnen – ausgenommen im OECD-Bereich – keine verläßliche Stabilisierung ausgeht. Auch ist *demokratische Teilhabe* auf internationaler Ebene eine kaum angemessen zu operationalisierende Größe, selbst dann nicht, wenn man an eine entsprechende Revision der Charta der Vereinten Nationen dächte. Transferleistungen addieren sich noch lange nicht zu einem Volumen, das zu einem weltwohlfahrtsstaatlichen *ökonomischen Ausgleich* beitragen könnte. Und solche Befunde akzentuieren ohnedies zwischen Staaten und Gesellschaften bestehende politisch-kulturelle Zerklüftungen und Gegensätze. Räumliche Verdichtungen in institutioneller, materieller und emotionaler Hinsicht, die eine stufenweise Verwirklichung des zivilisatorischen Hexagons, also eine breit fundierte verläßliche Zivilisierung des Zusammenlebens jenseits einzelner Gesellschaften erwarten ließen, werden auf absehbare Zeit in weiten Teilen der Welt eher Ausnahme als Regel sein.

Wenngleich dem Projekt einer »Weltzivilgesellschaft«, das der Realisierung des zivilisatorischen Hexagons auf weltweiter Ebene gleichkäme, erhebliche Schwierigkeiten und strukturelle Widrigkeiten entgegenstehen und möglicherweise ein solches Projekt nicht einmal wünschenswert ist (s. die Vorbe-

---

1 Zur Gesamtproblematik s. Volker Rittberger, *Die Vereinten Nationen. Kristallisationspunkt weltstaatlicher Autorität oder Instrument hegemonialer Mächte?*, in: *Tübinger Arbeitspapiere zur Internationalen Politik und Friedensforschung*, Nr. 22, Tübingen 1993. S. auch Thomas Menk, *Gewalt für den Frieden. Die Idee der kollektiven Sicherheit und die Pathognomie des Krieges im 20. Jahrhundert*, Berlin 1992.

halte bei Kant!), so ist dennoch prinzipiell eine Zivilisierung von internationaler Politik vorstellbar, wenn die vier diskutierten Imperative annäherungsweise in praktisches Handeln übersetzt würden. Eine *weltweite* Vernetzung der Menschheit würde dadurch weder realisiert noch wäre sie eigentlich das Ziel. Eine zivilisierte Menschheit könnte jedoch ohne weiteres auf in sich konsolidierten Regionen aufbauen, die dann nichts weiter als einer lockeren Koordination bedürften. In solchem Zusammenhang könnte die internationale Sicherheits-, Entwicklungs- und Ökologieproblematik so eingegrenzt werden, daß große drohende Katastrophen nicht akut würden. Hierfür ist analytische und praktische Arbeit im kleinen erforderlich, aber auch eine übergeordnete zivilisatorische und damit friedenspolitische Leitperspektive.

3. Frieden: Die zivilisatorische Leitperspektive

Übersetzt man das zivilisatorische Hexagon und die Überlegungen zur Zivilisierung von Innen- und internationaler Politik in eine entsprechende Leitperspektive, so könnte man bei Berücksichtigung der Einsicht, daß Zivilisierung von Politik und Gesellschaft einerseits und Frieden andererseits identische Sachverhalte bezeichnen, zu folgender »Definition« gelangen:

Die Zivilisierung von Politik bzw. Frieden sowohl in inner- als auch zwischenstaatlicher Hinsicht sollte verstanden werden als ein gewaltfreier und auf die Verhütung von Gewaltanwendung gerichteter politischer Prozeß, in dem durch Verständigungen und Kompromisse solche Bedingungen des Zusammenlebens von gesellschaftlichen Gruppen bzw. von Staaten und Völkern geschaffen werden, die nicht ihre Existenz gefährden und nicht das Gerechtigkeitsempfinden oder die Lebensinteressen einzelner oder mehrerer von ihnen so schwerwiegend verletzen, daß sie nach Erschöpfung aller friedlichen Abhilfeverfahren Gewalt anwenden zu müssen glauben. Um eine Zivilisierung von Politik bzw. Frieden zu erreichen, sind deshalb anhaltende Bemühungen um Erwartungsverläßlichkeit (Schutz vor Gewalt), Rechtsstaatlichkeit (Schutz der Freiheit), ökonomischen Ausgleich (Schutz vor Not) und Empathie (Schutz vor Chauvinismus) erforderlich.

Die so formulierte Leitperspektive führt zu einer naheliegenden Schlußfolgerung: Wenn man Frieden im Sinne der Zivilisierung von Politik und Gesellschaft im Inneren und auf internationaler Ebene will, muß man den Frieden vorbereiten: *Si vis pacem, para pacem!*[1]

Die in der zitierten konfigurativen Leitperspektive enthaltene *para pacem*-Maxime besitzt verfassungspolitische, institutionelle, materielle und emotionale Voraussetzungen: Sie verweist auf das Vorhandensein konsensfähiger und legitimierter Koexistenzformeln und entsprechender Institutionen (Verfassung); sie erkennt in den materiellen Voraussetzungen für eine konstruktive Konfliktbearbeitung einen sensiblen Punkt, der für sozial mobile und politisierbare Gesellschaften von kritischer Bedeutung ist; eine emotionale Rückversicherung gewinnt eine solche Maxime durch die Orientierung des Handelns an Lebenserhaltung bzw. Lebensförderung, wobei empfundene Fairneß ein wichtiges Kriterium für Legitimität ist.

Damit kommt die innere Dynamik des Prozeßcharakters von Frieden als einem Zivilisierungsprojekt deutlich zum Ausdruck: Denn erweisen sich angesichts der Bedürfnisse von insbesondere sich neu organisierenden, mündig werdenden Akteuren die überkommenen inneren bzw. internationalen politischen Rahmenbedingungen als anpassungsunfähig,

---

1 Zur Begründung dieser Leitperspektive s. Dieter und Eva Senghaas, *Si vis pacem, para pacem. Überlegungen zu einem zeitgemäßen Friedenskonzept*, in: *Leviathan*, Bd. 20, 1992, S. 230-251. Eine philosophische, dieser Leitperspektive kongeniale Konzeptualisierung findet sich in Janna Thompson, *Justice and World Order. A Philosophical Inquiry*, London 1992.

wird im Grenzfall – paradoxerweise – Gewalt mit unerbittlicher Zwangsläufigkeit zu einem Ersatz für Kommunikation, letztlich zu einer oft als alternativlos empfundenen
Ressource in der Not. Vor diesem Hintergrund wird verständlich, warum solche Ausgangslagen mehr oder weniger
schnell in politische Umbruchssituationen oder in Revolutio-
nen übergleiten. Lern- und Anpassungsfähigkeit sind also
wichtige Kategorien für das Zivilisierungsprojekt Frieden,
und die Forderung nach Vorkehrungen für »friedlichen Wandel«, obgleich in der Friedensdiskussion in aller Regel vor
allem von Völkerrechtlern erhoben, ist für ein zeitgemäßes
Zivilisierungs- bzw. Friedenskonzept im Hinblick auf die
Vermeidung bzw. Überwindung von kollektiver Gewalt von
ebenso allgemeiner wie grundlegender Bedeutung.

In politisierten Gesellschaften erwächst kollektive Gewalt
vor allem aus Problemlagen, die im Lichte des zivilisatorischen Hexagons durch markante Defizite gekennzeichnet
sind. Virulent werden solche heute vor allem in Gestalt ethnischer bzw. ethnonationalistischer Konflikte. Über sie stürzt
die Welt in eine Vielzahl von »hobbesianischen Situationen«,
ohne daß in sozial mobilen, politisierten Gesellschaften die
»hobbesianische Therapie« – die reine Durchsetzung eines
Gewaltmonopols – Grundlage für eine dauerhaft befriedende
Lösung sein könnte.[1]

---

1 S. auch Hans Magnus Enzensberger, *Aussichten auf den Bürgerkrieg*, Frankfurt
a. M. 1993.

II

Die Welt nachholender Zivilisierung

Vom Nutzen und Elend der Nationalismen
im Leben von Völkern

Das Ende des Ost-West-Konfliktes hat auch in Europa politische Manövrierräume für nationalistische bzw. ethnonationalistische Bewegungen freigesetzt. Damit wiederholen sich in der östlichen und südöstlichen Hälfte Europas Erfahrungen mit entsprechenden politischen Vorgängen, die die Geschichte dieses Raumes schon im späten 19. und in der ersten Hälfte des 20. Jahrhunderts gekennzeichnet haben. Während innerhalb Europas die bipolare Blockkonfrontation des kalten Krieges potentiell virulenten Nationalismus in den Hintergrund drängte – allein schon deshalb, weil dieser für den Zusammenhalt des jeweiligen Lagers völlig dysfunktional gewesen wäre –, war in den letzten Jahrzehnten Nationalismus im Sinne des antikolonialen Befreiungsnationalismus eine gängige Erscheinung in der Dritten Welt. Auch ethnopolitisch motivierter Nationalismus ist dem Beobachter der Dritten Welt seit langem vertraut, wobei sich dessen Spielarten nunmehr auch in Europa offen und oft mit vergleichbarer Militanz, einschließlich kriegerischer Auseinandersetzungen, wiederfinden.

Da das EG/EFTA-Europa sich bemüht, die Nationalismen zu überwinden, indem die Nationalstaaten in einen übergeordneten integrativen Verbund (supranationale Institutionen) eingebracht werden, wird die in den beiden Hälften Gesamteuropas zu beobachtende Ungleichzeitigkeit der Entwicklung als besonders befremdend empfunden: hier angestrengte Bemühungen um Integration (mit langfristigem Erfolg oder nicht, das muß sich erst noch zeigen), dort Desintegration, Verfall und zahlreiche sezessionistische Bewegungen bis hin zu unverständlich bleibenden und als skurril empfundenen Miniseparatismen – von der Bereitschaft zu in Europa längst überwunden geglaubter brutaler Gewalt ganz zu schweigen.

Angesichts dieser Lage stellt sich erneut die Frage nach dem Nutzen und dem Elend des Nationalismus im Leben von Völkern. Sein Elend für die Völker ist evident: Ein Blick auf das Geschehen in Jugoslawien seit dem Frühsommer 1991 erspart wortreiche Kommentare. Aber worin liegt eigentlich der Nutzen des Nationalismus? Solcher Nutzen muß unterstellt werden, wenn man die gegenteilige These für wenig oder nicht plausibel hält, Millionen von Menschen seien einfach Treibende oder Getriebene einer letztendlich nicht argumentativ nachvollziehbaren Irrationalität – und dieses zu völlig unterschiedlichen Zeitpunkten innerhalb der vergangenen 200 Jahre und zum Teil in ganz konträren kulturellen Zusammenhängen.

Nutzen und Elend von Nationalismen angemessen bewerten zu können setzt eine entwicklungsgeschichtliche Perspektive voraus. Denn Nationalismus ist immer auch als *Entwicklungsnationalismus* zu begreifen, wobei das Profil des jeweiligen Nationalismus in spezifischen entwicklungspolitischen Problemstellungen begründet ist. Eine Analyse des Nationalismus muß also dessen verschiedene Kontexte beachten; ohne historisch-vergleichende Orientierung bliebe sie unzureichend[1].

1. Über den originären klassischen Nationalismus

Gleichgültig, welche Nationalismen des späten 19. und des 20. Jahrhunderts diskutiert werden, Bezugspunkte bleiben die klassische Nationalstaatsbildung und der klassische Nationalismus Nordwesteuropas und daran anschließend die vergleichbaren Vorgänge in allen heute hochindustrialisierten

1 S. hierzu als »Klassiker« Karl W. Deutsch, *Nationalism and its Alternatives*, New York 1969.

Gesellschaften des Westens (OECD). Dem klassischen Nationalismus kommt dabei eine originäre Qualität zu, ansonsten würde er nicht immer wieder in gelehrten Typologien und in gängiger Rede als Vergleichsmaßstab dienen.[1] Was zeichnete diesen Nationalismus aus?

Unter vergleichender Perspektive muß als sein wichtigstes Kennzeichen gelten, daß es sich bei ihm um ein Spätprodukt einer langwierigen Vorgeschichte handelt, die zunächst keineswegs durch typische »nationale« oder »nationalistische« Kräfte oder Bewegungen gekennzeichnet war. Zu dieser Vorgeschichte gehören wenigstens die folgenden, sich über Jahrzehnte und Jahrhunderte hinweg erstreckenden Prozesse:

– Die Herausbildung von *Territorialstaatlichkeit*, gekennzeichnet durch die Vorherrschaft eines zentralen Herrscherhauses und durch ein »staatliches« *Gewaltmonopol*. Letzteres war das Ergebnis lang anhaltender »Ausscheidungskämpfe«, die zur Überwindung der für den nordwesteuropäischen Feudalismus typischen Machtzersplitterung führten. Territorialstaatlichkeit bedeutet die im Einzelfall mehr oder weniger erfolgreiche Durchdringung eines begrenzten Raumes durch die zentrale Bürokratie des Fürstenhauses, die im Laufe der Zeit zur »Staatsbürokratie« wurde. Hinsichtlich der erwähnten Ausscheidungskämpfe war entscheidend, daß es in der westlichen Hälfte Europas zu keiner (außereuropäischen Hochzivilisationen vergleichbaren) Großreichbildung kam. Dadurch blieb politischer Wettbewerb eine Grundlage europäischer Entwicklungsdynamik, lange ehe ökonomischer Wettbewerb bestimmend wurde.

1 Diese Orientierung gilt für die ältere wie für die neueste Literatur. Zur älteren Literatur Theodor Schieder, *Nationalismus und Nationalstaat*, Göttingen 1991; zur neuesten Peter Alter, *Nationalismus*, Frankfurt a.M. 1985, sowie Eric J. Hobsbawm, *Nationen und Nationalismus. Mythos und Realität seit 1780*, Frankfurt a.M. 1991. S. auch die Sonderhefte der Zeitschriften *Millennium* (*Reimagining the Nation*), Bd. 20, Nr. 3, 1991, *Survival* (*Ethnic Conflict and International Security*), Bd. 35, Nr. 1, 1993 sowie *Daedalus* (*Reconstructing Nations and States*), Bd. 122, Nr. 3, 1993.

– Versuche einer *Kontrolle des Gewaltmonopols* durch ab-
gedrängte, ihrer Macht verlustig gegangene Gruppen der Gesellschaft (Adel) und von seiten neuer politischer Kräftegrup-
pierungen (aufsteigendes Bürgertum): Die Monopolisierung
von Gewalt implizierte den (letztlich militärischen) Machtverlust der ihrer privat verfügbaren Gewaltmittel beraubten
gesellschaftlichen Kräfte. Solche Beraubung provozierte Gegenkräfte. Dieser Umstand und die politischen Anforderungen neuer Sozialschichten wurden zur Geburtsstunde dessen,
was erst Jahrhunderte später mit demokratischer Herr-
schafts- und Machtkontrolle umschrieben wird.

– Die Herausbildung einer *territorialweiten Verkehrswirtschaft*, die in Gestalt kapitalistischer Marktwirtschaft zur vor-
herrschenden Produktionsweise wurde: Sie ist durch eine
weitläufige Arbeitsteilung und eine Mobilisierung der zentralen ökonomischen Faktoren (Boden, Kapital, Arbeit) gekennzeichnet. Dadurch kam Interdependenz im Sinne der Definition des *Duden* zustande: »die gegenseitige Abhängigkeit
sämtlicher Preise«, und, so muß man ergänzen: vielfältige
Ausgleichsprozesse, was die Entlohnung der Produktionsfak-
toren angeht. Das langfristige Ergebnis waren Volkswirtschaften (Nationalökonomien).

– Vereinheitlichungsprozesse *(Homogenisierung)* im Ver-
kehrs-, Rechts- und Bildungswesen, insbesondere auch im
Hinblick auf eine gemeinsame Hochsprache, die zur allgemeinen Verkehrssprache wurde. Dadurch entstanden flä-
chendeckende Medien der Kommunikation und Information, die für eine effiziente Zentralverwaltung wie für die
moderne Verkehrswirtschaft erforderlich sind. Ihre Entwicklung wurde zur Grundlage für die Assimilation ursprünglich
lokal, subregional oder regional aufgegliederter, unzusam-
menhängender Bevölkerungen. Darauf aufbauend wurde
breitenwirksame Verständigung erst möglich.

– *Soziale Mobilisierung:* Der Umbau von traditionalen zu
sich modernisierenden Gesellschaften führte zu einer sukzes-

siven Entbäuerlichung, Urbanisierung und Alphabetisierung sowie damit zusammenhängend zur Herausbildung neuer, in sich differenzierter sozialer Schichten: Bürgertum, Mittelklasse (im weiten Sinne des Begriffes), Arbeiterschaft, Dienstleister.

– *Breitenwirksame Politisierung:* Sie hat soziale Mobilisierung zur Voraussetzung und ist in sozialen Konflikten begründet. Wenngleich meist mit vielen Rückschlägen, übersetzte sie sich langfristig in sukzessive Demokratisierungsschübe. Ihnen ist die Ausweitung und Konsolidierung von demokratisch begründeter Rechtsstaatlichkeit zu verdanken. Wo sie als gefestigt gelten kann, kann die Existenz einer einigermaßen erschütterungsfesten Konfliktkultur unterstellt werden.

– *Sozialstaatlichkeit:* Angesichts einer Ökonomie, deren innere Dynamik auf Ungleichheit aufbaut, kam es zur politischen Gegensteuerung von seiten gesellschaftlicher Kräfte und des Staates. Diese Gegensteuerung war für die Herausbildung effizienter kapitalistischer Volkswirtschaften (Nationalökonomien) unerläßlich: Ohne sie wäre es aus systemimmanenten Gründen in aller Regel eher zu einer Akkumulation von Elend und nicht zur Investitionseffizienz als ökonomischer Grundlage für die Herausbildung des Wohlfahrtsstaates gekommen.

– *Allzweckregierungen:* Aus dem merkantilistischen, schließlich dem (meist stilisierten) Nachtwächterstaat entwickelten sich in der Folge einer anhaltenden und unabweisbaren Übernahme von zusätzlichen Kompetenzen Allzweckregierungen, die vielfältige Steuerungsfunktionen sowohl nach innen als auch nach außen haben – letztere vor allem im Hinblick auf die politische Manipulation der außenwirtschaftlichen Rahmenbedingungen für die jeweilige Volkswirtschaft.

– Herausbildung *nationaler Identität:* Erst in einer Spätphase der genannten Prozesse kam es zur Herausbildung »nationaler« Identität. Sie kann nicht auf naturgegebene (welche auch?) Umstände zurückgeführt werden, wenngleich protonationale Umwelten (gewachsenes Siedlungsgebiet, gemeinsame Sprache, empfundene Volksgruppenzugehörigkeit, Religionsgemeinschaft u. a.) beim Übergang von traditionalen zu sich modernisierenden Gesellschaften die Herausbildung einer nationalen, d. h. neuen und übergeordneten Identität erleichterten. Die Ermöglichung nationaler Identität ist mit dem *Modernisierungsprozeß* in Verbindung zu bringen, dem traditionale Gesellschaften ausgesetzt sind: Dieser schafft vermittels sozialer Mobilisierung die *objektive* Grundlage für jene historisch sich entwickelnde neue Identifikation, die über die jeweilige Eingebundenheit in begrenzte Örtlichkeiten hinausreicht und allmählich als *nationale* Identität empfunden wird. Überdies führt soziale Mobilisierung zu existentieller Verunsicherung angesichts eines anonymen, nicht mehr individuell steuerbaren Marktgeschehens sowie – damit zusammenhängend – zu psychischer Entfremdung und entsprechenden Kompensationsbedürfnissen. Eine solche psychische Ummodellierung von Menschen kommt der Aufbereitung eines Nährbodens für nationale Identifikation gleich; gleichzeitig entsteht aber in ihrer Folge auch ein potentieller Resonanzboden für nationalistisch ausgerichtete Manipulation.[1]

1 Über die Analyse dieses hier unter dem Stichwort »Herausbildung nationaler Identität« abgehandelten historischen Prozesses ist immer noch unübertroffen Karl W. Deutsch, *Nationalism and Social Communication*, Cambridge 1953 (1966²) – ein klassisches Werk zur Thematik, dessen Untertitel mit Bedacht gewählt wurde: *An Inquiry into the Foundations of Nationality*. S. auch die gesammelten Aufsätze dieses Autors zur Thematik *Tides Among Nations*, New York 1979. Erstaunlich ist, daß die neueste Literatur die Argumente über Voraussetzungen, Hintergründe und Verlaufsformen der Prozesse nationaler Identitätsbildung, für die Karl W. Deutsch in der Nationalismus-Forschung berühmt wurde, immer wieder neu »erfindet«, ohne sich dessen bewußt zu sein, bzw. es liegt nicht selten eine groteske Fehlwahrnehmung dieses Werkes vor. Vgl. z. B. Ernest Gellner, *Nationalismus und Moderne*, Berlin 1991, S. 186f.; E. J. Hobsbawm (Anm. 2) in der Einleitung zu seinem Buch; letztlich auch das inzwischen

Territorialstaatlichkeit, marktwirtschaftliche Verkehrswirtschaft, die Homogenisierung wesentlicher Lebensbereiche, der Umbau traditionaler Gesellschaften in der Folge sozialer Mobilisierung und breitenwirksamer Politisierung sind fundamentale Hintergrundbedingungen für die Herausbildung des modernen Nationalstaates nordwesteuropäischer Prägung und des ihn kennzeichnenden Nationalismus. Obgleich die vorangehende Aufzählung an einem Idealtypus ausgerichtet ist, lassen sich alle einschlägigen Fälle – rückblickend betrachtet: die OECD-Gesellschaften – in ihr unter systematischen Gesichtspunkten verankern.[1]

Unter entwicklungsgeschichtlicher Perspektive muß dieser *originäre* klassische Nationalstaatsbildungsprozeß als früh, langsam und integrativ gekennzeichnet werden. Er führte langfristig zu einem homogenen Rechts-, Wirtschafts- und Kulturraum. Das scheinen allgemeine und abstrakte Begriffe zu sein, doch sie konkretisieren und substantiieren sich beispielsweise in der allgemeinen Verbindlichkeit von Gesetzen, in gemeinsamer Währung, in einem weithin einheitlichen Schulsystem usw. Das Zusammenwirken von Rechts-, Wirtschafts- und Kulturraum unter dem Vorzeichen einer in hohem Maße zentralen politischen Steuerung erzeugte einen neuen strukturellen Zusammenhalt (Kohärenz).

Im Sinne einer grundlegenden gesellschaftstheoretischen Beobachtung des 19. Jahrhunderts (Spencer) läßt sich daher formulieren: Vermittels des genannten Nationalstaatsbildungsprozesses wurden aus traditionalen Gesellschaften, die

viel zitierte Buch von Benedict Anderson, *Die Erfindung der Nation*, Frankfurt a. M. 1988. Alle drei Werke bringen konzeptuell keine neuen Gesichtspunkte, und die, die sie zu entdecken glauben, sind ohne Ausnahme in Deutschs Werk systematisch enthalten, obgleich sie dieses Werk für irrelevant (Hobsbawm) und für »eine völlig falsche Sicht« (Gellner) halten bzw. einfach ignorieren (Anderson).

1 S. auch die wichtigen konzeptuellen Überlegungen zu diesem Prozeß bei Stein Rokkan, *Dimensions of State Formation and Nation-Building. A Possible Paradigm for Research on Variations within Europe*, in: Charles Tilly (Hg.), *The Formation of National States in Western Europe*, Princeton 1975.

ihrerseits durch unzusammenhängende Gleichartigkeit (Subsistenzökonomien) gekennzeichnet waren, moderne Gesellschaften, die durch zusammenhängende Verschiedenartigkeit (Integration auf der Grundlage breitenwirksamer, arbeitsteiliger und institutioneller Ausdifferenzierung) charakterisiert sind. Homogenisierung bzw. Homogenität sowie Kohärenz sind wichtige Kategorien um diese neuen sozialen Gebilde zu beschreiben.[1]

Die idealtypische Aufzählung der Hintergrundbedingungen von originärer Nationalstaatsbildung und des ihr entsprechenden Nationalismus macht es möglich, hinsichtlich einzelner Prozesse, die in den frühesten Fällen sich über Jahrhunderte hinweg erstreckten, Abstriche vom Idealtypus vorzunehmen: Die Territorialstaatlichkeit kann randunscharf und das Gewaltmonopol lange umstritten bleiben. Der Kampf um die Kontrolle des Gewaltmonopols (und damit die Herausbildung von Rechtsstaatlichkeit) war in aller Regel ein Vorgang mit vielen Rückschlägen. Oft bleibt anhaltend der nicht marktwirtschaftliche »informelle« Sektor gegenüber der marktwirtschaftlich organisierten Ökonomie von Gewicht. Der Widerstand gegen die Homogenisierung zentraler Lebens- und Erfahrungsbereiche (Recht, Bildung, Sprache usw.) erwies sich nicht selten als zählebig. Zwischen sozialer Mobilisierung und breitenwirksamer Politisierung gab es ganz unterschiedliche institutionelle Vermittlungen auf politischer Ebene, ehe sich im Endeffekt liberal-demokratische (parlamentarische) Systeme herausbildeten und konsolidierten. Die Ausmaße von Sozialstaatlichkeit können höchst unterschiedlich geartet sein, ebenso die Reichweite der Kompetenzen von Regierungen und staatlichen Behörden. Die

1 Operationalisierungen für diese Kategorien, soweit sie für die Analyse von Prozessen der Nationbildung relevant sind, finden sich im Hinblick auf soziale und kulturelle Prozesse in dem in Fn. 1, S. 58, zitierten Werk von Karl W. Deutsch, in ökonomischer Hinsicht bei Ulrich Menzel und Dieter Senghaas, *Europas Entwicklung und die Dritte Welt, Eine Bestandsaufnahme*, Frankfurt a. M. 1986, S. 179 ff.

Identifikation mit nationalen Symbolen kann sich als anhaltend schwierig, manchmal jedoch als erstaunlich problemlos erweisen. Trotz solcher Variabilität im Verlauf läßt sich langfristig der originäre Nationalstaatsbildungsprozeß in allen OECD-Gesellschaften durch die neun genannten Vorgänge systematisch beschreiben und erklären. Die dabei letztendlich entstandenen Profile vom Typ der OECD-Gesellschaft sind bemerkenswert deckungsgleich.

Ein weiterer entscheidender Faktor für Nationbildung und Nationalismus besteht darin, daß die genannten Vorgänge nicht in einem beziehungsfreien Raum stattfinden, sondern sich mit anderen vergleichbaren Prozessen in Raum und Zeit stoßen. In entwicklungsgeschichtlicher Perspektive war die Ungleichzeitigkeit auch im Falle der originären Nationalstaatsbildungsprozesse (OECD-Länder) von kritischer Bedeutung.[1] Vor allem ökonomisches Kompetenzgefälle, dem zuallermeist ein vergleichbares Gefälle in anderen Dimensionen zugrunde lag, führte dazu, daß die kompetentere Ökonomie (im ursprünglichen Fall: England) vermittels eines entsprechenden Verdrängungswettbewerbs die weniger kompetenten, noch nicht wettbewerbsfähigen und noch nicht konsolidierten Ökonomien auszumanövrieren, d. h. zu peripherisieren drohte. Die historische Erfahrung zwischen 1750 und der ersten Hälfte des 20. Jahrhunderts ist von aktueller Bedeutung:

Kompetenzgefälle, Verdrängungswettbewerb und Peripherisierungsdruck sind grundlegende Tatbestände, mit denen sich insbesondere jene Staaten, Gesellschaften und Ökonomien auseinanderzusetzen haben, die mit der jeweiligen Spitzenökonomie wettbewerbsmäßig zunächst nicht Schritt halten können. Wollen sie angesichts des überlegenen Wettbewerbers nicht zu Peripherien werden, müssen sie Abwehr-

---

1 S. Dieter Senghaas, *Von Europa lernen. Entwicklungsgeschichtliche Betrachtungen*, Frankfurt a. M. 1982. Zur Problematik im allgemeinen s. Samir Amin, *La déconnexion*, Paris 1986.

kräfte mobilisieren. Das aber bedeutet die *Mobilisierung von Entwicklungsnationalismus* zum Schutze des eigenen, nachholenden Entwicklungsprojektes mit dem Ziel, gleichzuziehen, danach die Spitzenökonomie unter Wettbewerbsdruck zu setzen (»Gegenpenetration«) und gegebenenfalls selbst eine Spitzenposition zu erringen (»dependency reversal«).

Von diesem Hintergrund her wird verständlich, daß Spitzenökonomien freihändlerisch-kosmopolitisch orientiert sind, wenngleich auch sie, ehe sie eine solche Position errungen haben, in aller Regel durch und durch nationalistisch-protektionistisch verfahren. Nachzügler sind zum Entwicklungsnationalismus verdammt, wollen sie nicht das Opfer von überlegenem, effizientem Verdrängungswettbewerb werden. Innovations-, aber auch Erhaltungsprotektionismus gehörten deshalb immer schon zu den Prozessen originärer Nationalstaatsbildung. Und selbst heute, wo sich der OECD-Club der hochindustrialisierten Gesellschaften auf einigermaßen vergleichbarem Wettbewerbsniveau bewegt, sind beide immer noch Teil einer Politik, die auf Wettbewerbsvorteil und auf Selbstschutz ausgerichtet ist: Neue technologische Spitzenbranchen kommen in den Genuß von Innovationsprotektionismus, alternde Industrien in den Genuß von Erhaltungsprotektionismus.

Dadurch wird auch verständlich, warum es etwa hundert Jahre bedurfte, ehe die heute hochindustrialisierten westlichen Industriegesellschaften zu einer Integration in übergeordnete Verbünde (OECD, EG, GATT usw.) fähig wurden und hierfür bereit waren: Sie konnten tendenziell freihändlerisch werden, nachdem sie vergleichbare effiziente Binnenprofile erreicht hatten, und sie können bisher mit einem verhaltenen, gewissermaßen dosierten Entwicklungsnationalismus – ausgedrückt im selektiven Innovations- und Erhaltungsprotektionismus – jenen Problemdruck verarbeiten, der durch die jeweils relativen Aufwärts- bzw. Abwärtsmobilitä-

ten gerade auch innerhalb des Clubs der hochindustrialisier-
ten Industriegesellschaften entsteht. Sollte im übrigen dieser
Problemdruck deutlich zunehmen, beispielsweise in der
Folge einer sich dramatisch unterschiedlich entwickelnden
Wettbewerbsfähigkeit einzelner OECD- bzw. EG/EFTA-
Ökonomien, würde dadurch die Befähigung zu einem auf
Integration ausgerichteten Freihandel verlorengehen, und
Entwicklungsnationalismus würde auch im OECD-Bereich
an politischer Virulenz gewinnen – bis hin zur Gefahr einer
Desintegration, d. h. einer akzentuierten Renationalisierung
der Außenwirtschaftspolitiken.

2. Entwicklungsnationalismus zur Überwindung von Peripherisierung

Die originär-klassischen Nationalstaaten des Nordwestens
Europas und heute alle OECD-Staaten sind immer noch
durch gewisse Abstriche vom dargelegten Idealtypus gekennzeichnet. Diese Abstriche zeigen sich vor allem im Hinblick
auf die Kohärenz marktwirtschaftlich organisierter Verkehrswirtschaft und hinsichtlich kultureller Homogenität, in früheren Jahrzehnten auch im Hinblick auf die Sozialstruktur:
Inkohärenz dokumentiert sich in der Existenz *innerer Peripherien* (wie beispielsweise der Bretagne in Frankreich);
Nichthomogenität kann sich im anhaltenden Widerstand regionaler bzw. subregionaler Dialekte solcher Peripherien gegen die Hochsprache ausdrücken; eine veraltete Sozialstruktur zeigt sich im Überleben traditionaler Eliten, früher meist
der Landoligarchie, in solchen peripheren Räumen. In aller
Regel können sich jedoch solche inneren Peripherien dem
Entwicklungsrhythmus des institutionell, ökonomisch und
kulturell motivierten Nationalstaatsbildungsprozesses nicht
entziehen: Entweder überträgt sich im Laufe der Zeit breitenwirksame Entwicklungsdynamik auch auf solche inneren Pe-

ripherien – ein äußerst seltener Fall –, oder sie werden weitgehend vom Entwicklungsrhythmus abgekoppelt, was eine dramatische Abwanderung der aktiven, insbesondere der jungen Menschen und eine Überalterung der restlichen Bevölkerung zur Folge hat.

Dabei kommt eine fatale Dynamik zwischen den Ansaugeffekten der dynamischen Wachstumspole (z. B. Pariser Bekken) und den Abstoßeffekten stagnierender bzw. regredierender innerer Peripherien (z. B. Bretagne) zustande. Da solche Peripherien meist von der Industrialisierung weitgehend unberührt blieben und moderne Landwirtschaft sich kaum oder nur sehr verspätet durchsetzt, besteht für sie – sofern durch das Wachstumszentrum eine entsprechende Infrastruktur aufgebaut wird – in einer Spätphase die Chance, zu einer Attraktion für den modernen Tourismus zu werden. Das ist genau in den meisten Peripherien innerhalb Frankreichs (z. B. Bretagne) so eingetreten.

Bezeichnenderweise wird dann eine gewisse Aufwärtsmobilität solcher regionaler Peripherien innerhalb von klassischen Nationalstaaten erneut zum Ausgangspunkt eines *regionalen Nationalismus* (wie er im jüngeren bretonischen Nationalismus wieder zum Ausdruck kommt). Es ist ein Nationalismus, der auf Bewahrung der eigenen Identität ausgerichtet ist (Schottland, Cornwall, Wales, Bretagne) und der auch in ökonomischer Hinsicht ein eigenes »alternatives« Entwicklungsprojekt zum Ziel hat (wenngleich letzteres meist illusionärer Natur ist). Bleibt er gemäßigt, strebt er regionale Autonomie im überkommen Staatsverband an; wird er militant, ist er auf Sezession ausgerichtet. Der Übergang von Militanz zu punktuellem Terrorismus ist, wie derzeit auch das Beispiel Korsika zeigt, oft nur ein gradueller.[1]

1 S. zur Problematik »innerer Peripherien« Jochen Blaschke, *Volk, Nation, interner Kolonialismus, Ethnizität. Konzepte zur politischen Soziologie regionalistischer Bewegungen in Westeuropa*, Berlin 1987².

Dieser regionale Nationalismus zur Abwehr von Peripherisierung (»innere Kolonie«) darf nicht in eins gesetzt werden mit jenem (wie in Katalonien und in Slowenien), dem es innerhalb von nicht zureichend integrierten Gesellschaften (Spanien, ehemaliges Jugoslawien) um Besitzstandswahrung hinsichtlich der eigenen fortgeschrittenen Region und um die Abwehr der Ansprüche zurückgebliebener Regionen geht. Im letzteren Fall zielt nationalistischer Separatismus darauf, die Früchte des eigenen effizienten Wirtschaftens für sich selbst zu sichern und den Ressourcenabfluß in ärmere Regionen zu stoppen.

Was hinsichtlich der internen zurückgebliebenen Peripherien vor allem aus der Perspektive sogenannter Regionalpolitik bzw. regionaler Strukturhilfepolitik noch als ein lösbares Problem erscheint, stellt sich im Fall von ehemaligen Kolonien und von Exklavenwirtschaften ohne kolonialen Status – also von Peripherien im Weltwirtschaftssystem – viel grundsätzlicher und dramatischer dar: Oft bleibt die Territorialität des Staatsgebildes angesichts ehedem künstlich gezogener Grenzen umstritten, ebenso das einst von den kolonialen Mächten aufgepfropfte Gewaltmonopol. Die Ökonomie zeichnet sich meist durch tiefe innere Zerklüftungen aus (strukturelle Heterogenität), wobei der Entwicklungsprozeß nicht selten zu ihrer Vertiefung und nicht zu zunehmender Kohärenz führte. Diese ökonomische Brüchigkeit (Inkohärenz) findet ihre Parallelität in mangelnder Homogenisierung: Potentiell homogenisierende Medien wie beispielsweise das Rechts- und Bildungssystem und die Amtssprache sind oft nichts anderes als aufgesetzt (also fremde und fremdbleibende Kunstprodukte); sie erweisen sich im Falle von Konflikten eher als Sprengkraft und nicht als verbindendes Band.

Aus der Dynamik peripherer Entwicklung, wie sie in den unterentwickelten Ländern Europas und in der Dritten Welt zu beobachten war und ist, ergeben sich in aller Regel fatale Folgen[1]:

– die Unfähigkeit, die Mehrheit der Bevölkerung in die Wirtschaft produktiv einzugliedern;

– die wachsende Unfähigkeit, die eigene Bevölkerung mit lokal erzeugten landwirtschaftlichen Gütern zu ernähren;

– die Unfähigkeit, eigene Produktionsmittel (Handwerkszeug, Ausrüstungsgüter, Technologien) zu erfinden und herzustellen oder derartige, andernorts schon bestehende Güter an lokale Bedingungen anzupassen;

– die Unfähigkeit, das überdurchschnittliche Bevölkerungswachstum – u. a. ein Ergebnis sozioökonomischer Zerrüttung – in den Griff zu bekommen;

– die Unfähigkeit, technischen Fortschritt, der auf die lokale Problemsituation bezogen wäre, selbst in Gang zu bringen und überkommene Produktionsstrukturen entsprechend zu verändern;

– die Unfähigkeit, den offensichtlichen Prozeß weiter fortschreitender innerer Zerklüftung aufzuhalten und umzukehren;

– eine fatale Dialektik von fehlgeleitetem Wachstum und Massenelend, das sich inzwischen immer stärker auch in ökologische Zerrüttung mit wahrscheinlich exponentiellem Wachstum übersetzt.

In solchem Zusammenhang muß Entwicklungsnationalismus als eine *Defensivreaktion* verstanden werden: Es geht, solange der abhängige Status noch nicht überwunden ist, zunächst einmal um die Erringung politischer Souveränität gegen eine politische, überdies militärisch abgesicherte Fremdbestimmung. *In dieser Phase ist Entwicklungsnationalismus weitgehend identisch mit der Entkolonisierungs- und Befreiungsbewegung.* Ist einmal die Unabhängigkeit errungen, so richtet sich angesichts der objektiv vorgefundenen Problem-

1 S. Dieter Senghaas, *Weltwirtschaftsordnung und Entwicklungspolitik*, Frankfurt a. M. 1977.

lage – der strukturellen Altlasten des Kolonialismus – Entwicklungsnationalismus auf die Wiedererringung kultureller Selbstbestimmung, den Aufbau einer soliden Infrastruktur (Staatsverwaltung, Rechtswesen, Verkehrswesen, Bildungssystem usw.) sowie auf die Herausbildung einer lebensfähigen Volkswirtschaft. Der Entwicklungsnationalismus hat demzufolge in diesem Zusammenhang ein Doppelgesicht: Zum einen ist er *abwehrend* gegen weiteren Peripherisierungsdruck, zum anderen ist er *konstruktiv-aufbauend* auf das eigene Entwicklungsprojekt gerichtet.

Was dieses Entwicklungsprojekt zu leisten hätte, wurde in vielen entwicklungsnationalistisch motivierten Dokumenten klar bestimmt: die Erschließung des eigenen Entwicklungspotentials, einmal durch eine breitenwirksame Mobilisierung lokaler Ressourcen (insbesondere auch des landwirtschaftlichen Sektors), zum anderen durch die Schaffung neuer Kompetenzen in der Folge von Alphabetisierung und differenzierter Ausbildung sowie durch ein auf die lokalen Bedürfnisse zugeschnittenes, dem Entwicklungsstand gemäßes Industrialisierungsprogramm. Das »nationale« Entwicklungsprogramm hat also eine umfassende Zielsetzung: Sicherung der Territorialität, Überführung einer dualistisch zergliederten, strukturell heterogenen Exklavenwirtschaft in eine kohärente Volkswirtschaft (*National*ökonomie), die Homogenisierung des Rechts-, Wirtschafts- und Kulturraumes und damit die Herausbildung einer eigenen »nationalen« Identität.[1]

Entwicklungsprojekte dieser Natur zu verfolgen war nicht nur eine Angelegenheit in den Ländern der südlichen Kontinente, seien sie nun offen kolonialisiert oder nur über ökonomische Mechanismen in das sogenannte »informal empire« eingegliedert gewesen (was im Endergebnis keinen großen Unterschied machte). Entwicklungsprojekte dieser Art wur-

---

1 Im Hinblick auf Afrika paradigmatisch argumentierend s. Dieter Senghaas, *Politische Innovation. Versuch über den Panafrikanismus*, in: *Zeitschrift für Politik*, Bd. 12, 1965, S. 333-355.

den auch in Europa verfolgt, so vor allem in Irland (gegen England) sowie im südlichen, südöstlichen, östlichen und nordöstlichen Europa (im letzteren Falle insbesondere in Finnland und den baltischen Staaten).[1]

Gemessen am originären Nationalismus war Entwicklungsnationalismus im Kontext von Peripherien verspätet, abgeleitet und nachholend, also von *sekundärer* Natur. Daß er einen antikolonialistischen bzw. antiimperialistischen Einschlag hatte, versteht sich angesichts der Ausgangslage von selbst. Daß er darüber hinaus sich in aller Regel als »sozialistisch« verstand, hing nicht nur damit zusammen, daß seit 1917 und über Jahrzehnte hinweg die Sowjetunion als erste und führende antiimperialistische Macht der Welt galt, sondern weil (wie im unabhängigen Indien und an vielen anderen Orten) Sozialismus als ein Medium verstanden wurde, mit dessen Hilfe der weiteren kapitalistischen Durchdringung von Peripherien widerstanden werden sollte. Die von solcher Durchdringung herrührenden Zerrüttungen sollten mit zentraler Entwicklungsplanung und den typischen Instrumentarien sozialistischer Ordnungspolitik überwunden werden: mit Staats- bzw. Kollektiveigentum, mit administrierten Preisen und dem Außenhandelsmonopol. Im Grunde genommen versuchte dieser Entwicklungsnationalismus, mit Hilfe einer Art von merkantilistischer Politik eine breitenwirksame Modernisierung zu inszenieren. Wo immer die Akzente im einzelnen gesetzt wurden, die Programme eines Sun Yat-sen, Atatürk, Peron, Nehru, Nkrumah und vieler anderer unterschieden sich im Hinblick auf das angestrebte »Entwicklungsprojekt« nur punktuell und graduell, nicht aber in der zentralen Stoßrichtung: der »nachholenden Entwicklung«. Und da diese Entwicklungsnationalismen objektive Problemlagen widerspiegelten, sollten sie gerade im Rück-

1 Über die jeweilige einschlägige intellektuelle Diskussion vor Ort informiert die Studie von Roman Szporluk, *Communism and Nationalism. Karl Marx versus Friedrich List*, Oxford 1988.

blick von diesen her beurteilt werden – ungeachtet der Tatsache, daß viele solcher Versuche aus inzwischen oft diskutierten Gründen gescheitert sind.

»Nationale Systeme der politischen Ökonomie« aus dem Zusammenhang schon erfolgter Peripherisierung und anhaltenden Peripherisierungsdrucks zustande zu bringen (sekundärer Entwicklungsnationalismus) war ein offensichtlich viel schwierigeres Unternehmen als im Falle des originären Entwicklungsnationalismus. Letzterer entfaltete sich nach dem dramatischen Entwicklungsdurchbruch Englands im 18. Jahrhundert vor allem auf dem europäischen Kontinent, in Skandinavien, in den USA und später in Kanada, Neuseeland und Australien, wobei England der Ursprung eines virulenten Verdrängungswettbewerbs und des daraus resultierenden Peripherisierungsdrucks war. Die in diesem Zusammenhang von Friedrich List diagnostizierte Grundproblematik, nachholende Entwicklung trotz des Kompetenzvorsprungs der führenden Ökonomie Englands zu realisieren[1], war allerdings weit weniger dramatisch als alle späteren Versuche, bei denen es nicht nur um eine erfolgreiche Abwehr der Gefahr ging, peripherisiert zu werden, sondern um die Überwindung von schon ausgebildeten Peripheriestrukturen, die meist die Folge einer militärisch durchgesetzten politischen und ökonomischen Fremdbestimmung (Kolonialismus/Imperialismus) waren. Diese völlig unterschiedliche Ausgangslage legt die analytische Differenzierung zwischen sekundärem und originärem Entwicklungsnationalismus nahe.

1 S. Friedrich List, *Das nationale System der Politischen Ökonomie*, Tübingen 1959 (zuerst erschienen 1841) – das klassische Buch eines rational argumentierenden Entwicklungsnationalismus schlechthin. Vgl. dazu Dieter Senghaas, *Friedrich List und die moderne Entwicklungsproblematik*, in: *Leviathan*, Bd. 17, 1989, S. 561-573, und vor allem das in Fn. 1, S. 68, zitierte Werk von R. Szporluk. Erhellende Fallstudien über erfolgreiche Peripherisierungsabwehr trotz des Kompetenzvorsprungs Englands finden sich bei Ulrich Menzel, *Auswege aus der Abhängigkeit. Die entwicklungspolitische Aktualität Europas*, Frankfurt a. M. 1988.

Will man den sekundären Entwicklungsnationalismus in seinem spezifischen Kontext korrekt wahrnehmen, so tut man gut daran, alle seine wesentlichen Spielarten gleichzeitig zu betrachten:

– den *»desarrollismo«* (»developmentalism«), also die beispielhaft in Lateinamerika früh formulierte Entwicklungsprogrammatik, der es um den Aufbau eines nationalen Systems der politischen Ökonomie mit dem Ziel einer forcierten Aufwärtsmobilität einzelner nationaler Volkswirtschaften innerhalb der Hierarchie der Weltwirtschaft ging. Solche Versuche sind, insgesamt betrachtet, im wesentlichen gescheitert; was zu beobachten ist, ist bestenfalls partielle Aufwärtsmobilität, oft genug aber Regression und damit anhaltende Peripherisierung bzw. Marginalisierung im Weltwirtschaftssystem. Spektakuläre Ausnahme ist allerdings die dramatische Aufwärtsmobilität des ostasiatischen Wirtschaftsraumes innerhalb der letzten Jahrzehnte: ein in jeder Hinsicht bemerkenswerter Vorgang und ein erneutes Beispiel für erfolgreichen Entwicklungsnationalismus;

– den *faschistisch-korporatistischen* Entwicklungsweg, der in der ersten Hälfte dieses Jahrhunderts vor allem in der südlichen und südöstlichen Hälfte Europas zu beobachten war, zum Teil auch in den dreißiger und vierziger Jahren in Lateinamerika. Auch er scheiterte in aller Regel; nur im Falle des frankistischen Spaniens sowie von Brasilien und Argentinien kann eine gewisse Aufwärtsmobilität diagnostiziert werden;

– den Entwicklungsweg des *Realsozialismus*, der auf den Aufbau autarker Wirtschaften bei gleichzeitigem Versuch der Integration in ein »sozialistisches Weltwirtschaftssystem« ausgerichtet war. Sein letztendliches Scheitern ist inzwischen offenkundig und nicht nur von entwicklungspolitischer Bedeutung, sondern Ursache eines weltpolitischen Umbruchs am Ende der achtziger und Beginn der neunziger Jahre dieses Jahrhunderts.

3. Neu auflebende Ethnonationalismen

Die meisten Versuche, die Programmatik des sekundären Entwicklungsnationalismus in politische Praxis zu übersetzen, sind gescheitert oder doch nur marginal erfolgreich gewesen. Wesentliche Ergebnisse des angestrebten Entwicklungsprojektes sind nicht zustande gekommen: nicht die territorialstaatliche Konsolidierung, nicht der Aufbau einer leistungsfähigen Volkswirtschaft, nicht die Vereinheitlichungen in wichtigen Lebensbereichen, nicht der Aufbau und die Sicherung von Rechtsstaatlichkeit, nicht die Ausweitung demokratischer Partizipation. Es kann deshalb nicht überraschen, daß angesichts eines derart brüchigen, durch anhaltende Zerklüftungen gekennzeichneten politischen, sozialen, ökonomischen und kulturellen Hintergrundes territorialweite, sogenannte »nationale« Identitätsbildungen in den betreffenden Regionen nicht oder nur bruchstückhaft zu beobachten sind.

Da aber auch die fehlgelaufenen Entwicklungsprozesse zu sozialer Mobilisierung führten, also zur schrittweisen Entbäuerlichung dieser Gesellschaften, zu ihrer Alphabetisierung und zu einer überdies dramatischen Urbanisierung, konnte eine breitenwirksame Politisierung nicht ausbleiben: Auch in solchen Gesellschaften stoßen mobilitätsorientierte Menschen und Gruppen (»blockierte Mittelschichten«) an strukurelle Grenzen, die in das überkommene Herrschaftssystem sowie in die alte Gesellschafts- und Wirtschaftsstruktur eingebaut sind. Ihre Aufwärtsmobilität, wie immer auch mengenmäßig begrenzt, bedroht den überkommenen Status quo und provoziert bei dessen Nutznießern die Furcht vor sozialem Abstieg, was Abwehrreaktionen auslöst. Wenn die Konfrontation entlang volksgruppenmäßiger, religiöser, kultureller oder sprachlicher Konfliktlinien oder einer Kombination dieser Faktoren verläuft, ist ein »ethnonationalistischer Konflikt« vorprogrammiert.[1] Dem Ethnonationalis-

1 S. hierzu Peter Waldmann und Georg Elwert (Hg.), *Ethnizität im Wandel*, Saar-

mus der heranwachsenden Gegenelite widersetzt sich dann ein Ethnonationalismus der Besitzstandswahrung. Ethnizität provoziert Gegenethnizität; selbst sehr kleine Ethnonationalismen fordern entsprechende Gegenethnonationalismen heraus. Schrumpft gleichzeitig die wirtschaftliche Produktion, dann akzentuieren sich die Engpässe, und wie überall in solcher Lage verschärft sich auch hier der soziale Konflikt.

Zum Kristallisationspunkt der Politisierung wird in solchen Konflikten meist die Sprach- und Kulturpolitik, weiterhin die Auseinandersetzung um eine faire politische Beteiligung, schließlich die Wirtschaftspolitik. Kommen alle drei Konfliktthemen zusammen, so entwickelt sich eine Dynamik, die schrittweise Lösungen in Teilbereichen nicht mehr zuläßt. Dann übersetzt sich die verbale Radikalisierung ethnonationalistischer Politik in offene Militanz, in bürgerkriegsähnliche Auseinandersetzungen.

So betrachtet, ist der heute in Europa und weltweit beobachtbare »neue Ethnonationalismus« in aller Regel nicht nur ein Spätprodukt, sondern, präziser formuliert, ein Verfallsprodukt jenes wenig erfolgreichen Entwicklungsweges, der oben als sekundärer Entwicklungsnationalismus beschrieben wurde. Natürlich hat auch dieser »neue« Ethnonationalismus historische Wurzeln und Vorläufer. Aber daß er jetzt an vielen Stellen in Europa und in der Welt erneut virulent wird, hängt vor allem mit dem weitgehenden Fehlschlag der Bemühungen um eine nachholende Entwicklung zusammen, auf die der sekundäre Entwicklungsnationalismus gerichtet war (»nation-building«). Der neue Ethnonationalismus läßt sich also als eine erneute Defensivreaktion auf eine historisch vorgängige, im praktischen Vollzug in aller Regel gescheiterte erste Defensivreaktion (Bemühen, aus dem peripheren Status in

brücken 1989; Eckhard J. Dittrich und Frank-Olaf Radtke (Hg.), *Ethnizität*, Opladen 1990; Thomas Scheffler (Hg.), *Ethnizität und Gewalt*, Hamburg 1991.

der Weltwirtschaft vermittels einer inszenierten nachholenden Entwicklung auszubrechen) begreifen.

Man könnte deshalb den Ethnonationalismus in diesen seinen jüngsten Erscheinungsformen als *tertiären Entwicklungsnationalismus* bezeichnen.[1] Er teilt mit dem sekundären Entwicklungsnationalismus eine vergleichbare Stoßrichtung: Identitätssuche in Abwehr von Überfremdung oder Assimilation, politische Selbstbestimmung, ökonomische Entwicklung mit dem Ziel eigener Wohlfahrtssteigerung, Förderung kollektiver und individueller Entwicklungschancen usw. Das sind in aller Regel entwicklungspolitische Ziele, die in den Programmatiken der früheren Entwicklungsnationalismen nicht anders formuliert worden waren; sie werden nunmehr aber in einem anderen Zusammenhang artikuliert, was in analytischer Hinsicht die Bezeichnung »tertiärer Entwicklungsnationalismus« rechtfertigt.

Wenn diese Beobachtung korrekt ist, dann sind tertiäre Ethnonationalismen dort nicht zu erwarten, wo der sekundäre Entwicklungsweg im Sinne nachholender Entwicklung erfolgreich war, also beispielsweise in Ostasien. Wo andererseits die entwicklungspolitischen Fehlschläge besonders markant sind, wo also Regression in aller Breite stattfindet (wie in Teilen Schwarzafrikas), müßte eine sehr tiefgreifende »Retraditionalisierung« beobachtbar sein. Diese ergibt sich nicht aus einem Widerspiel von ethnonationalistisch überformter Aufwärtsmobilität bzw. Abstiegsabwehr, sondern angesichts eines allgemeinen politischen und sozioökonomischen Zerfalls aus purem Machtkampf, in dem weder für die eine noch für die andere Partei eine mobilisierbare ökonomische Grundlage mehr verfügbar ist (»Somalia-Syndrom«) und wo alte Identifikationsmuster tatsächlich neu auferstehen (»Tribalismus«).

1 S. Robert Kurz, *One World und jüngster Nationalismus*, in: *Frankfurter Rundschau* vom 4. 1. 1992, S. ZB 3.

4. Vom Elend und der bleibenden Unentrinnbarkeit der Nationalismen

Das Elend der Nationalismen jedweder Ausprägung ist offenkundig: Es ist in den Grenzziehungen der eigenen (wie immer im einzelnen definierten) Kommunität gegenüber der übrigen Umwelt begründet. Diese Grenzziehung erzeugt Selbstbezug und in der pathologischen Steigerung »Überwertigkeitswahn« (G. Elwert). Das heißt, die Grenze zu anderen »Nationalitäten« oder Ethnien wird überzeichnet, und da die Grenzziehung potentiell in einem Konfliktbezug begründet ist, droht ein tatsächlicher Konflikt relativ frühzeitig, autistische Züge anzunehmen. Nach allen Erfahrungen wird in einem solchen Umfeld die Konflikteskalation von einer unerbittlichen Eigendynamik geprägt. Affektsteigerung und eskalierende Militanz korrespondieren dann mit fehlender Sensibilität gegenüber den Kosten und Opfern des Konfliktes, auch mit wachsender Blindheit für die Möglichkeit, neue Prämissen für eine neue friedliche Koexistenz zu finden.[1]

Während also den Nationalismen unterschiedlichster Prägung unbezweifelbar ein entwicklungspolitisch rationaler Stellenwert zukommt, ist – wenn man das 19. und 20. Jahrhundert betrachtet und insbesondere auch die gegenwärtige weltpolitische Szenerie – die Gefahr ihres Umkippens in pathologische, menschenverachtende Bewegungen nicht gering.[2] Zu beachten ist die Ambivalenz der Nationalismen: Entwicklungsnationalismus und der Nationalstaat haben die Fähigkeit zu

---

1 Eine sehr aufschlußreiche Studie über Vorgänge in dieser Hinsicht ist Theodor Hanf, *Koexistenz im Krieg. Staatszerfall und Entstehen einer Nation im Libanon*, Baden-Baden 1990.
2 Überwältigt von der Pathologie-These ist die Argumentation in Peter Glotz, *Der Irrweg des Nationalstaates*, Stuttgart 1990. Besonders beachtenswert sind die Überlegungen in Dieter Oberndörfer, *Der Wahn des Nationalen. Die Alternative der offenen Republik*, Freiburg 1993. Zur Gesamtproblematik s. jetzt auch Daniel Patrick Moynihan, *Pandaemonium. Ethnicity in International Politics*, Oxford 1993.

politischer Autonomie und zur Selbstregierung gesteigert. Wo Entwicklungsnationalismus erfolgreich war, hat er zu Volkswirtschaften mit hohem Leistungsvermögen geführt, das zum erstenmal in der Geschichte Umverteilungen erlaubte; erweiterte Beteiligungsrechte wurden im nationalen Kontext errungen; Bildungschancen werden im nationalen Zusammenhang wahrgenommen; der Sozialstaat ist das Ergebnis eines erfolgreichen nationalen Systems der politischen Ökonomie. Auch bleibt im nationalen Zusammenhang die kulturelle Identität mit erlebbaren Nahräumen rückgekoppelt. Ein solcher Nahraum ist zwischen dem unmittelbaren Lebensumfeld einerseits und der weiten Welt andererseits immer noch die eigene Nation – gleichgültig, ob zu ihr affektiv besetzte Beziehungen bestehen oder nicht. Dennoch lehrt die Geschichte, daß der Nationalstaat und mit ihm die Nationalismen unterschiedlicher Prägung problematische, in mancher Manifestation ausgesprochen gefährliche Unternehmen sein können – vor allem, wenn sie durch eine sozialdarwinistische und/oder rassistische Ideologie untermauert werden. Auch mildere Ausprägungen solcher Einstellungen wie chronischer Ethnozentrismus können problematische Folgen zeitigen.

Aber die in Nationalismen eingebauten Gefährdungen – das immer drohende Umkippen in Überwertigkeitswahn – sollten nicht den Blick dafür trüben, daß auch in Zukunft in nationaler wie internationaler Politik Nationalismus ein unentrinnbarer Faktor mit einem unverkennbaren entwicklungspolitischen Stellenwert bleiben wird.[1] Die Kompetenzgefälle innerhalb des internationalen Systems und der Weltwirtschaft haben nicht ab-, sondern zugenommen. Selbst im Club der führenden Industriegesellschaften (OECD), wo noch am ehesten

1 Dieser Sachverhalt wird verkannt in dem provokativen und wichtigen Buch von Rolf Knieper, *Nationale Souveränität. Versuch über Ende und Anfang einer Weltordnung*, Frankfurt a. M. 1991. Zur Kritik s. Dieter Senghaas, *Weltökonomie und denationalisierte Staatlichkeit in der Perspektive Rolf Kniepers*, in: *Blätter für deutsche und internationale Politik*, Nr. 9, 1992, S. 1069-1076.

»symmetrische Interdependenz« vorliegt, gibt es Problemlagen, die – wie oben dargestellt – entwicklungsnationalistisch, nämlich mit Erhaltungs- bzw. Innovationsprotektionismus, angegangen werden. Aber solche Problemlagen sind relativ einfach handhabbar. Die wirklich schwierigen Problemlagen bestehen nicht zwischen einigermaßen breitgefächert-wettbewerbsfähigen Gesellschaften und Ökonomien, sondern im Kontext von »asymmetrischer Interdependenz«, also bei Existenz von Zentrum-Peripherie-Beziehungen, so wie sie zwischen den OECD-Gesellschaften und den Entwicklungsregionen der Welt existieren.

Wenn »kosmopolitische Entwicklungsprogramme« schon im Club der Industriegesellschaften nur mit Abstrichen verfolgt werden und auch hier ein wachsender, wenngleich bisher immer noch milde dosierter Neoprotektionismus bzw. Neomerkantilismus zu diagnostizieren ist, kann nicht überraschen, daß unter dem Vorzeichen eines krassen Kompetenzgefälles nicht kosmopolitisch-freihändlerische Handlungsmaximen überwiegen, sondern akzentuiert protektionistische bzw. neomerkantilistische. Und wenn man unterstellt – wofür es viele Indizien gibt –, daß es zu einer weiteren Internationalisierung von Kapital, Waren, Technologie und Know-how kommen wird und daß die Internationalisierung von Information und Kommunikation bei weitem noch nicht an absehbare Grenzen gestoßen ist, wird der Peripherisierungsdruck auf Ökonomien, die den Zentren der Weltwirtschaft nachgeordnet sind, nicht ab-, sondern zunehmen. Deshalb sind auch weiterhin entsprechende Defensivreaktionen wahrscheinlich: Je unerbittlicher der Druck und seine zerrüttenden Folgewirkungen, um so unerbittlicher die Antwort; je aussichtsloser die Lage, um so fundamentalistischer die Reaktion. Genau in dieser Situation ist die Geburtsstätte geschichtsmächtiger, politisch folgenreicher fundamentalistischer Strömungen, wie sie sich in vielen Entwicklungsregionen der Welt manifestieren, zu sehen.

Es macht also wenig Sinn, vor allem über die Irrwege oder Irrationalismen der diversen Nationalismen zu sprechen, ohne zuallererst über den rationalen Kern der Nationalismen qua Entwicklungsnationalismus zu reflektieren. Im übrigen bereitet es keine Schwierigkeiten, die Irrationalisierung von Nationalismen analytisch zu erfassen. Selbst für die als »Verzweiflungsnationalismen« (R. Kurz) gekennzeichneten nationalistischen Bewegungen der vergangenen Jahre, vor allem auch diejenigen in der südöstlichen und östlichen Hälfte Europas, trifft eine solche Aussage zu: Auch Verzweiflung ist in ihrem Ursprung, ihrer Manifestation und in ihrer Dynamik prinzipiell erklärbar und deshalb analytisch rekonstruierbar. Solches Wissen ist wichtig, wenn es darum geht, frühzeitig vermittels therapeutischer Konfliktintervention dem Umkippen des Entwicklungsnationalismus in seine pathologischen Erscheinungsweisen entgegenzuwirken.[1]

---

1 S. hierzu Dieter Senghaas, *Friedensprojekt Europa*, Frankfurt a. M. 1992, Kap. 4, wo das Konzept der »therapeutischen Konfliktintervention« in ethnonationalistischen Konflikten in analytischer und praktischer Absicht entfaltet wird.

Die Wiederkehr der Nationalismen
Diagnose – Prognose – Therapie

Auch heute sind nationalistische Bewegungen nicht einfach politische Inszenierungen aus dem Stegreif. Ihnen allen liegen Beschwerden zugrunde, die nicht nur tagespolitischer Natur sind. Drei markante Hintergründe für solche Beschwerden lassen sich dabei unterscheiden.

1. Drei Typen von Ethnonationalismen

Nicht anders als die Katalanen in Spanien fühlten sich die Slowenen und die Kroaten im ehemaligen Jugoslawien von der übrigen Nation bzw. Gesellschaft ausgenutzt. Seit langem behaupteten vor allem Slowenen nicht zu Unrecht, aus ihrer relativ hochentwickelten Region erfolge ein ständiger Ressourcenabfluß in die weniger entwickelten Gebiete Jugoslawiens, ohne daß dieser Transfer von den übrigen Republiken politisch honoriert worden sei. Seit langem betrachtete man die eigene Republik als das Zentrum industrieller Wertschöpfung. Wenngleich nicht auf einem Westeuropa vergleichbaren Entwicklungsniveau, galt eine Anbindung an dieses Europa für nützlicher als ein Verbleib im jugoslawischen Verbund.

Ein *Nationalismus der Besitzstandswahrung* ist in solcher Eindeutigkeit nicht sehr häufig, und die zugrundeliegenden Tatbestände sind oft strittig. Inzwischen wird auch der hochentwickelte Norden Italiens von ihm erfaßt: Dort agitiert mit großem Erfolg die *Lega* des Umberto Bossi für einen Ausbruch Norditaliens aus der Nation. Der Aufschwung auch dieser politischen Bewegung ist darauf zurückzuführen, daß sie die Interessen der Aufsteiger und Systemgewinner im

Norden Italiens mit Erfolg zu artikulieren und zu organisieren versteht. Wie in Norditalien der Süden, so gilt im industriell hochentwickelten Südosten Brasiliens der chronisch unterentwickelt bleibende Nordosten als ein Faß ohne Boden. Warum sich also nicht der Kostgänger entledigen? Zwei Jahre vor dem Ende der ehemaligen Sowjetunion hatte Solschenizyn mit ähnlicher Stoßrichtung ein engagiertes Plädoyer veröffentlicht: Wird Rußland, so fragte er, nicht aufgrund seiner zentralen Stellung innerhalb des »Sowjetischen Imperiums« politisch überlastet, ökonomisch ausgenutzt und kulturell profillos? Wäre es nicht weit sinnvoller, das Imperium abzustoßen, die eigenen russischen Interessen unmittelbar wahrzunehmen, Rußland also »wiederzuentdecken« und neu aufzubauen? Warum undankbare Republiken weiterhin alimentieren? Solschenizyns »russische Option« machte deutlich, daß dem Nationalismus der Besitzstandswahrung nicht nur ökonomische Kalküle zugrunde liegen, sondern auch Besorgnisse über die eigene kulturelle und politische Identität.[1]

Häufiger jedoch als Besitzstandsnationalismus sind jene Spielarten des Nationalismus, die auf eine Abwehr von Überfremdung und Diskriminierung gerichtet sind.

Als die baltischen Staaten sich von Moskau lossagten, gab es hierfür nachvollziehbare historische und völkerrechtliche Gründe. Das auslösende Moment für die massiv verfolgte Politik der Lostrennung von der ehemaligen Sowjetunion schien jedoch insbesondere im Falle von Estland und Lettland die wachsende Gefahr einer »Russifizierung« gewesen zu sein: Die Zuwanderung von Arbeitskräften aus der übrigen Sowjetunion (Russen, Weißrussen, Ukrainer) wurde als ein ganz besonders schwerwiegender Angriff auf die eigene Identität wahrgenommen, weil in der Folge solcher Zuwanderung der

1 Alexander Solschenizyn, *Rußlands Weg aus der Krise. Ein Manifest*, München 1990.

Zeitpunkt sich abzeichnete, zu dem lokalstämmige ethnische Mehrheiten zu Minderheiten im eigenen Land würden. Zur »Russifizierung« kam die wahrgenommene Fremdbestimmung in wesentlichen Bereichen der Politik hinzu, beispielsweise bei neuen Industrieansiedlungen, über die zentral in Moskau entschieden wurde. Ökologische Folgeschäden von Industrialisierung wurden vor Ort jahrzehntelang erlitten, aber im Zentrum nicht zur Kenntnis genommen. Schließlich galt die Sprachpolitik, wie immer schon in nationalistischen Bewegungen, als ein besonders sensibler Bereich, weil Sprache als Inbegriff kultureller Identität empfunden wird.

Waren Ende der achtziger Jahre die baltischen Staaten noch Vorreiter nationalistischer Politik zur *Abwehr von Überfremdung*, so verbreitete sich die baltische Botschaft wie ein Lauffeuer bei allen übrigen maßgeblichen Nationalitäten der ehemaligen Sowjetunion.[1] »Kasachstan den Kasachen!« lautete die in anderen Republiken entsprechend variierte Devise. Lokale Bevölkerungsmehrheiten erhoben sich gegen die zugewanderten und überlagernden Minderheiten, die Brückenköpfe des fernen Moskau. Aus der agitatorischen Aufbereitung der Abwehr von Überfremdung folgten in aller Regel Fremdenhaß und nicht selten die Vertreibung der »Fremden«, vor allem der Russen. In den mittelasiatischen Republiken der ehemaligen Sowjetunion findet diese Bewegung ihre Zuspitzung in der Konfrontation zwischen islamischen Bewegungen und einer als verwerflich empfundenen westlichen Fortschrittsideologie samt der darauf aufbauenden Wirtschaftspolitik, deren Zentrum man in Moskau lokalisiert. Diese Ideologie gilt im übrigen als geistiger Hintergrund für die eigene ökonomische Misere und für eine zunehmende ökologische Verödung.[2]

1 S. hierzu Hélène Carrère d'Encausse, *La gloire des nations ou la fin de l'Empire soviétique*, Paris 1990.
2 S. Erhard Stölting, *Eine Weltmacht zerbricht. Nationalitäten und Religionen der UdSSR*, Frankfurt a. M. 1990, Kap. VII ff.

Während sich in den genannten Fällen lokale Bevölkerungs-mehrheiten gegen zuwandernde bzw. überlagernde Minder-heiten erheben (nicht anders als im jugoslawischen Kosovo die dort albanische Bevölkerung gegen die serbische Fremdherr-schaft)[1], resultiert nationalistische Politik am häufigsten aus dem Versuch einer Minderheit, sich gegen den *Assimilations-druck* der Mehrheit zu wehren: Die türkisch-stämmige Bevöl-kerung in Bulgarien will nicht in »Bulgaren muslimischen Glaubens« umfunktioniert werden; die Kurden in Ostanato-lien empfinden sich nicht als »Bergtürken«; jahrelang wehrten sich die Ungarn wie auch die Deutschen in Rumänien gegen die Versuche des rumänischen Zentrums, ihre angestammten Lebensbereiche durch die Vernichtung althergebrachter Dorf-strukturen zu beseitigen; nationalistisch gesinnte Korsen empfinden sich, anders als es das Pariser Zentrum will, nicht als Franzosen, und sie betrachten ein höchstrichterliches Pari-ser Verfassungsgerichtsurteil, dem zufolge der im Autono-miegesetz verwendete Begriff »Korsisches Volk« verfassungs-widrig sei, als eine »Kriegserklärung«.

Beispiele dieser Art gibt es in und außerhalb Europas un-zählige. Und die in solchen Situationen entstehende Kon-fliktdynamik ist in aller Regel vergleichbar: Nehmen die Versuche der kulturellen Einebnung und Assimilation von seiten der Bevölkerungsmehrheit zu, steigert sich auch die Abwehr von seiten der betroffenen Minderheit. Wird der As-similierungsdruck penetrant, entwickelt sich eine dramati-sche Eskalation von Gewalt und Gegengewalt: Das bedeutet Bürgerkrieg. Solche Mobilisierung und Gegenmobilisierung von Gewalt kann – wie im Konflikt zwischen Armenien und Aserbaidschan zu beobachten – bei entsprechender Aus-gangslage in einen regelrechten kriegerischen, gegebenenfalls zwischenstaatlichen Konflikt münden.[2]

1 Christine von Kohl und Wolfgang Libal, *Kosovo. Gordischer Knoten des Balkans*, Wien 1992.
2 Der Beispiele dieser Art gibt es inzwischen unzählige. Zum genannten Fall s.

Der Nationalismus der Besitzstandswahrung, der Überfremdungs- und der Assimilationsabwehr ist jeweils ein Ausdruck von Existenzangst bzw. ein Mittel der Angstabwehr. Vor allem auf drei Dimensionen sind diese zeitgenössischen Varianten von Nationalismus ausgerichtet: auf die Abwehr des erwarteten Machtverlustes bzw. die Erwartung von Machtgewinn, auf wahrgenommenen Wohlfahrtsverlust bzw. angestrebten Wohlfahrtsgewinn, auf empfundenen Kulturverlust bzw. auf die Suche nach Kultursicherung und Kulturförderung.

Dabei werden die in aller Regel berechtigten Anliegen solcher Bewegungen, nämlich Identitätssicherung und eigene Interessenwahrnehmung, nicht selten dadurch diskreditiert, daß zwischen den legitimen Forderungen zugunsten der eigenen Volksgruppe (Ethnie) und dem praktischen Verhalten gegenüber Minderheiten im eigenen Bereich eine tiefe Kluft besteht: So hat es im Baltikum sehr lange gedauert, bis die Rechte der russischen und der anderen Minderheiten zu einem legitimen politischen Thema wurden. Werden diese Rechte nicht zureichend verfassungsmäßig gesichert, droht neben dem Balkan das Baltikum zu einem chronischen Konfliktherd Europas zu werden. Denn Moskau wird nicht einer chronischen Mißachtung der Rechte von Russen im Baltikum tatenlos zusehen und mit Intervention drohen bzw. tatsächlich militärisch intervenieren. Jahrzehntelang fühlten sich Georgier von der Moskauer Zentrale fremdbestimmt, was sie aber nicht motiviert hat, die in der Republik Georgien lebenden Minderheiten, vor allem die Abchasier und die Osseten, pfleglich zu behandeln. Mit Erfolg hat sich der slowakische Nationalismus gegen den Prager Zentralismus gerichtet, um schließlich zu Jahresbeginn 1993 über einen eigenen Staat zu verfügen; aber die in der Südslowakei lebenden Ungarn, immerhin mehr als eine halbe Million Menschen, sehen mit

Haig E. Asenbauer, *Zum Selbstbestimmungsrecht des Armenischen Volkes von Berg-Karabach*, Wien 1993.

großer Besorgnis der Zukunft entgegen: Viele Anzeichen sprechen dafür, daß die Minderheitenrechte, über die sie heute verfügen, eher in Frage gestellt werden, als daß sie auf deren Sicherung und Erweiterung hoffen dürften.

Diese und weitere Beispiele weisen auf die Doppelmoral vieler nationalistischer Bewegungen mit berechtigten Anliegen hin: Die in der eigenen Existenz erfahrene Diskriminierung und Gefährdung von Identität – meist Ausfluß der Versuche von Überfremdung und Zwangsassimilation – motivieren offensichtlich nur in Ausnahmefällen zu einem pfleglicheren Umgang mit anderen Volksgruppen. In aller Regel provozieren sie im Gegenteil, bewußt oder unbewußt, ein auf Diskriminierung ausgerichtetes Verhalten gegen andere Volksgruppen. Eine solche Einstellung wird dann oft genug mit der Behauptung gerechtfertigt, die betreffenden Minderheiten seien nichts anderes als ferngesteuerte Brückenköpfe des ungeliebten Zentrums (also Moskaus, Budapests, Belgrads usf.), wofür es in der Tat, wie immer in solchen Konfliktlagen, punktuelle Anhaltspunkte geben mag.

2. Die Konfliktdynamik von Ethnonationalismen

Nationalismus ist keine archaische, sondern eine moderne Erscheinung. Ethnonationalistische Mobilisierung ist ohne soziale Mobilisierung und die daraus sich ergebende Politisierung von Gemeinschaften nicht vorstellbar. Subsistenzbauern, die in voneinander isolierten dörflichen Gemeinschaften leben und nur den eigenen Haushalt versorgen, lassen sich in der Regel nicht, zumal wenn sie Analphabeten sind, aus der Ferne für undurchsichtige Ziele agitatorisch vereinnahmen und in Bewegung setzen. Ganz anders eine urbanisierte Bevölkerung, die lese- und schreibkundig ist und überdies aus abhängiger Beschäftigung ihr Leben fristen muß. Städtische Milieus schaffen neue Kommunikationszusammenhänge und fördern die eigene politische Organisation, die zwischen isolierten Bauerndörfern niemals zustande kommen könnte. Zudem produzieren Modernisierungsschübe eine Schicht von Intellektuellen, die zum Sprachrohr unbefriedigter Bedürfnisse und neuer Lebenserwartungen werden. Deshalb werden zum Kristallisationspunkt der Politisierung in nationalistischen Konflikten zunächst meist die Sprach- und die Kulturpolitik. Im eingeklagten Recht auf die Benutzung der eigenen Sprache, auf verantwortliche Mitgestaltung der Erziehungsinstitutionen und auf eine faire politische Beteiligung an der Kulturpolitik im allgemeinen kommt der erwachte Wille zur Selbstbestimmung zum Ausdruck. Da die Kultursphäre leicht handhabbar und darauf bezogene Emotionen eher mobilisierbar sind, artikuliert sich der Selbstbestimmungswille in diesem Bereich meist früher als im Hinblick auf Wirtschaftsbelange. Die Gestaltung der Wirtschaft zum eigenen Nutzen wird schließlich im Politisierungsprozeß zu einem zentralen Streitpunkt, weil eine soziale Aufwärtsbewegung ohne erweiterte Teilhabe an der Ökonomie unvorstellbar ist.

Erfahrungsgemäß kommt die Politisierung von Volksgruppen vor allem in Situationen zustande, in denen die Kluft zwischen neuen Lebenserwartungen und den absehbar realisierbaren Lebenschancen zunimmt, insbesondere wenn die Aufwärtsmobilität bisher entmündigter und entrechteter Sozialschichten ins Stocken gerät, weil ein sich zuspitzender Verteilungskampf zu erfolgreichen Abwehrreaktionen der Verfechter des Status quo führt und/oder weil der Prozeß kultureller Emanzipation abgewürgt wird und das politische System eine erweiterte Teilhabe neuer nachrückender Sozialschichten abblockt, andererseits aber ein anhaltender sozialer Wandel Menschen aus angestammten Sozialmilieus laufend weiter freisetzt und mobilisiert. Der objektive politische, ökonomische sowie kulturell-symbolische Hintergrund für ethnonationalistische Mobilisierung ist damit geschaffen. Politische

Führer, die solche zunehmend problematischen Lebensumstände rhetorisch geschickt zur Sprache bringen und allermeist agitatorisch überzeichnen, werden tonangebend und zu bestimmenden Gestalten. Dabei ist, über Zeit gesehen, fast überall eine Radikalisierung zu beobachten: Die anfänglich gemäßigten Kräfte, insbesondere die auf Kompromiß setzenden politischen Führer werden früher oder später durch die Dynamik der Bewegung überrollt und von radikalen Kräften abgelöst. Letztere scheuen nicht davor zurück, bürgerkriegsähnliche Auseinandersetzungen oder gar den Bürgerkrieg selbst in ihr politisches Kalkül mit einzubeziehen.[1]

In der aus solchen Situationen sich ergebenden Eskalation von Gewalt und Gegengewalt spielen ganz offensichtlich ökonomische Kalküle nur eine untergeordnete oder gar keine Rolle. Wären solche nämlich handlungsbestimmend und letztendlich entscheidend, wiesen ethnonationalistische Konflikte nicht jenes Ausmaß an Verbitterung, Emotionalisierung und Brutalisierung auf, das sie in fast allen Fällen durchweg kennzeichnet. Gewiß, ethnonationalistische Konflikte haben eine instrumentelle Dimension, denn mit ihnen sollen konkrete Ziele erreicht werden: politische Teilhabe, Wohlfahrtssteigerung, kulturelle Selbstdarstellung. Aber diese Konflikte haben auch – und oft in erster Linie – eine identitätsstiftende Funktion: Indem Gemeinschaften, Volksgruppen und entsprechende Kollektive sich zu Konfliktparteien herauskristallisieren, definieren sie in diesem Vorgang allmählich ihre eigene Identität. Entdeckt wird die eigene »nationale« Geschichte, deren Rekonstruktion ohne Rückgriff auf mystifizierende und glorifizierende Selbstzeugnisse nicht möglich ist. Vergangenheiten werden phantasiert, versunkene Großreiche beschworen und nicht selten zur Zielbestimmung konkreter Politik: Großserbien, Großaserbaidschan, Großmazedonien, Großrumänien usf.

1 S. hierzu die grundlegende Studie von Peter Waldmann, *Ethnischer Radikalismus. Ursachen und Folgen gewaltsamer Minderheitenkonflikte*, Opladen 1989.

Ethnonationalismus zeichnet sich durch identitätsbildende Grenzziehungen gegenüber anderen Ethnien aus. Im Verlaufe eines sich hochschaukelnden Konfliktes akzentuieren sich solche geistigen Grenzziehungen und die mit ihnen einhergehende Militanz. Aus Selbstbezug wird dann Überwertigkeitswahn, der die maßgeblichen Akteure für die Kosten des Konfliktes völlig unsensibel macht. Indem die Grenze zu anderen Ethnien überzeichnet wird, werden der Konflikt selbstbezogen (autistisch) und die Konflikteskalation eigendynamisch. Wenn sich dann die Konfliktparteien nicht nur seelisch weiter aufrüsten, so daß sich ihre Affekte aufheizen und die Feindfixierung sich zuspitzt, wenn sie sich überdies mit Waffen hochrüsten, wenn darüber hinaus die Existenzsicherung bewaffneter Gruppen vom ununterbrochenen Fortgang des Konfliktes abhängig wird, sind alle Voraussetzungen für eine Bürgerkriegssituation entstanden: der Kommunikationsbruch, eine erhebliche Emotionalisierung, die Kompromißlosigkeit und schließlich die Bereitschaft, Gewalt an die Stelle von Kommunikation treten zu lassen und strategisch kalkuliert einzusetzen.

Dann entsteht zwischen Gemeinschaften und Volksgruppen genau das, was in der Analyse internationaler Politik als »Sicherheitsdilemma« beschrieben wird: Niemand weiß vom anderen mit Gewißheit, was er im Schilde führt; jedermann geht wie selbstverständlich vom schlimmsten der vorstellbaren Fälle aus (worst case); Sicherheit wird dann nach eigener Lagebeurteilung der Betroffenen nur noch durch Selbstbehauptung und Selbsthilfe garantiert, und Selbstbehauptung wird als eine Funktion mobilisierbarer eigener Machtressourcen insonderheit von Militär und Rüstung begriffen. Und wie auf internationaler Ebene stellt sich dann auch in Volksgruppenkonflikten in solcher Lage ein Rüstungswettlauf ein.[1] Im

---

1 Diese Konfliktdynamik ist vergleichbar derjenigen, die in den internationalen Beziehungen in Konfliktlagen zu beobachten ist, in der sich wechselseitige Drohpolitik zu einer eigenen Konfliktstruktur hochschaukelt. S. hierzu Dieter Seng-

Ernstfall obsiegt derjenige, der die stärkeren Bataillone zur Verfügung hat.

Aus solcher Dialektik von Affektsteigerung bzw. Verlust an kristischer Realitätsprüfung einerseits und Machtbehauptungswillen andererseits resultiert die heute in Europa und weltweit zu beobachtende häufig irrationale Zuspitzung ethnonationalistischer Konflikte: Ihre Wortführer werden »vernünftigen« Argumenten unzugänglich; gegenüber Kosten und Opfern fehlt jegliche Sensibilität; militanter, auch terroristischer Gewalt begegnet man mit Arglosigkeit; der Zweck heiligt dann jedes, auch das abscheulichste Mittel wie die befohlene systematische Vergewaltigung von Frauen oder die »ethnische Säuberung«.

Ethnonationalistisch motivierte Politik ist nicht ohne Tragik: Um sich aus Entmündigung und Diskriminierung zu befreien, bedürfen Gemeinschaften, also auch Volksgruppen, wirksamer Mittel der Selbstbestimmung. Dazu gehört die für Ethnopolitik charakteristische Grenzziehung gegenüber anderen Ethnien, sofern von jenen die Gefahr der Überfremdung oder der Zwangsassimilation ausgeht. Solche Grenzziehung erlaubt eine Mobilisierung der Kräfte in einem begrenzten Raum und auf Kosten der Kommunikation mit dem weiteren Umfeld, gerade auch mit anderen Ethnien. Aus solcher Abgrenzung ergeben sich Verdichtungen nach innen. Sie werden zur Grundlage organisatorischer Vernetzung und strategisch einsetzbarer Durchschlagskraft.[1] Solcher Selbstbezug ist funktional im Hinblick auf den Selbstbehauptungswillen. Schließlich will man nicht das Opfer kultureller Einebnung werden. Die Kehrseite dieses Vorgangs liegt jedoch in der Gefahr der Selbstabkapselung und einer daraus resultie-

haas, *Rüstung und Militarismus*, Frankfurt a. M. 1972, darin das Kap. II *Zur Analyse von Drohpolitik in den internationalen Beziehungen*, S. 28-93.

1 S. Georg Elwert, *Nationalismus und Ethnizität. Über die Bildung von Wir-Gruppen*, in: *Kölner Zeitschrift für Soziologie und Sozialpsychologie*, Bd. 41, 1989, S. 440-464.

renden Lernpathologie. Sie steigert sich oft genug in einen Machtbehauptungswillen, der in Machtbesessenheit endet. Lernpathologisches in Kombination mit machtbesessenem Verhalten erzeugt dann jene Exzesse, die nationalistische Politik und ihre arrogant-aggressiven Ausflüsse zu Recht in Mißkredit gebracht haben. Das Ergebnis anfänglich berechtigter Beschwerden und Anliegen sind dann nicht neue Formen und Formeln der Koexistenz zwischen Mehrheiten und Minderheiten und Volksgruppen im allgemeinen – Ergebnisse von Bemühungen um eine Zivilisierung von Politik –, sondern im schlimmsten Fall die Barbarisierung von Politik, so wie sie seit Ende Juni 1991 Tag für Tag in den Kriegen und Bürgerkriegen des ehemaligen Jugoslawiens zu beobachten ist.

Von außen betrachtet erscheint Ethnonationalismus in sich eskalierenden Konfliktbezügen wie eine Urgewalt: Alles drängt auf die Zuspitzung, auf Sieg oder Niederlage, und hierfür werden die letzten Kraftreserven mobilisiert, wie wenn es ums Ganze ginge. Und da, wie die Strategie der ethnischen Säuberung dokumentiert, oft genug in einem ganz elementaren Sinne das Existenzrecht auf dem Spiele steht, sind solche Ängste nicht abwegig, sondern lassen den Einsatz aller Kräfte als unabweisbar erscheinen. Unerbittlichkeit wird dann zur Maxime.[1]

3. Wege aus der Gefahr

Gibt es aus einer solchen Situation der Verbiesterung von Politik, in der skrupellose Machtmenschen ihre Stunde gekommen sehen, einen Ausweg?

Vergangene Erfahrungen und ein Blick in die Gegenwart stimmen eher pessimistisch: Der nordirische Konflikt, eine

---

1 Hinsichtlich Jugoslawiens s. beispielhaft Erich Rathfelder (Hg.), *Krieg auf dem Balkan*, Reinbek 1992.

im Grunde genommen jahrhundertealte Auseinandersetzung, ist seit den sechziger Jahren virulent geblieben, ohne daß sich dessen Ende abzeichnet. Ungefähr fünfzehn Jahre dauerte der Bürgerkrieg im Libanon, einst als die sich durch friedliche Koexistenz auszeichnende »Schweiz des Nahen Ostens« bezeichnet. Die Parallelität zwischen den derzeitigen kriegerischen Auseinandersetzungen im ehemaligen Jugoslawien und historisch vergleichbaren Konfrontationen im selben Raum ist frappierend. In der Wissenschaft hat sich für solche Auseinandersetzungen der Begriff des nicht enden wollenden oder dauerhaften Konfliktes *(protracted conflict)* eingebürgert. In ihm sind die Kräfte allermeist so gelagert, daß es weder einen Sieg noch die Niederlage der einen oder anderen Partei geben kann. Bestenfalls erschöpfen sich die Kräfte, bis dann der Konflikt einfach »ausblutet«. Während Interventionen von außen eigentlich geboten erscheinen, ist die internationale Gemeinschaft nur schwer zu bewegen, sich in potentiell opferreiche und kostspielige Abenteuer einzulassen. Was helfen würde, wäre ein Aufbruch der Konfliktfronten im Innern. Doch die Konflikteskalation erzwingt, wie auch in anderen Konflikten beobachtbar, die Loyalität der Menschen zur jeweiligen eigenen ethnischen Konfliktpartei. Politik reduziert sich auf Freund-Feind-Bezüge. Zwischentöne, Grauzonen, Skrupel und Zweifel gelten als Ausdruck von Verrat. Die Folge ist eine Entmutigung derjenigen Kräfte, die an und für sich bereit wären, gegen die Kriegstreiber und das Kriegsgeschehen ihre Stimmen zu erheben.[1]

Die Lehre aus solchen dauerhaften Konflikten ist unabweisbar. Wer nicht frühzeitig vorbeugend in einem solchen Konflikt interveniert, den wird die Eskalationsdynamik überrollen[2]: Gleichgültig, wer der intervenierende Akteur

---

1 Wiederum hinsichtlich Jugoslawiens s. Arno Truger (Hg.), *Warum Krieg?*, Wien 1992; Johann Gaisbacher u. a. (Hg.), *Krieg in Europa. Analysen aus dem ehemaligen Jugoslawien*, Graz 1992.

2 S. Dieter Senghaas, *Wie Gewaltfreiheit den Aggressor begünstigt. Lehren aus den*

wäre: Inländer oder Ausländer, regionale oder internationale Organisationen (zu deren Aufgabe die friedliche Streitbeilegung gehört), Persönlichkeiten, deren Autorität und Integrität ein Aktivposten in den Bemühungen um Ausgleich und Schlichtung sind, aber auch soziale Bewegungen im nationalen und internationalen Rahmen, die sich zur Aufgabe gemacht haben, Sprachrohr der tatsächlichen und potentiellen Opfer zu sein.

Vier Orientierungen sind dabei für eine konstruktive Konfliktbearbeitung zum frühestmöglichen Zeitpunkt erforderlich: vertrauensbildende Maßnahmen, wechselseitiges Verstehen, Horizonterweiterung und Problemlösungsorientierung.

Vertrauensbildende Maßnahmen: Wenn es richtig ist, daß die Eskalation ethnischer Konflikte, nicht anders als von Konflikten in der internationalen Politik, ein strukturelles und grundlegendes Sicherheitsdilemma entstehen läßt, dann sind für ihre Einhegung, analog zur internationalen Politik, vertrauens- und sicherheitsbildende Maßnahmen (VSBM) erforderlich. Mit solchen Maßnahmen werden erste Schritte in Richtung auf die Herstellung von Erwartungsverläßlichkeit getan. Diese sind insbesondere dann erforderlich, wenn sich die Konfliktparteien schon mit Munition versorgt und möglicherweise militärähnliche bzw. militärische Auseinandersetzungen bereits eingesetzt haben. Dann spielen die wechselseitigen Beobachtungen sowie die Überwachung der Streitkräfte, ihrer Logistik und Bewaffnung eine ebenso wichtige Rolle wie symbolische Maßnahmen der Vertrauensbildung. Und wie in der internationalen Politik stellen sich dann die gleichen Kernfragen: Wer ist als erster zu einseitigen Schritten der Vertrauensbildung bereit? Wer durchschlägt den gordischen Knoten? Wer macht einen Zug in Erwartung einer konstruktiven Antwort? Werden weitere Schritte in die glei-

Kriegen im ehemaligen Jugoslawien, in: *Frankfurter Allgemeine Zeitung*, 7. Juli 1993, S. 7.

che Richtung ins Auge gefaßt, auch wenn eine solche Antwort ausbleibt? Wann sollten symbolische Gesten in förmliche Vereinbarungen übersetzt werden?

Empathie: Einfühlendes Verständnis und Fürsorglichkeit zu erwarten, während der Ethnozentrismus in der Folge ethnischer Konflikte sich vertieft, ist paradox und der tatsächlichen Eskalationsdynamik zuwiderlaufend. Aber Koexistenz ist ohne ein wechselseitiges Verstehen der jeweiligen Problemlagen und ohne wechselseitige Anerkennung der Belange unterschiedlicher Gemeinschaften nicht erreichbar. In Zwangsassimilation, in organisierter Deportation, in Vertreibung und »ethnischer Säuberung« mit dem Grenzfall des Völkermordes kommt das schiere Gegenteil solcher Anerkennung von Lebensrechten zum Ausdruck. Deshalb hat man in der wechselseitigen Anerkennung von Lebensrechten zu Recht den Durchbruch zu konstruktiver Konfliktbearbeitung erkannt.

Horizonterweiterung: Die Eskalation ethnonationalistischer Konflikte führt schnell zu emotionaler Selbstbezogenheit (Gruppennarzißmus) und zu Engstirnigkeit. Die Kombination von beidem prägt das autistische Milieu, in dem sich solche Konflikte in aller Regel abspielen. In ihm wird verkannt, daß es im weiteren Umfeld, also jenseits der unmittelbaren Konfliktakteure, Erfahrungen gibt, die für die Lösung von Konflikten von Nutzen sein können. In aller Regel sind diese für die Lösung ethnonationalistischer Konflikte potentiell nützlichen, andernorts schon längst erfolgreich erprobten verfassungspolitischen Instrumentarien und Prinzipien – beispielsweise diejenigen des Föderalismus, der Konkordanzdemokratie und der diversen institutionellen Vorkehrungen für Minderheitenschutz – den Betroffenen mehr oder weniger unbekannt geblieben.

Pluralistisch organisierte Rechtsstaaten kennen eine Vielzahl von solchen staatlichen und gesellschaftlichen Konfliktlösungsmodalitäten, auf die inspirierend bei neuen Versuchen der Konfliktlösung zurückgegriffen werden könnte. Aber vielfach fehlt bereits das Wissen um diesen Sachverhalt, was ebenfalls zur Perspektivlosigkeit beiträgt: Die eigenen Vorstellungen über mögliche Handlungsoptionen bleiben begrenzt und ausgesprochen dürftig, die eingeschlagenen Strategien erweisen sich als phantasielos – Hintergrund einer Aufrüstung des Willens zur Macht und von sich ausbreitenden Machtphantasien.

Problemlösungsorientierung: Die Förderung von einfühlendem Verständnis und die Erweiterung intellektueller Horizonte sind Grundlage für die Orientierung praktischen Handelns an Problemlösungen und das Gegenteil einer in ethnonationalistischen Konflikten in aller Regel beobachtbaren Nullsummenmentalität. Erfahrungsgemäß sind Problemlösungen leichter zu erreichen, wenn die wechselseitige Existenz anerkannt wird, die Perspektive einer längerfristig zu organisierenden Koexistenz nicht von vornherein als abwegig gilt und das gesellschaftlich erwirtschaftete Mehrprodukt wächst, der zu verteilende Kuchen also größer wird, was jedoch eine höhere Produktivität und eine zunehmende Leistungsfähigkeit der Wirtschaft voraussetzt. Um eine solche Problemlösungsorientierung zu erreichen, hat sich in vielen Fällen die Ausrichtung auf neue übergeordnete Ziele als hilfreich erwiesen. Sie ins Auge zu fassen bedeutet, die produktiven Energien aus einem destruktiv angelegten Teufelskreis zu befreien und umzupolen, um sie für neue Projekte nutzbar zu machen. Wenn der eine das gewinnt, was der andere verliert, gibt es keine gemeinsamen produktiven Lebenserfahrungen. Übersetzt sich aber eine konstruktive Konfliktbewältigung in einen Zugewinn für alle Beteiligten, tritt an die Stelle des Teufelskreises ein »Engelskreis«.

4. Perspektiven für die Praxis

Geht man davon aus, daß die Voraussetzungen für die Entschärfung eines ethnonationalistischen Konfliktes frühzeitig geschaffen sind, was wäre dann zu tun, um der Deeskalation eine konstruktive Perspektive im Hinblick auf die substantiellen Streitfragen zu geben? Denn solche Konflikte haben konkrete Anlässe, Anliegen und Beschwerden zur Grundlage, ohne deren Regelung oder Lösung die Gefahr einer Eskalation immer bestehenbleibt.

Im Falle eines Nationalismus, der der Besitzstandswahrung dient, liegt die *Trennung* in einem Vielvölkerstaat nahe, sofern solcher Separatismus zu einem lebensfähigen Staatsgebilde führt. Ein weniger drastischer Schritt wäre die Herstellung regionaler Autonomie innerhalb des überkommenen Staatsgebildes, also jene Lösung, die nach vielen Jahrzehnten mit einiger Aussicht auf Erfolg in Katalonien innerhalb Spaniens gefunden wurde. Slowenien und Kroatien haben innerhalb Jugoslawiens den Versuch unternommen, gemäß den Prinzipien weitreichender Dezentralisierung und Subsidiarität eine konföderalistische Struktur aufzubauen. Nachdem mehrfache Anläufe in diese Richtung fehlschlugen, weil andere Teilrepubliken des ehemaligen Jugoslawiens nicht mitzogen, lag der Schritt nahe, sich für unabhängig zu erklären.

Für Ethnonationalismus aus Angst vor Überfremdung durch eine die eigene Mehrheit überlagernde Minderheit wäre echte, also nicht nur symbolische *Demokratisierung* eine konstruktive Perspektive, die die Rechte der Mehrheit aktualisiert. Solche Demokratisierung führt jedoch leicht dazu, daß die überlagernde Minderheit zum Sündenbock für alle Mängel und Fehler gemacht wird und deshalb nicht eintritt, was langfristig für eine gedeihliche Koexistenz erforderlich ist: ein ausdrücklicher Rechtsschutz ebendieser Minderheit.

Einem Ethnonationalismus, der aus Angst einer Minderheit vor Zwangsassimilation durch die Politik und Kultur einer Mehrheit entsteht, kann konstruktiv nur durch eine ausdrückliche *Sicherung der Rechte von Minderheiten* begegnet werden.[1] Dabei sind wenigstens die folgenden Maßnahmen erforderlich: aktiver Minderheitenschutz, der nicht nur darauf gerichtet ist, die Identität von Minderheiten zu dulden, sondern sie aktiv zu fördern; weitreichende Kulturautonomie im Hinblick auf Sprache, Ausbildung und Medien; besondere Beteiligungsrechte im politischen System beispielsweise durch Proporzregelungen, Vetorechte und Sperrklauseln; Verfahrens- und Rechtsschutzgarantien usf.[2] Um zu verhindern, daß Minderheiten in eine psychisch bedrängende Lebenslage geraten, um schließlich im Ethnoradikalismus eine politische Zuflucht zu suchen, sind großzügige Schutzregelungen erforderlich, die in den jeweiligen Verfassungen festgeschrieben werden sollten. Auch wäre es nützlich, solche Regelungen international abzusichern, innerhalb Europas beispielsweise im Rahmen des Europarates oder der KSZE. Gäbe es übernationale Organisationen mit entsprechenden Rechtsschutzbefugnissen, könnte man Regierungen dort berichtpflichtig machen; alle potentiellen Konfliktparteien könnten solche Organisationen als Appellationsinstanz und Konfliktbearbeitungsforen nutzen, insbesondere natürlich die betroffenen Volksgruppen.

Bemühungen um eine friedliche Streitbeilegung in ethnonationalistischen Konflikten müssen also nicht von vornherein vergeblich sein. Aber Erfolge sind nur wahrscheinlich, wenn solche Bemühungen frühzeitig einsetzen und der Gewalt des Ethnoradikalismus wirksam entgegengesteuert wer-

---

1 S. hierzu die von staats- und völkerrechtlichen Experten ausgearbeitete *Konvention über die Grundrechte der europäischen Volksgruppen*, abgedruckt in Felix Ermacora und Christoph Pan, *Grundrechte der europäischen Volksgruppen*, Wien 1993 (*Ethnos*, Nr. 42).

2 Über entsprechende Vorkehrungen s. Georg Brunner, *Nationalitätenprobleme und Minderheitenkonflikte in Osteuropa*, Gütersloh 1993, S. 75 ff.

den kann. Das prominenteste geflügelte Wort des weltpolitischen Umbruches von 1989/90 gilt ganz besonders im Hinblick auf die konstruktive Bearbeitung ethnischer Konflikte: Wer zu spät kommt, den bestraft das Leben.

Droht ein internationaler Kulturkampf?

Sowohl in der Variante der Staatsnation als auch in der des Nationalstaates ist der moderne Staat, der sich zuerst in der Neuzeit innerhalb der westlichen Hälfte Europas herausgebildet hat, das Spätprodukt eines langwierigen zivilisatorischen Prozesses. Zu seiner Herausbildung trugen wenigstens sechs Komponenten bei: Gewaltmonopol, Rechtsstaatlichkeit, systemische Interdependenzen (im Bereich von Wirtschaft, Information, Kommunikation und Verkehr mit der Folge von Affektkontrolle), Demokratisierung, Sozialstaatlichkeit und politische Kultur, letztere geprägt durch Bürgergesinnung und eine positive Einstellung gegenüber einer prinzipiell gewaltfreien Bearbeitung von Konflikten.

Vor diesem Hintergrund – dem »zivilisatorischen Hexagon« – erweisen sich der moderne Staat und die ihn tragende politische Gemeinschaft als ein Gebilde, das prinzipiell von allen sechs genannten Komponenten her zusammenbruchsgefährdet bleibt. Es sollte daher nicht überraschen, wenn auch moderne Staaten zerbrechen. Man ist allerdings weniger überrascht, daß sich Staaten und Gesellschaften, die den Kriterien dieses zivilisatorischen Hexagons nicht oder nur unzureichend genügen, als nicht überlebensfähig erweisen und zerfallen. Bei solchem Zerfall, der inzwischen an immer mehr Stellen in der Welt zu beobachten ist, hat die Ethnopolitisierung von Politik eine katalytische Funktion.

Ethnopolitisierung bedeutet in diesem Zusammenhang, daß im Zentrum von Politik die »Identitätsproblematik« und damit die Verfassungsfrage steht, nicht eine unter stabilen politischen Rahmenbedingungen verhandlungs- und kompromißfähige Interessenpolitik. Gestritten wird um die konstitutiven Bedingungen politischer Gemeinschaft, so wie sie typischerweise in ethnopolitischen Bewegungen begriffen werden: Volksgruppenzugehörigkeit, Sprache und Religion. Damit gewinnt »Kultur« einen hervorgehobenen Stellenwert, der ihr im modernen laizistischen Staat seit langem nicht mehr zukam. Droht deshalb in vielen Teilen der Welt ein Kulturkampf? Und droht ein solcher gar auf internationaler Ebene und wird er mit Waffengewalt ausgetragen werden?[1]

1. Das Wiederaufleben von Ethnopolitik

Ethnopolitik – nicht anders als in der ersten Hälfte dieses Jahrhunderts – ist zuallererst dort zu beobachten, wo alte Reichsstrukturen zerfallen: Mit der österreichisch-ungarischen Monarchie, dem Osmanischen Reich und jüngst der Sowjetunion sind lediglich zusammengezwungene und keineswegs wirklich integrierte politische Großgebilde aufgelöst worden. Ob andere Großstaaten in der heutigen Dritten Welt, die noch manche Ähnlichkeit mit solchen Reichsstrukturen haben (China, Indonesien, Indien u. a.), langfristig überleben oder ob auch sie in absehbarer Zukunft ethnopolitisch zersetzt werden, ist eine durchaus aktuelle Frage.

Und was sich im Großen als nicht integriert bzw. nicht integrationsfähig erweist, stellt sich inzwischen auch im kleineren Zusammenhang, vor allem bei vielen nachkolonialen

1 Unter systematisch-vergleichender Perspektive hat Mitte der siebziger Jahre Johan Galtung als erster diese Frage thematisiert. S. von diesem Autor zusammenfassend *Peace and the World as Inter-civilizational Interaction*, in: Raimo Väyrynen, Dieter Senghaas und Christian Schmidt (Hg.), *The Quest for Peace*, London 1987, S. 330-347; ders., *Konfliktformationen in der Welt von morgen*, in: *Friedensbericht 1992*, Wien 1992, S. 229-261. Aktualität im politischen Diskurs hat diese Frage durch den inzwischen viel zitierten Artikel von Samuel P. Huntington gefunden: *The Clash of Civilizations?*, in: *Foreign Affairs*, Bd. 72, Nr. 3, 1993, S. 22-49. Zur Gesamtproblematik s. auch Mike Featherstone (Hg.), *Global Culture. Nationalism, Globalization and Modernity*, London 1990; Immanuel Wallerstein, *Geopolitics and Geoculture*, Cambridge 1991, sowie den erhellenden Aufsatz von Claudia Schmid, *Die regionalisierte Welt*, in: *Sicherheit und Frieden*, Bd. 10, 1992, S. 188-192, bes. S. 190 ff.

Staatsgebilden, als nur dem Scheine nach integriert heraus: Der Zusammenbruch vieler mehr oder weniger zusammengewürfelter Staaten, die in der Folge des Entkolonisierungsprozesses nach 1945 mit dem Ziel eines »nation building« gegründet wurden, ist nach nur wenigen Jahrzehnten zu einem der großen Probleme internationaler Politik geworden. In manchen Gegenden der Welt entschwindet dadurch internationaler Politik die verläßliche Grundlage.

Dabei sind nicht, wie oft fälschlicherweise behauptet wird, willkürliche Grenzziehungen der eigentliche Grund für die Brüchigkeit der neuen Staatsgebilde. Auch die Grenzen der klassischen europäischen Staaten waren nicht weniger willkürlich und sind es vielfach noch immer. Der Zusammenbruch droht vielmehr durch anhaltende ökonomische und infrastrukturelle Inkohärenz und darauf aufbauend durch bleibende soziale und soziokulturelle Zerklüftung. Ursprünglich waren diese Phänomene ein fremdverschuldetes Erbe kolonialer Politik; heute müssen solche Fehlentwicklungen als konsequente Folge falsch akzentuierter Entwicklungspolitik bewertet werden.

Doch nicht das totale Scheitern des »nationalen Entwicklungsprojektes« bezeichnet die eigentlich brisante Problemsituation, die zu einer virulenten Ethnopolitisierung führt. Vielmehr sind eher Teilerfolge innerhalb dieses ansonsten fehlgeschlagenen Entwicklungsweges der Ausgangspunkt für solche Politisierung: In fast allen Entwicklungsländern der Welt (und diese Aussage gilt auch für die östliche Hälfte Europas) konnte in den letzten Jahrzehnten eine deutliche Aufwärtsmobilität einer nicht unbeträchtlichen Zahl von Menschen beobachtet werden, die sich zu Recht oder zu Unrecht als neuer Mittelstand begreifen. Solche Aufwärtsmobilität war meist das Ergebnis von Ausbildung und vom Vorhandensein zunächst relativ leicht zugänglicher Positionen in Politik, Verwaltung und Industrie. Mit der sich verallgemeinernden Entwicklungskrise verdüstern sich die Lebensperspektiven gerade dieser »beati possedentes«: Ihre eigene Aufwärtsmobilität hat sich häufig erschöpft, und es besteht kaum noch eine realistische Aussicht für eine erneute vergleichbare Lebenschance der eigenen Kinder. Nachrückenden Sozialschichten ist derzeit ein vergleichbarer Aufstieg ohnehin weitgehend verschlossen. Mit schrumpfender Lebensperspektive, verstopften Elitezugängen und allgemeiner Stagnation mit der Folge drohender Abwärtsmobilität entsteht jene Mischung, die für Ethnopolitisierung ein gleichermaßen unerläßlicher wie fruchtbarer Boden ist.

Ethnopolitisierung ist also nicht eine Erscheinung in typischen »traditionalen Gesellschaften«; solche gibt es ohnehin kaum noch auf der Welt. Vielmehr ist sie die politische Folge einer modernen Problemlage: der massenhaften Erfahrung schwindender Lebensaussichten als Konsequenz einer blockierten weiteren Aufwärtsmobilität oder gar drohender Abwärtsmobilität.

Somit hat Ethnopolitisierung, ökonomisch und sozialpsychologisch betrachtet, einen komplexen Hintergrund. Angesichts dessen wird verständlich, daß sie im wesentlichen in Abwehrreaktionen begründet ist: Abgewehrt werden überfordernde und überwältigende Einwirkungen aus dem internationalen Umfeld, was heute in aller Regel auf antiwestliche Politik hinausläuft. Abgewehrt wird jenes nachkoloniale Entwicklungsprojekt, dessen Scheitern man für die eigene Lebensmalaise verantwortlich macht. Und abgewehrt wird insbesondere die Idee des laizistischen Staates: Säkulare Demokratie nach westlichem Vorbild gilt als verwerflicher institutioneller Nukleus des abgelehnten nachkolonialen Entwicklungsprojektes.

2. Die Suche nach Auswegen: Rekulturalisierung

Es ist eine erfahrungswissenschaftlich wohlbegründete Tatsache, daß sich allgemeine bzw. spezifische Frustrationserfahrungen in Reaktionen übersetzen, die in drei Formen zum Ausdruck kommen: in genereller, in objektspezifischer und/ oder in versetzter Aggression (letztere bekannt als Sündenbockmechanismus).[1] Die Mischung aus solchen, im konkreten Fall oft kaum trennscharf zu klassifizierenden Reaktionsweisen begründet die Dynamik von Ethnopolitik. Jedoch erzeugt solches Reagieren, das häufig gegen als »satanisch« empfundene Außenmächte und entsprechende innere Widersacher gerichtet ist, noch keine eigene Legitimität. Um Identität zu schaffen, ist angesichts der Ausgangssituation, die zu Ethnopolitisierung führt, offensichtlich mehr als eine politikfeldspezifische Programmatik im gängigen Sinne von Politik vonnöten. Angesichts des Ausmaßes der Entwicklungskrise und der daraus resultierenden Frustrationserfahrungen macht die Suche nach Auswegen umfassendere identitätsstiftende Begründungen erforderlich.

Dabei erweist sich nicht selten der Rückbezug auf Religion als Aus- oder Fluchtweg, der im Hinblick auf die imaginierte politische Lösung der aufgehäuften Krisen als einzig gangbar empfunden wird: Mit dem Rückgriff auf die Quellen von Religion und von Kultur im allgemeinen – »ad fontes« – wird Vergangenheit beschworen, um Gegenwart verständlich zu machen und um Zukunft neu zu erschließen. In diesem Sinne läßt sich Ethnopolitik – vor allem dort, wo sie auf Religion zurückgreift – als Ausdruck eines politisierten Interesses an den »Quellen« als (um einen unverdächtigen Begriff zu benutzen) »fontelistisch« interpretieren.

Aber was leisten solche Bemühungen um die fernen Quel-

---

1 S. Dieter Senghaas, *Aggressivität und kollektive Gewalt*, Stuttgart 1971, S. 28 bis 40.

len für die Bewältigung der naheliegenden Wirklichkeit, die die eigenen Frustrationen auslöst?

Politisierte ethnopolitische Rückbezüge auf Religion sind heute am spektakulärsten im Bereich des Islam; im wachsenden Maße sind sie auch im Umkreis des Hinduismus (vor allem in Indien), des Buddhismus (vor allem in Sri Lanka) und punktuell in der christlich-orthodoxen Kirche zu beobachten. Nur von marginaler Bedeutung und ohne politische Folgewirkung blieben sie im Verbreitungsgebiet des Konfuzianismus. In den westlichen Gesellschaften mit langer laizistischer Tradition sind Bewegungen dieser Art am Rande der Gesellschaft und ohne massenwirksames politisches Gewicht geblieben.[1]

In einer Welt des gesellschaftlichen Umbaus, der sozialen Mobilisierung, der Umwertung kultureller Werte, der Entwertung von Lebensstilen und der Erfahrung von Entfremdung ist der Rückgriff auf kosmozentrische, hierarchisch und paternalistisch strukturierte Welt-, Gesellschafts- und Menschenbilder aus emotional-kompensatorischen Gründen attraktiv. Allerdings ist im Falle des Hinduismus und Buddhismus der politisierte Rückbezug auf ihre Quellen insofern erstaunlich, als er dem Wesen beider Religionen nicht entspricht: Den Rückzug aus einer verwerflichen Welt im Blick, haben sie sich zum Ziel gesetzt, den Menschen mit den Gesetzen kosmischer Harmonie in Übereinstimmung zu bringen. Aktivität ist nicht so sehr im Hinblick auf die Bearbeitung weltlicher Angelegenheiten gefragt: Um über den Blick nach innen Selbsterkenntnis und darüber Anteil am Urgrund des Kosmos (atman) zu gewinnen, werden vor allem spirituelle Anstrengungen für erforderlich gehalten.[2] Wo jedoch – wie

---

1 S. grundlegend im Hinblick auf Information und Auswertung Martin E. Marty und R. Scott Appleby (Hg.), *Fundamentalisms Observed*, London 1991.

2 Vgl. die Darstellungen in Emma Brunner-Traut (Hg.), *Die fünf großen Weltreligionen*, Freiburg 1991⁴, S. 19 ff. und S. 40 ff.; Adel Th. Khoury (Hg.), *Das Ethos der Weltreligionen*, Freiburg 1993, S. 14 ff. und S. 47 ff.

insbesondere im Hinduismus – eine solche Weltsicht mit einer Sicht der Gesellschaft zusammenfällt, in der die Aufrechterhaltung kosmischer Ordnung und die Erhaltung der bestehenden ungleichen gesellschaftlichen Ordnung (Kastenwesen) in einer *idealiter* immobilen Gesellschaft konzeptuell gleichgesetzt werden, liegt die Vermutung nahe, daß in einer *realiter* sich mobilisierenden Gesellschaft die Rückwendung zu den Quellen mehr mit praktischen Machtfragen zu tun hat als mit genuinen Fragen von Religion und Lebensphilosophie.[1] Ist dies der Fall, dann wandelt sich rein intellektuelles Interesse an den Quellen (Fontelismus) zu einem machtmäßig begründeten Interesse, also zu »Fundamentalismus«.

Hinduismus wie Buddhismus kennen zwar eine in kosmischer Ordnung eingebundene *spirituelle* Mobilität von Individuen, denen ansonsten keine Autonomie zugebilligt wird; in ihren ureigenen Kosmologien fehlt aber das entscheidende Merkmal ihrer heutigen Umwelt, die soziale Mobilisierung der Mehrzahl der Menschen und deren politische Folgen. Ich-negierende Selbstlosigkeit, die Überwindung von Dualismen und der Imperativ eines »Verstehenskonsenses« – Prämissen buddhistischer Lebenshaltung[2] – sind offensichtlich keine zureichenden Rahmenbedingungen für die Regulierung einer politischen Wirklichkeit, die gerade auch in sich modernisierenden Gesellschaften immer komplexer wird. Wenn überdies, wie vielfach zu beobachten, der »verwestlichte« säkulare Staat abgelehnt wird, der eine historische Antwort auf solche Komplexität ist, welche politisch relevanten Vorkehrungen für friedliche Konfliktlösung lassen sich dann aus den Rückgriffen der genannten Art ableiten?

Diese Frage stellt sich auch im Hinblick auf den politisier-

---

1 Erhellend jetzt Ernst Pulsfort, *Was ist los in der indischen Welt?*, Freiburg 1993. S. auch das Schwerpunktheft über Indien von *Der Überblick*, Bd. 29, Nr. 4, 1993.

2 S. Daisetz Teitaro Suzuki, *Wesen und Sinn des Buddhismus*, Freiburg 1993; Dalai Lama, *Einführung in den Buddhismus. Die Harvard-Vorlesungen*, Freiburg 1993.

ten Islam in der Ausprägung des Islamismus – eine Bewegung, die allein schon aufgrund ihrer Größenordnung die meiste Aufmerksamkeit unter allen vergleichbaren Bestrebungen einer Politisierung von Religion auf sich gezogen hat.[1] Man hat die islamistische Bewegung, ganz im Sinne der Abwehrthese, als Ausdruck der »Angst vor der Moderne« interpretiert: als Angst vor dem fremden Westen, vor der Demokratie, vor der Gedankenfreiheit, vor dem Individualismus, aber auch als Angst vor der Vergangenheit und der Gegenwart.[2] Anders als Hinduismus und Buddhismus gründet jedoch der Islam auch in einem Rechtssystem, dem islamischen Gesetz (sharia), das als Offenbarung göttlichen Willens gilt. Indem der Islam zugleich Religion und Rechtsordnung zu sein beansprucht, fallen – wenngleich diese These keineswegs unumstritten ist – Staat und Religion zusammen: Zumindest ist es unter den Prämissen des Islam konzeptuell leichter, eine authentische symbiotische Verbindung von Staat und Religion einschließlich des Grenzfalles Theokratie zu denken als einen säkularisierten pluralistischen Staat mit einer ausdifferenzierten, gewissermaßen nur noch privatistischen islamischen Religion.[3]

Derzeit arbeiten politische Strömungen eher in die Hände einer – überspitzt formuliert – theokratischen Variante des Islam, während demgegenüber Säkularisierung lediglich von einer intellektuellen Minderheit gefordert wird.[4] Diese

1 Aus einer Flut von Literatur s. vor allem Arnold Hottinger, *Islamischer Fundamentalismus*, Paderborn/München 1993.

2 Als authentisches Zeugnis s. Fatema Mernissi, *Die Angst vor der Moderne. Frauen und Männer zwischen Islam und Demokratie*, Hamburg 1992.

3 Unterschiedlich akzentuierte Interpretationen dieses Sachverhalts finden sich in Bassam Tibi, *Die Krise des modernen Islams*, Frankfurt a. M. 1991, und Gudrun Krämer, *Islam, Menschenrechte und Demokratie*, Baden-Baden 1994. Über den historischen Hintergrund dieser Problematik s. vor allem Anthony Black, *Classical Islam and Medieval Europe. A Comparison of Political Philosophies and Cultures*, in: *Political Studies*, Bd. 41, 1993, S. 58-69.

4 S. Michael Lüders (Hg.), *Der Islam im Aufbruch? Perspektiven der arabischen Welt*, München 1992. Zur Gesamtproblematik s. auch Friedemann Büttner, *Zwi-

durchaus weitsichtige Minderheit aber besitzt keine politische Macht und scheint angesichts einer sich verallgemeinernden Entwicklungskrise derzeit sogar an Ansehen zu verlieren. Mancherorts ist sie politisch verfolgt, ja selbst in ihrem physischen Überleben gefährdet.

Das Faktum der Verfolgung läßt einen Punkt klar erkennbar werden: Der heute vielfach beobachtbare Rückbezug auf die Quellen, sei es im Islam, aber auch im Hinduismus oder Buddhismus, ist keine bloß intellektuelle Spielerei, sondern ein potentieller Aktivposten im politischen Machtkampf innerhalb der betroffenen Gesellschaften. Neben offensichtlichen empirischen Beobachtungen sprechen hierfür auch systematische Überlegungen:

Menschen-, Gesellschafts- und Weltbilder traditionaler Kulturen und Religionen sind in jenem Umfeld eingebettet, in dem sie entstanden. Dieses Umfeld war im Falle seßhafter Gesellschaften in aller Regel von einer aristokratisch-oligarchischen Herrschaftsstruktur und von einer vornehmlich ländlich-agrarischen Sozial- und Wirtschaftsstruktur geprägt. Insgesamt läßt sich ein solches Umfeld als »tributäre Gesellschaftsformation« charakterisieren: Gesellschaften dieses Typs waren zweigeteilt. Gegenüber einer kleinen, tributeintreibenden Oberschicht – der herrschenden Klasse, die auch über entsprechende ausführende Organe verfügte, deren wesentliche Funktion darin bestand, den Tribut einzutreiben und Sicherheit zu garantieren – lebte die Masse der Menschen in parzellierter Subsistenzökonomie. Solche Gesellschaftsformationen waren einer unerbittlichen immanenten Zyklizität – Aufstieg und Verfall – unterworfen.[1]

Diese traditionellen Umfelder waren nicht nur durch die

schen Politisierung und Säkularisierung. Möglichkeiten und Grenzen einer islamischen Integration der Gesellschaft, in: Erhard Forndran (Hg.), Religion und Politik in einer säkularisierten Welt, Baden-Baden 1991, S. 137-167.
1 S. hierzu immer noch Karl A. Wittfogel, Die Theorie der orientalischen Gesellschaft, in: Zeitschrift für Sozialforschung, Bd. 7, 1938, S. 90-122, sowie Samir Amin, Die ungleiche Entwicklung, Hamburg 1975.

genannte extreme Ungleichheit gekennzeichnet, sondern auch durch strukturelle Immobilität. Wo Mobilität vorlag, war sie nicht viel mehr als Ausdruck der Pathologie dieser Gesellschaften (wie sie sich z. B. in der Verselbständigung der den Tribut eintreibenden Agenten, in Landflucht, in chronischem Bandenwesen und anderen Erscheinungen dokumentierte). Und da die Herrschaftsverhältnisse unmittelbar durchsichtig waren, waren Herrschaftsideologien in der Ausprägung traditionaler Kosmologien zur Verschleierung von Herrschaft unerläßlich.[1]

Weltbilder und Lebensperspektiven der in solchen Umfeldern entstandenen Weltreligionen müssen mit einer modernen Lebenswelt, die durch soziale Mobilisierung gekennzeichnet ist, notwendigerweise disharmonieren. Denn sozial mobile und deshalb politisierbare Gesellschaften sind durch Merkmale und Problemlagen charakterisiert, die natürlich in traditionalen Kosmologien nicht vorgesehen sein konnten: die soziale Mobilisierung der Menschen selbst, die Ausdifferenzierung aller Lebensbereiche (insbesondere von Politik, Recht, Wirtschaft, Kultur und auch Religion) und vor allem die erhebliche Kompetenzsteigerung von Individuen – Männern *und* Frauen – in der Folge von Ausbildung und Mobilität. Angesichts solcher die traditionalen Gesellschaften umstülpender säkularer Trends sind herkömmliche Kosmologien – vor allem wenn sie als überzeitlich gültige gesellschaftspolitische Leitperspektiven verstanden werden – wirklichkeitsfremdunterkomplex.

Wozu nutzt also ein Rückgriff auf die Quellen, wenn die Diskrepanz zwischen unterkomplex-traditionaler Kosmologie und den Erfordernissen sich modernisierender Gesellschaften unübersehbar ist, wenn daher Lösungen im Hinblick

1 Zur Problematik insgesamt s. Jean Baechler, John A. Hall und Michael Mann (Hg.), *Europe and the Rise of Capitalism*, Oxford 1988, sowie Michael Mann, *Geschichte der Macht*, Bd. 1, Frankfurt a. M. 1990; Bd. 2, Frankfurt a. M. 1991.

auf eine chronisch gewordene Entwicklungskrise nicht erwartet werden können und bisher entsprechende zeitgemäße Leitperspektiven, die einen mehr als beiläufigen Bezug zu den alten Kosmologien hätten, nicht formuliert wurden?[1]

Die Frage läßt nur eine einzige, bereits angedeutete Antwort zu: Der Rückgriff auf die Quellen, ein legitimes Unternehmen zur kulturellen Selbstvergewisserung, soll offensichtlich, machiavellistisch-politisch inszeniert, dem tagespolitischen Machtkampf dienen, das heißt der Machtgewinnung, der Machtbehauptung und der Abwehr von drohendem Machtverlust. In einem Umfeld sich verallgemeinernder politischer, sozialökonomischer und kultureller Krisen wird damit die Inszenierung von Tradition und insbesondere von Religion zu einem probaten Mittel der politischen Machtauseinandersetzung. Tradition und Religion werden für aktuelle politische Zieleinstrumentalisiert.[2]

Der Vorgang ist unmittelbar einsichtig: Die chronische Entwicklungskrise ruft massenhafte Deprivationserfahrungen hervor, die – sofern entsprechende resonanzfähige Antworten formuliert werden – durch den Rückgriff auf Tradition und Religion kompensiert werden können. Dieser Strategie bemächtigt sich die Politik in höchst eigennütziger Weise. Da die herkömmlichen Kosmologien angesichts ihrer Realitätsferne keine konstruktive gesellschaftspolitische Perspektive für die Lösung der komplexen Probleme der Moderne zu bieten haben, fällt ein solcher politisch motivierter Rückgriff unausweichlich mit der Neigung zu despotischer Herrschaft zusammen. Kultur wird dabei leicht zur Magd der Diktatur.

1 Im Hinblick auf die praktische Unergiebigkeit des Rückgriffs auf die Quellen s. jetzt Martin E. Marty und R. Scott Appleby (Hg.), *Fundamentalisms and the State*, London 1993.

2 Beispielhaft für den islamischen Bereich s. Bernard Lewis, *The Roots of Muslim Rage*, in: *Atlantic Monthly*, September 1990, S. 47-60, sowie Bassam Tibi, *Der Islam und das Problem der kulturellen Bewältigung sozialen Wandels*, Frankfurt a. M. 1985.

Es geht dann offensichtlich nicht um Religion oder Tradition um ihrer selbst willen, und auch die Quellen werden nicht aus historisch-exegetischem Interesse konsultiert. Vielmehr ist es die propagandistische Absicht, eine massenwirksame Herrschaftsideologie zu begründen.

3. Verständliche, aber fragwürdige Eurofixierung

Die Inszenierung von Religion als politischer Waffe provoziert verständlicherweise entsprechende Gegeninszenierungen: So trifft ein sich politisierender Hinduismus auf politisch militant gewordene Sikhs und Muslime; die Militanz singhalesischer Buddhisten richtet sich gegen militant gewordene sezessionistisch-tamilische Hindus usf. Bei allen Unterschieden im einzelnen haben solche revivalistischen Bewegungen, wie vor allem im Islamismus besonders deutlich zu beobachten ist, eine zusätzliche Stoßrichtung: die Konfrontation mit dem Westen und dessen Transplantat vor Ort, den laizistischen Staat. In dieser Konfrontation wird die westlich-europäisch geprägte Moderne im allgemeinen zum propagandistisch-rhetorischen Bezugspunkt.[1]

Dieser der Abwehr und Selbstlegitimation dienenden projektiven Eurofixierung liegen jedoch drei Fehlwahrnehmungen zugrunde:

1. Auch die westlich-europäische Entwicklung hat in bezug auf Selbst- und Umweltbilder ihren Ausgangspunkt in Kosmologien, die sich ursprünglich nicht wesentlich von jenen unterschieden, die in außerwestlichen Zivilisationen hervorgebracht wurden.[2] Das Projekt der Moderne, das in Europa seinen Ursprung hat, ist demnach das Ergebnis eines

---

1 S. Mark Juergensmeyer, *The New Cold War? Religious Nationalism Confronts the Secular State*, Oxford 1993.

2 Als *locus classicus* kann immer noch gelten Ernst Topitsch, *Vom Ursprung und Ende der Metaphysik*, Wien 1958 (München 1972²).

langwierigen historischen Prozesses und im Hinblick auf seine charakteristischen Merkmale (laizistischer Staat einschließlich Gewaltmonopol und Rechtsstaatlichkeit, Wettbewerbswirtschaft, pluralistische Demokratie, Individualismus) nicht ein Früh-, sondern ein Spätprodukt dieses Prozesses.

Spezifische (oft kontingente) Entwicklungen, die keineswegs »kulturgenetisch« vorgezeichnet waren, verhalfen in Europa diesem Projekt zum Durchbruch. Förderlich waren das antike und das jüdisch-christliche Erbe, aber auch der mittelalterliche Feudalismus, der zumindest im westlichen Teil Europas Großreichbildungen entgegenwirkte und die Grundlage für sowohl politischen als auch ökonomischen Wettbewerb legte – eine langfristig unerläßliche Voraussetzung für die Herausbildung kleinräumiger kompetitiver Staaten wie für kapitalistische Verkehrswirtschaft. Förderlich waren die den europäischen Feudalismus kennzeichnenden anhaltenden Auseinandersetzungen zwischen weltlichen und geistlichen Gewalten ebenso wie die Auseinandersetzungen innerhalb dieser Gewalten. Weitere förderliche Faktoren waren die Entfeudalisierung, die Reformation und die Aufklärung, schließlich die agro-industrielle Revolution und die durch sie freigesetzten Produktivkräfte und die von ihr bedingte Kompetenzsteigerung einer immer größeren Zahl von Menschen.[1] Im Laufe der Zeit, spätestens seit dem 18. und 19. Jahrhundert, wurde überdies kumulative bzw. redundante Verursachung zu einer geschichtsmächtigen Kraft mit erheblicher Eigendynamik. Dennoch war dieser Vorgang keineswegs zwangsläufig deterministischer Natur.

In der Summe führten diese und andere Faktoren dazu, daß in Europa, anderen Kulturkreisen vorangehend, der typisch traditionale soziostrukturelle Hintergrund zerbrach, der alle

1 Unter weltgeschichtlich-vergleichender Perspektive s. vor allem William McNeill, *The Rise of the West*, London 1963, sowie das in Fn. 1, S. 105, zitierte von Jean Baechler u. a. herausgegebene Buch.

maßgeblichen Kosmologien in den großen zivilisatorischen Kulturkreisen der Welt, auch die traditionale Kosmologie Europas, geprägt hatte: die aristokratisch-bäuerlich strukturierte Gesellschaft, in der die überwiegende Zahl von Menschen in Unmündigkeit und Immobilität lebte.

Es ist kaum der westlichen Moderne selbst anzulasten, daß ihr in einem sich verallgemeinernden Emanzipationsprozeß die Rolle des Schrittmachers zuwuchs und sie deshalb andernorts unausweichlich überfordernde und überfremdende Wirkungen zeitigt. Dieses Faktum ist vielmehr und vor allem die Folge einer mangelnden endogenen Entwicklungsdynamik in den außereuropäischen Kulturkreisen. Wie stark im übrigen auch die europäische Moderne noch bis in jüngster Vergangenheit traditionalen Kosmologien verhaftet war, würde ein Vergleich der Bewertung der Frau in Familie und Gesellschaft offenkundig machen: Die typischerweise in allen außereuropäischen Kulturkreisen übliche faktische Minderbewertung der Frau war auch noch bis vor kurzem im christlich-abendländischen Kulturkreis gang und gäbe. Die solche Geringschätzung rationalisierenden und legitimierenden Philosopheme haben sich in und außerhalb Europas kaum jemals grundlegend unterschieden.[1]

2. Die in außereuropäischen Kulturkreisen durch die europäische Moderne induzierte Dynamik wäre leichter absorbierbar gewesen, wenn dort der europäische Entwicklungsweg wirklich nachvollzogen worden wäre. Obwohl manche Entwicklungsforscher die These vertreten, das Scheitern der Entwicklungsprojekte außerhalb des heutigen OECD-Bereiches sei auf deren verwerflichen Eurozentris-

---

1 Zur aktuellen Problematik s. die Beiträge in Teil 2 von Martin E. Marty und R. Scott Appleby (Hg.), *Fundamentalisms and Society*, London 1993. Eine besonders interessante abweichende Perspektive hinsichtlich des islamischen Bereichs vertritt Fatema Mernissi, *Der politische Harem. Mohammed und die Frauen*, Freiburg 1992; s. jetzt auch Erdmute Heller und Hassouna Mosbahi, *Hinter den Schleiern des Islam. Erotik und Sexualität in der arabischen Kultur*, München 1993.

mus zurückzuführen, liegt der Sachverhalt ganz anders: Die typischen Entwicklungswege in der Dritten Welt wiederholen nicht die breitenwirksamen Entwicklungswege europäischer (und außereuropäischer) Gesellschaften. Hätte sich die »Entwicklungswelt« in ihrer nachkolonialen Phase (die in Lateinamerika schon um 1820 eingesetzt hatte) wirklich nach Europa orientiert – das heißt, hätte sie den europäischen Entwicklungsweg wirklich wiederholt –, würde es aller Wahrscheinlichkeit nach die typischen Probleme von Drittweltländern heute gar nicht geben: Kein einziger Entwicklungsweg in und außerhalb Europas war, um nur eine einzige Kernbeobachtung herauszugreifen, jemals erfolgreich, bei dem nicht eine breitenwirksame Leistungssteigerung des Agrarsektors der Industrialisierung voranging. Landwirtschaftliche und industrielle Entwicklung müssen eng miteinander verkoppelt sein, bis die Industrialisierung einen eigendynamischen Wachstumsprozeß entfaltet. Wo dies nicht der Fall ist, kommt es zu jenem »urban bias«, der von vielen Beobachtern als entwicklungspolitisches Grundübel bewertet wird.

Mit Ausnahme Ostasiens wurde in *allen* Entwicklungsländern (im übrigen auch in den Entwicklungsregionen innerhalb Europas!) diese elementare Erfahrung gründlich mißachtet: Hunger und Massenelend in der Dritten Welt bestehen nicht, weil der europäische Entwicklungsweg nachvollzogen wurde, sondern weil genau dies nicht der Fall war. Will man beide Mißstände überwinden, müßte man auch heute noch aus den elementaren Entwicklungserfahrungen leidlich erfolgreicher europäischer und außereuropäischer Länder (OECD) die richtigen Lehren ziehen. Im Hinblick auf Gesellschaften, die immer noch als Agrargesellschaften zu kennzeichnen sind (beispielsweise jene Schwarzafrikas), lassen sich aber solche angemessenen Lehren nicht formulieren, wenn man die Spätphase der »Vorreiterökonomien« untersucht, sondern nur, wenn man sich mit ihrer Frühphase beschäftigt, nämlich mit dem Übergangsprozeß zwischen Agrargesellschaft und Frühindustrialisierung.[1]

Wenn heute im ostasiatisch-konfuzianischen Kulturbereich keine nennenswerten ethnopolitischen, insonderheit fundamentalistischen Strömungen mit politischem Gewicht existieren, dann mag es hierfür Gründe geben, die im Konfuzianismus selbst zu suchen sind. Schon Max Weber hatte die Eignung des Konfuzianismus zur Anpassung an die Moderne diagnostiziert. Der eigentliche Grund ist jedoch eher darin zu sehen, daß in Ostasien *breitenwirksame* Modernisierungsprozesse stattfinden, die in der Tat den europäischen Entwicklungsweg wiederholen. Damit belegt die Entwicklung Ostasiens, wie auch unter heutigen Bedingungen Produktivkräfte kohärent inszeniert werden können und die elementaren Grundprobleme einer sich modernisierenden Gesellschaft lösbar werden.[2] Sie belegt auch, wie vor solchem Hintergrund sowohl eine behutsame innovative Modernisierung der eigenen Kultur als auch eine allmähliche Modernisierung des politischen Systems – im Sinne der Herausbildung pluralistischer Strukturen und der Konsolidierung des laizistischen Staates – möglich werden.[3]

In Ostasien wiederholt sich, wenn auch verspätet und von vielen einst für unwahrscheinlich, ja unmöglich erklärt, das Projekt der Moderne: nicht wie einst im OECD-Europa langsam, schrittweise und integrativ, sondern zur Überraschung der Beobachter, insbesondere der Entwicklungspessimisten, spät, mit unglaublicher Geschwindigkeit *und dennoch integrativ*. Im Unterschied zu anderen Kulturkreisen ist deshalb in Ostasien eine politische Eruption aus dem Geiste des Fundamentalismus unwahrscheinlich. Wenn also

1 Zur Gesamtproblematik s. Dieter Senghaas, *Von Europa lernen. Entwicklungsgeschichtliche Betrachtungen*, Frankfurt a. M. 1982.

2 Ulrich Menzel, *In der Nachfolge Europas. Autozentrierte Entwicklung in den ostasiatischen Schwellenländern Korea und Taiwan*, München 1985.

3 S. hier Robert A. Scalapino, *Democratizing Dragons: South Korea & Taiwan*, in: *Journal of Democracy*, Bd. 4, Nr. 3, 1993, S. 70-83.

ein Erfolgsbeleg für die Wiederholbarkeit des europäischen Projektes der Moderne bei gleichzeitiger Verhinderung eines ethnopolitisch-religiös motivierten Fundamentalismus gesucht wird, dann sollte sich der Blick auf Ostasien und dessen Entwicklungsweg in der Nachfolge Europas richten.

3. Die dritte Fehlwahrnehmung betrifft den Anspruch der westlichen Moderne auf Universalisierung zentraler Grundwerte, insbesondere solcher, die in den Menschenrechten zum Ausdruck kommen.[1] Dieser Anspruch ist ein besonderes Ärgernis für alle antiwestlichen politischen Strömungen mit fundamentalistischer Stoßrichtung. Die Rechtsstaatlichkeit oder die von einzelnen einklagbaren Menschenrechte sind westliche Errungenschaften, die in langwierigen politischen Konflikten während des Modernisierungsprozesses in Europa erkämpft wurden. Sie sind also keineswegs das eherne Erbe einer ursprünglichen kulturgenetischen Ausstattung Europas. Ihre universelle Geltung gewinnen solche Errungenschaften ebensowenig durch philosophische Letztbegründbarkeit wie durch entsprechende missionarische Aktivitäten.

Universelle Geltung wird dadurch zu einem geschichtsmächtigen Faktor, daß es auch in allen übrigen Teilen der Welt einen – wenngleich abgeschichteten und brüchigen – Übergang in die Moderne gibt: Daraus entsteht ein spezifischer, in der Breite wirksamer Problemdruck in Richtung auf politische Mitbestimmung, Chancengleichheit und Verteilungsgerechtigkeit. Solchem Problemdruck werden nur Reaktionen genügen, die auch in bisher kollektivistisch orientierten Gesellschaften jenem Individualisierungsschub angemessen Rechnung tragen, der mit jedem Modernisierungsprozeß einhergeht.

Kommt es vor Ort nicht zu entsprechenden sozialen Innovationen, wird man sich vor allem im politischen Bereich faute de mieux westlicher Lösungsstrategien bedienen – beispielsweise der Rechtsstaatlichkeit, der Gewaltenteilung, des

1 S. hierzu Ludger Kühnhardt, *Die Universalität der Menschenrechte*, Bonn 1991[2].

politischen Pluralismus usf. –, wobei jeweils eigene Einfärbungen naheliegend sind. Auch in dieser Hinsicht belegt Ostasien die Chance für eine unverkrampfte Synthese, bei der die Rückbindung an die eigene Kultur gelockert, aber nicht aufgegeben wird, während man sich andererseits den Imperativen der Moderne öffnet.

Eine solche zivilisatorische Herausforderung erfolgreich zu bestehen setzt offensichtlich als Grundlage für innovative Reaktionen einen breitenwirksamen Entwicklungsweg voraus.[1] Ein zivilisatorischer Rücktransfer in den westlich-europäischen Bereich wird dann nicht ausbleiben. Schon heute dokumentiert sich ein solcher, indem westliche Länder auf spezifische japanische Erfahrungen beim Umgang mit der Moderne zurückgreifen. Und warum sollte sich in Zukunft ein solcher Rücktransfer nicht vervielfältigen? Ihm liegen allerdings *moderne* Problemlösungsangebote zugrunde, die auch im Ursprungsbereich der Moderne mit Nutzen aufgegriffen werden können.

4. Folgerungen

Die eingangs gestellten beiden Fragen, ob ein neuer Kulturkampf droht und ob ein solcher auch auf internationaler Ebene – möglicherweise unter Anwendung von Waffengewalt – zu erwarten ist, lassen sich demnach folgendermaßen beantworten:

1. Ein Kulturkampf in den Entwicklungsregionen dieser Welt droht nicht, er findet in vielen einzelnen Gesellschaften längst schon statt. Hintergrund ist eine sich verallgemeinernde Entwicklungskrise, die kurzfristig nicht überwindbar ist. Kulturell eingefärbte, jedoch im Kern um Machtpositio-

---

1 Zur Problematik im Hinblick auf den islamischen Bereich s. Bassam Tibi, *Islamischer Fundamentalismus, moderne Wissenschaft und Technologie*, Frankfurt a. M. 1992.

nen geführte Auseinandersetzungen dieser Art werden von großer Beharrlichkeit sein.

2. In erster Linie finden solche Konflikte zwischen angebbaren Parteiungen vor Ort statt, beispielsweise zwischen Fundamentalisten und Laizisten. In aller Regel werden sie die Grenzen der jeweils betroffenen Gesellschaft nicht überschreiten.[1] Eine solche Beobachtung gilt vornehmlich für hinduistisch und buddhistisch geprägte Gesellschaften.

3. Entgegen dem Augenschein ist auch im Falle einiger islamischer Gesellschaften eine Transnationalisierung des Kulturkampfes eher unwahrscheinlich. Zwischen verschiedenen islamischen Gesellschaften bestehen tiefgehende politische Rivalitäten und werden insbesondere anhaltende hegemoniale Ausscheidungskämpfe ausgetragen. Diese scheinen von weit größerem politischem Gewicht zu sein als die gemeinsamen religiösen Bande.[2] So ist kulturelle Homogenität, wie sie vor allem im islamisch-arabischen Raum vorliegt, für politische Zielperspektiven weit weniger bestimmend als die jeweiligen partikularen Machtkalküle.

4. Das europäisch-westliche Projekt der Moderne wird der entscheidende Bezugspunkt politischer Konfrontation bleiben. Die Annahme eines sich verallgemeinernden internationalen Kulturkampfes ist jedoch weit weniger plausibel als die Prognose, daß sich in einigen Entwicklungsregionen der Welt – also nicht in allen – die innergesellschaftlichen Konflikte um Laizismus bzw. die »Resakralisierung« von Politik zuspitzen werden.[3]

---

1 S. hierzu auch die Reaktionen auf Huntingtons in Fn. 1, S. 97, zitierten Artikel, die in *Foreign Affairs*, Bd. 72, Nr. 4, 1993, S. 2-26, veröffentlicht wurden.

2 S. Gernot Rotter (Hg.), *Die Welten des Islam*, Frankfurt a. M. 1993; zur allgemeinen Problematik s. auch Johannes Reissner, *Islamischer Fundamentalismus. Zur Tauglichkeit eines Begriffs bei der Erklärung der heutigen islamischen Welt*, in: Jürgen Schwarz (Hg.), *Der politische Islam*, Paderborn 1993, S. 87-98; Volker Perthes, *Die Fiktion des Fundamentalismus. Von der Normalität islamistischer Bewegungen*, in: *Blätter für deutsche und internationale Politik*, Heft 2, 1993, S. 188-200.

3 Zu Indien s. beispielhaft Amartya Sen, *The Threats to Secular India*, in: *New*

5. Obgleich ein sich verallgemeinernder internationaler Kulturkampf nicht droht, ist dennoch aus anderem Grunde Entwarnung nicht angezeigt: Die in den einzelnen Gesellschaften dem Kulturkonflikt zugrunde liegende Entwicklungskrise ist langfristiger und nicht tagespolitisch-konjunktureller Natur. Wenngleich internationale Politik selbst kaum zum Schauplatz eines sich internationalisierenden Kulturkonfliktes werden wird, kann sie sich dennoch einer Auseinandersetzung mit den Folgen vieler einzelner Kulturkonflikte in den Entwicklungsregionen der Welt nicht entziehen. Unter Zugzwang wird sie vor allem dann geraten, wenn – wie in solchen Konflikten üblich – Mindeststandards von zivilisiertem Verhalten und von Menschenrechten mißachtet werden.

6. Aus den vorgenannten Überlegungen ergeben sich auch einige Folgerungen für die sogenannte Weltethos-Debatte, die bekanntlich auf eine Begegnung der Kulturen und insbesondere auf den Dialog zwischen den maßgeblichen Weltreligionen ausgerichtet ist. Ihr Ziel ist es, trotz aller Widersprüche zwischen Kulturen und Religionen eine gemeinsame Plattform zu finden, auf der friedliche Koexistenz beruhen könnte.[1] Ein solches Vorhaben bleibt immer zweischneidig, denn die eingehendere Beschäftigung mit anderen Kulturen und Religionen läßt nicht zwangsläufig potentielle Gemeinsamkeiten erkennen; oft genug führt sie auch zu einer schärferen Konturierung der Differenzen.[2] Wird beispielsweise der Ursprung der Idee von Menschenrechten in der Annahme der

York Review of Books, 8. 4. 1993, S. 26-32. Zumindest im Hinblick auf den islamischen Bereich wird die potentielle Internationalisierbarkeit fundamentalistischer Strömungen von Bassam Tibi betont; s. dessen beide Veröffentlichungen *Die fundamentalistische Herausforderung. Der Islam und die Weltpolitik*, München 1992, sowie *Die Verschwörung. Das Trauma arabischer Politik*, Hamburg 1993.

1 S. hierzu jetzt Hans Küng und Karl-Josef Kuschel (Hg.), *Erklärung zum Weltethos. Die Deklaration des Parlamentes der Weltreligionen*, München 1993.

2 Hierzu z. T. erhellend die Beiträge in Hans Küng und Karl-Josef Kuschel (Hg.), *Weltfrieden durch Religionsfrieden. Antworten aus den Weltreligionen*, München 1993.

Gottesebenbildlichkeit des Menschen gesehen, so wie sie im westlich-christlichen Verständnis vorliegt, kann aus buddhistischer Perspektive in solcher Annahme nur ein anthropozentrischer Dünkel vermutet werden. Ob aus solcher oder vergleichbarer Konfrontation Antagonismen erwachsen oder eine ethisch motivierte Verständigung in pragmatischer Absicht, hängt in erster Linie von den Prämissen ab, von denen aus man sich einem solchen Dialog nähert.

Dabei sollte nicht vergessen werden, daß im Westen der entscheidende Durchbruch zur Anerkennung von Menschenrechten und Grundfreiheiten nicht im religiösen Raum zustande kam – auch nicht in der Folge eines Dialogs zwischen den im Westen bestimmenden christlichen Religionen –, sondern nach langwierigen und wechselvollen politischen Konflikten im Rahmen eines nicht weniger langwierigen Modernisierungsprozesses.[1] In diesem politischen Konflikt erwiesen sich die christlichen Religionen über viele Jahrzehnte und Jahrhunderte hinweg als eher ablehnend, sicher nicht als von vornherein förderlich. Ohne Überspitzung kann behauptet werden, daß die Durchsetzung des Menschenrechtsgedankens und damit verbunden der Idee des laizistischen Staates trotz des Widerstandes christlicher Religionen gelungen ist und nicht wegen entsprechender Vorgaben dieser Religionen. Letzteres zu behaupten würde den wirklichen Verlauf der Geschichte auf den Kopf stellen. Die späte Anerkennung von Menschenrechten einschließlich der Religionsfreiheit ist dafür der beste Beleg.

1 S. Johannes Schwartländer (Hg.), *Freiheit der Religion. Christentum und Islam unter dem Anspruch der Menschenrechte*, Mainz 1993, sowie Heiner Bielefeldt, *Die Beheimatung der Menschenrechte in unterschiedlichen Kulturen*, in: Heiner Bielefeldt u. a. (Hg.), *Menschenrechte vor der Jahrtausendwende*, Frankfurt a. M. 1993, S. 165-184. So kann man korrekt mit Sadik J. Al-Azm formulieren: »Die ›innersten Werte‹ des Westens sind nicht immer das gewesen, wofür sie heute gehalten werden, und die angeblichen ›authentischen Werte‹ der Muslime müssen nicht für immer das bleiben, was sie vermeintlich immer schon gewesen seien«, zitiert aus Al-Azms Buch *Unbehagen in der Moderne. Aufklärung im Islam*, Frankfurt a. M. 1993, S. 49.

Bemühungen um einen Weltethos-Dialog wären von vornherein abwegig, wenn darüber in irgendeiner Weise die Re-
präsentanten fundamentalistischer religiöser Strömungen
eine »philosophische oder theologische Aufwertung« erfahren würden. Eine solche Aufwertung wäre fatal, weil sie
direkt oder indirekt jene Kräfte in den einzelnen Ländern
schwächen müßte, die für Menschenrechte, Rechtsstaatlichkeit und demokratischen Pluralismus einstehen; denn dann
würde sich wiederholen, was im Ost-West-Konflikt in erheblichem Maße unausweichlich war: Hier standen sich zwei
hochbewaffnete Blöcke gegenüber, zwischen denen die Eska-
lationsgefahr nicht nur eine Einbildung war. In dieser Konfliktkonstellation sollte Dialog auf allen möglichen Ebenen
zur Entspannung beitragen. Die Adressaten konnten dabei
nicht nur die »Havels« sein, sondern auch die »Husáks«. Dabei gab es gewisse Rollenverteilungen, die im nachhinein oft
weniger plausibel und zwingend erscheinen als während des
Konfliktes.

Vergleichbare Zugzwänge gibt es heute nicht. Die Gefahr
einer Eskalation der hier diskutierten Konflikte auf die Ebene
der internationalen Politik ist gering. Deshalb sollten die Verfechter fundamentalistischer Strömungen als das betrachtet
werden, was sie sind: als Machtpolitiker, die aus opportuni-
stischen Gründen den Rückgriff auf Religion im Kampf um
die Macht und die Machtbehauptung instrumentalisieren –
und dabei Legitimationsbeschaffer intellektueller Provenienz
mit instrumentalisieren.

III

Die Welt zwischen Ordnung und Chaos

Internationale Politik im Lichte ihrer strukturellen Dilemmata

In aller Regel ist die klassische Analyse internationaler Politik auf das sogenannte *Sicherheitsdilemma* ausgerichtet: Wie läßt sich das Überleben politischer Einheiten, also von Staaten und Imperien, in einem Umfeld »struktureller Anarchie« garantieren? Wie kommt friedliche Koexistenz bei Abwesenheit einer übergeordneten politischen Instanz zustande? Im Ost-West-Konflikt spitzte sich das Sicherheitsdilemma in einer historisch beispiellosen Weise zu: Um ihm zu entgehen, wurde wechselseitige Vernichtung angedroht, wobei zum ersten Mal in der Geschichte die Mittel dafür tatsächlich zur Verfügung standen. Was wird aus dem Sicherheitsdilemma nach dem Ende des Ost-West-Konfliktes? Für die Analyse internationaler Politik bleibt diese Frage grundlegend. Denn weiterhin geht es in internationaler Politik auch um die Sicherung von unterschiedlichen Lebensordnungen.

Analytiker der internationalen Politik haben ein zweites strukturelles Dilemma in den Beziehungen zwischen Staaten, Gesellschaften und Volkswirtschaften in aller Regel völlig unterbelichtet gelassen, das sogenannte *Entwicklungsdilemma*. Während das Sicherheitsdilemma so alt ist wie die Koexistenz organisierter Kollektive, ist das Entwicklungsdilemma weit jüngeren Datums, im engeren Sinne des Begriffes nicht älter als 150 bis 250 Jahre. Es entsteht, wenn in einer leidlich interdependenten Welt unterschiedlich weit entwickelte Gesellschaften in Verkehr miteinander treten. Denn aus solcher Entwicklungskluft ergeben sich, sofern Inderdependenz vorliegt, spezifische Problemlagen: Verdrängungswettbewerb, Peripherisierungsdruck und, allgemein gesprochen, das Problem nachholender Entwicklung. Obgleich in der Nachkriegszeit der Ost-West-Konflikt im wesentlichen unter Fragestellungen des Sicherheitsdilemmas analysiert wurde, ging es in ihm, wenngleich eher verdeckt, auch um eine spezifische Auseinandersetzung mit dem Entwicklungsdilemma. Denn in entwicklungsgeschichtlicher Betrachtung ist der Kommunismus bzw. Realsozialismus einer von mehreren in der neueren Geschichte zu beobachtenden Versuchen, das Entwicklungsdilemma zu bewältigen. Was also wird aus dem Entwicklungsdilemma nach dem Ende des Kommunismus bzw. Realsozialismus? Das ist die zweite zentrale Frage, mit der sich eine Analyse über die Zukunft internationaler Politik auseinandersetzen muß.

Sicherheitsdilemma und Entwicklungsdilemma bezeichnen zwei einigermaßen vertraute strukturelle Problemlagen in der internationalen Politik. Werden von neuen Problemlagen neue Strukturbildungen ausgehen? Wird beispielsweise das *Ökologiedilemma*, das sich aus der Diskrepanz zwischen sorgloser individueller Nutzenmaximierung im Umgang mit der Natur und daraus resultierender kollektiver Selbstschädigung ergibt, langfristig ebenso strukturbildend wirken? Wird in 50 Jahren nicht mehr herkömmliche Sicherheits- und Entwicklungspolitik, sondern »Erdpolitik« (E. U. v. Weizsäcker) den Kern internationaler Politik ausmachen? Derzeit gibt es viele Anzeichen, daß die »Ökologisierung« internationaler Politik in Zukunft ein zentrales Thema sein wird – ob auch strukturbildend, das ist die Frage.

Die gleichzeitige Herausbildung von immer mehr und überdies für das Leben der Menschen bedeutsamen nationalen Handlungszusammenhängen bei gleichzeitiger Zunahme internationaler Verflechtungen begründet heute schon (und in Zukunft noch mehr) eine spezifische *Koordinationsproblematik* in der internationalen Politik. Wie ist diese unter den Vorzeichen einer weltweit wachsenden Politisierung öffentlicher Belange zu bewältigen? Und welcher programmatischen Fundierung bedarf dabei Politik in den internationalen Beziehungen?

1. Was wird aus dem Sicherheitsdilemma?

Mit dem *Sicherheitsdilemma* sind Analytiker der internationalen Politik wohlvertraut: Wo immer territorial organisierte Einheiten wie Staaten zusammenleben und es keine ihnen übergeordnete politische Autorität gibt, besteht eine »anarchische« Grundkonstellation mit einem erheblichen Ausmaß an Ungewißheit über die Absichten und das Verhalten aller anderen.[1] Sind überdies in einer solchen Situation mangelnder wechselseitiger Erwartungsverläßlichkeit die Interessen der Beteiligten unvereinbar, aktualisiert sich Unsicherheit: Jede Einheit fühlt sich, vor allem im Falle von sich zuspitzenden Interessenauseinandersetzungen, in ihren eigenen Handlungsmöglichkeiten von der Gegenseite begrenzt beziehungsweise im Extremfall in ihrer Existenz bedroht, und jede glaubt, sich in Abwesenheit einer übergeordneten, konfliktschlichtenden politischen Autorität nur auf die eigenen Kräfte, letztlich auf das eigene Militärpotential verlassen zu können. Das aus einer solchen Situation entstehende Bemühen um existentielle Selbstbehauptung übersetzt sich dann konsequent in entsprechende Abwehrstrategien, nicht selten aber auch in offensiv ausgelegte Durchsetzungsstrategien – und oft genug in eine Mischung von beidem, wobei dann die jeweils defensiven bzw. offensiven Anteile solcher Selbstbehauptungsstrategien häufig nur schwer zu unterscheiden sind.

Da normalerweise nicht nur eine Seite dieses strukturbedingte Sicherheitsdilemma auf diese Weise zum eigenen Vorteil zu lösen versucht, sondern alle Beteiligten von der gleichen Logik ausgehen, ist eine Akzentuierung des Dilemmas die Folge: Rüstungsschübe schaukeln sich wechselseitig hoch und übersetzen sich in Rüstungskonkurrenz, die im Grenzfall von einer sich jeweils verselbständigenden Rü-

---

1 Eine neuere systematische Darstellung findet sich in Barry Buzan, *Peoples, States and Fear. An Agenda for International Security Studies in the Post-Cold-War-Era*, New York 1991.

stungsdynamik vorangetrieben wird. Dann ist, die Lage nicht immer korrekt beschreibend, von »Rüstungswettläufen« die Rede.

Die meisten Analytiker internationaler Politik würden ein geschicktes militärisches Machtmanagement als die gängige Verarbeitung des Sicherheitsdilemmas erwarten. Da aber das raffinierteste Machtmanagement zusammenbrechen kann, sind in internationaler Politik kriegerische Auseinandersetzungen nicht auszuschließen. Korrekt wird deshalb dem Sicherheitsdilemma ein potentiell gewaltträchtiger Charakter unterstellt.

Die praktische Auseinandersetzung mit dem Sicherheitsdilemma muß aber keineswegs in wechselseitiger militärischer Abschreckung münden, sei sie bilateral oder in einem Gleichgewichtssystem organisiert. Das Sicherheitsdilemma kann auch auf andere Weise bewältigt werden: beispielsweise im Rahmen einer Hegemonialordnung, in der eine ordnungsstiftende Macht – der Hegemon – für allgemeine Sicherheit sorgt. Vorstellbar und in der Wirklichkeit auffindbar sind auch vertraglich fixierte Sicherheitsgemeinschaften, in denen Erwartungsverläßlichkeit als Ergebnis einer die Konfliktparteien überwölbenden Sicherheitsstruktur hergestellt wird. Erwartungsverläßlichkeit meint dabei die Transparenz der Handlungsabsichten aller wesentlichen Akteure, die Kalkulierbarkeit ihrer Interessen und, bestmöglich, eine weitestgehende Koordination ihres Handelns. Solche noch locker koordinierte Sicherheitsgemeinschaften gehen im äußersten Falle in vernetzte Integrationssysteme über, in denen dann das herkömmliche Sicherheitsdilemma völlig aufgehoben ist und das Restsicherheitsrisiko durch polizeiähnlichen Schutz garantiert wird. Ehe sich aber Koordination zur Integration verdichtet, sind friedliche Streitschlichtung und kollektive Sicherheit (im regionalen oder universellen Zusammenhang) als Verarbeitungsweisen des Sicherheitsdilemmas von Bedeutung.

Das Sicherheitsdilemma wird also auf ganz unterschiedliche Weise bewältigt: vermittels einseitiger Selbstbehauptung in der Folge einer Mobilisierung der eigenen Militärmacht, durch Allianzen und Gleichgewichtssysteme, durch imperiale Machtentfaltung oder ordnungsstiftende Hegemonialstrukturen, mit Hilfe friedlicher Streitbeilegung und kollektiver Sicherheit, im Rahmen regionaler und internationaler Organisationen sowie konföderativer bzw. integrativer Sicherheitsgemeinschaften.

Wie ein Blick auf die internationale Politik zeigt, sind immer noch konventionelle, in militärischem Machtmanagement begründete Ansätze zur Bewältigung des Sicherheitsdilemmas häufiger als Versuche, Erwartungsverläßlichkeit auf kooperativem Wege zu institutionalisieren und dadurch Unsicherheit abzubauen bzw. zu beseitigen. Abwehrende Selbstbehauptung ist gewissermaßen die »instinktive« Reaktion auf das Sicherheitsdilemma. Andere Reaktionsweisen gelten weithin immer noch als illusionär und als ein Ausdruck von »Machtvergessenheit«.

Was ist nun im Hinblick auf das Sicherheitsdilemma mit dem Ende des Ost-West-Konfliktes zu Ende gegangen? Diese Frage zu beantworten setzt voraus, sich noch einmal analytisch der wesentlichen Komponenten des *Ost-West-Konfliktes* zu vergewissern.[1] Im wesentlichen bestanden diese in folgenden Sachverhalten:

1. *Weltpolitischer Systemantagonismus und ideologischer Konflikt:* Grundlegend waren die Positionsdifferenzen über die lebenswerte und wünschbare politische, gesellschaftliche und wirtschaftliche Ordnung. Der pluralistischen Demokratie standen das Konzept und die Wirklichkeit der monopoli-

1 Auch nach dem Ende des Ost-West-Konfliktes weiterhin wichtig Werner Link, *Der Ost-West-Konflikt*, Stuttgart 1988[2]; Ernst-Otto Czempiel, *Nachrüstung und Systemwandel*, in: *Aus Politik und Zeitgeschichte*, Nr. 5, 1982, S. 22-46, insbes. S. 28 ff. S. auch Dieter Senghaas, *Konfliktformationen im internationalen System*, Frankfurt a. M. 1988, Kap. II.

stischen Diktatur einer Partei (gerechtfertigt als »Diktatur des Proletariats«) gegenüber; auf der Ebene ökonomischer Organisation lag das Konzept einer dezentral organisierten Konkurrenzökonomie (Marktwirtschaft) im Widerstreit mit dem Konzept und der Wirklichkeit einer hochzentralisierten Planwirtschaft. Da beide politischen Konzepte mit universellem Anspruch formuliert wurden, hatte die Systemauseinandersetzung einen weltweiten Bezug: Sie wurde in der internationalen Politik zur dominanten Konfliktkonstellation. Internationale Politik war in ihr auf Abgrenzung ausgerichtet. In der Tendenz obsiegten Nullsummenkalküle: Der Zugewinn des einen wurde als Verlust des anderen empfunden.

2. *Auseinandersetzung um Macht- und Einflußverteilung an dritten Orten:* Wenngleich der Konflikt zentrale Umschlagsorte kannte, vor allem Europa und Ostasien, so ging es in ihm doch auch um die Macht- und Einflußverteilung in dritten Regionen, vor allem in der Dritten Welt. In einer Spätphase des Konfliktes wurden die sogenannten Regionalkonflikte in der Dritten Welt als mehr oder weniger unmittelbarer Ausfluß des dominanten weltpolitischen Konfliktes betrachtet (Stellvertreterkriege). Obgleich diese Einschätzung problematisch war, da der in aller Regel relativ eigenständige Charakter dieser Konflikte unübersehbar war, so war doch die vorherrschende Konfliktwahrnehmung von prägendem Gewicht für eine auf Wettstreit und Kollision ausgerichtete Machtpolitik an dritten Orten.[1]

3. *Rüstungskonkurrenz:* Aus der Kombination von Systemauseinandersetzung bzw. dem ihr zugrunde liegenden ideologischen Konflikt und einer auf Macht- und Einflußerweiterung ausgerichteten Politik resultierte das zugespitzte Sicherheitsdilemma. In diesem Konflikt waren nicht nur marginale Aktivposten in Frage gestellt, sondern die ordnungspolitischen Prämissen selbst und insbesondere die Chance,

1 S. Dieter Senghaas (Hg.), *Regionalkonflikte in der Dritten Welt. Autonomie und Fremdbestimmung*, Baden-Baden 1989.

sie auf erweiterter Grundlage in der Welt in die Praxis zu übersetzen. Die Konfliktkonstellation, wie zu erwarten, militarisierte sich frühzeitig, und im Laufe der Zeit wurde Rüstungskonkurrenz zu einem zentralen Regulativ: Jede Seite versuchte, die militärischen Optionen der Gegenseite zu durchkreuzen bzw. zu neutralisieren. Deshalb ist es zu einer historisch beispiellosen Ausdifferenzierung der militärischen Einsatzpläne und des ihnen entsprechenden Geräts gekommen. Wenngleich letztendlich nicht beweisbar, so hat das aus der Existenz von Nuklearwaffen sich ergebende Vernichtungsrisiko wahrscheinlich maßgeblich zur Einhegung des Konfliktes beigetragen. Die diese Konstellation prägende Abschreckungspolitik war jedoch in sich ambivalent: Einerseits war sie in anhaltender, über weite Strecken eigendynamischer Rüstungskonkurrenz begründet, andererseits zwang sie zu friedlicher Koexistenz und entsprechenden Lernprozessen (»nuclear learning«).[1]

4. *Politik des modus vivendi:* Zwänge zur Einhegung des Konfliktes stellten sich nicht nur auf der Ebene der Rüstungen ein, sondern auch im allgemeinen politischen Umgang der beiden Seiten miteinander. Dafür stand die Entspannungspolitik, vor allem der KSZE-Prozeß. Eine ideologisierte und militarisierte Konfliktkonstellation, die keine negativen, also korrigierenden Rückkopplungen aus anderen Sachbereichen, wie beispielsweise der Ökonomie, kannte, bedurfte elementarer politischer Korrektive wie vertrauens- und sicherheitsbildender Maßnahmen sowie der Rüstungskontrolle.[2]

Diese ehedem dominante Konfliktkonstellation der internationalen Politik ist in allen wesentlichen Komponenten zu einem Ende gelangt:

1 Hierzu zusammenfassend Harald Müller, *Die Chance der Kooperation. Regime in den internationalen Beziehungen*, Darmstadt 1993, Kap. 6.
2 S. Dieter Senghaas, *op. cit.* (Fn. 1, S. 125), Kap. IV.

1. Der weltpolitische Systemantagonismus bzw. ideologische Konflikt besteht nicht mehr, weil eine der beiden Seiten, der Kommunismus bzw. Realsozialismus, den Konflikt nicht durchzustehen imstande war. Kommunismus und Realsozialismus gingen zugrunde, nicht weil sie von außen besiegt worden waren, sondern weil grundlegende Systemdefizite eine Erosion aus dem Inneren auslösten: zum einen die ökonomische Leistungsschwäche bis hin zum Zusammenbruch der Ökonomie, zum anderen der Zusammenbruch politischer Legitimität. Das praktische Versagen auf breiter Front implizierte das lebensgeschichtliche und konzeptuelle Ende von Kommunismus und Realsozialismus. Weltgeschichtlich einmalig war die in aller Regel per Abstimmung vollzogene Abschaffung der einst militant verfochtenen gesellschaftspolitischen Option, nämlich durch Handaufhebung in den alten Fassaden-Parlamenten des Ostens.

2. Mit dem Systemantagonismus ging auch der machtpolitische Konflikt über Einflußchancen an dritten Orten zu Ende. Regionalkonflikte mit anscheinend weltpolitischer Bedeutung enthüllten sich daraufhin als das, was sie immer schon im Ansatz waren, nämlich regionale Konflikte von begrenzter Reichweite mit im wesentlichen endogener Verursachung. Wo der weltpolitische Bezug regionale Konflikte überlagerte, kam es für viele Beobachter überraschend schnell zu Formen der Konfliktregelung bzw. der Konfliktbeendigung. Wo der weltpolitische Antagonismus eher konflikteindämmend wirkte, wie beispielsweise im Nahen und Mittleren Osten, kam es zunächst in der Tendenz zu einer Enthemmung der örtlichen Konfliktparteien. Nur so ist der Übergriff der irakischen Militärdiktatur auf Kuwait kurz nach dem Ende des Ost-West-Konfliktes verständlich. Im großen und ganzen ist heute der aus dem originären Ost-West-Konflikt herrührende sekundäre Konflikt um Macht- und Einflußverteilung in der Dritten Welt nicht mehr existent. Dieser Sachverhalt schließt nicht unterschiedliche

Lagebeurteilungen an der einen oder anderen Stelle aus. Aber wo vorhanden, spiegeln sie nicht mehr den »großen Konflikt« wider.

3. Mit der Konfliktkonstellation hat auch das Abschreckungssystem sein ursprüngliche Bedeutung verloren. Natürlich gibt es noch die entsprechenden nuklearstrategischen Potentiale, wenngleich ihre Größenordnung wesentlich verringert werden wird. Ob allerdings die restlichen Potentiale, die immer noch erhebliche Übertötungskapazitäten darstellen, den bisher bekannten Modernisierungszwängen nicht mehr unterliegen werden, ist die eigentlich interessante Frage im Hinblick auf die Nuklearstrategie: Welchen Sinn würden anhaltend modernisierte, wenngleich nur noch in geringerem Umfang ausgelegte Nuklearpotentiale machen ohne die vorgängige antagonistische Konfrontation der ehemaligen Widersacher? Werden trotz Abwesenheit der alten politischen Konfrontation, obschon in geringerem Ausmaße, die Prämissen der alten konfrontativen Abschreckungspolitik weiterhin in die Zukunft extrapoliert werden? Wird sich also, wenngleich nunmehr verhaltener als früher, der in der Nachkriegszeit beobachtbare Rüstungstrend einer anhaltenden Ausdifferenzierung und Verfeinerung nuklearstrategischer Optionen im Sinne abgestufter Kriegführungsoptionen fortsetzen? Wird die Suche nach »glaubwürdigen Optionen« für eine abgestufte nukleare strategische Kriegführung weitergehen, um der gegebenenfalls politischen Selbstlähmung in der Folge von Selbstabschreckung zu entrinnen? Oder wird es einen Übergang zur Minimalabschreckung geben, evtl. zur Minimalabschreckung in Kombination mit einem Stück landgebundener strategischer Verteidigung?[1]

1 Das sind Fragen, die sich aus einer systematischen Analyse der Abschreckungspolitik, so wie sie sich während des Ost-West-Konfliktes entwickelt hatte, stellen. S. hierzu das Kap. 4 (*Rückblick und Ausblick auf Abschreckungspolitik*) in Dieter Senghaas, *Die Zukunft Europas. Probleme der Friedensgestaltung*, Frankfurt a. M. 1986, S. 137-215.

Keine dieser Fragen kann heute abschließend beantwortet werden, doch was immer aus nuklearer Abschreckung werden mag, diese Strategie wird nicht mehr jene Bedeutung haben, die einmal einer ganzen Konfliktkonstellation den Namen gab. Vielleicht werden Abschreckungspotentiale für die bisherigen Supermächte jene Bedeutung erlangen, die sie heute bei den atomaren Mittelmächten besitzen: Sie würden dann im wesentlichen der machtpolitischen Selbsteinbildung dienen und damit eine symbolische Machtwährung zwischen denen verkörpern, die sich zu den »großen Mächten« der Welt zählen. Von operativer Wertigkeit wäre solche Machtwährung höchstens am Rande, beispielsweise gegenüber Staaten, die trotz des Nichtverbreitungsregimes in den Besitz von Nuklearwaffen kämen.

4. Mit dem Ende der großen Konfliktkonstellation sind auch alle Versuche, trotz des Konfliktes zu einem politischen *modus vivendi* zu gelangen, hinfällig geworden. Symbolträchtig kommt dies durch das Ende der Entspannungspolitik, insbesondere auch des *alten* KSZE-Prozesses zum Ausdruck. Der *neue* KSZE-Prozeß bemüht sich demgegenüber um eine von vornherein kooperativ ausgelegte Friedensgestaltung in Europa, also nicht mehr wie der alte KSZE-Prozeß um die Einhegung und Mäßigung eines im Grunde genommen von seinen Prämissen her nicht überwindbaren Konfliktes, den es auch für die KSZE nicht mehr gibt.

Was also ist aus dem im Ost-West-Konflikt beispiellos zugespitzten Sicherheitsdilemma geworden? Die einzige Antwort, die auf diese Frage gegeben werden kann, lautet: *Mit dem Ende des Konfliktes ist auch dieses Sicherheitsdilemma zu einem Ende gekommen*. Die Abschreckungskonstellation als Inbegriff des Versuchs, trotz zugespitzten Sicherheitsdilemmas eine »friedliche« Koexistenz zwischen den Hauptantagonisten zu erzwingen, gibt es nicht mehr. Was zunächst übrigbleibt, ist ein sicherheitspolitisches Restrisiko, das aber derzeit von keiner der beiden früheren Konfliktparteien als gravierend eingestuft wird. Im Gegenteil: Die politische Kooperation über die ehemalige Blockgrenze hinweg vertieft sich nicht nur innerhalb Europas. Der Abrüstungsprozeß hält an, obgleich es noch lange dauern wird, die Rüstungsaltlasten des Ost-West-Konfliktes abzutragen. Wichtiger allerdings als die Abrüstung sind die Bemühungen um den Aufbau einer tragfähigen *Sicherheitsstruktur*, insbesondere in Europa. Und noch wichtiger sind die Bemühungen, eine breitgefächerte Struktur der Kooperation aufzubauen, in der die nichtmilitärischen Dimensionen (Politik, Ökonomie, Technologie, Umwelt, Kultur usf.) im Vordergrund stehen würden, also eine *Struktur dauerhaften Friedens*, neben der dann die militärische Komponente, ganz anders als in der alten Konstellation, nur noch eine hilfsweise-randständige Bedeutung einnehmen würde.[1]

Dieses sicherheitspolitische Projekt ist auch in Europa noch keineswegs Wirklichkeit. Wenn überhaupt, dann wird es in der zweiten Hälfte des Jahrzehnts konkrete Gestalt annehmen, während bis dahin mit der Veränderung alter Strukturen und Institutionen und dem Aufbau neuer experimentiert werden wird. Ziel müßte es sein, auf gesamteuropäischer Ebene eine Sicherheitsgemeinschaft im Sinne des Konzepts der »pluralistic security community« (K. W. Deutsch) zu erreichen: Sie müßte dafür sorgen, daß im Falle zugespitzter Interessenkonflikte mit militärischer Gewalt nicht gedroht und militärische Gewalt nicht eingesetzt wird, daß ausreichende Institutionen und Plattformen für friedliche Streitbeilegung vorhanden wären und ein Einvernehmen darüber bestünde, Ausreißern mit den Instrumenten kooperativ-kollektiver Sicherheit zu begegnen.[2]

---

1 Eine breite Konzeptualisierung einer solchen Struktur dauerhaften Friedens findet sich in Dieter Senghaas, *Friedensprojekt Europa*, Frankfurt a. M. 1992.
2 S. hierzu als Vorschlag die Studie des Instituts für Friedensforschung und Sicherheitspolitik an der Universität Hamburg: *Vom Recht des Stärkeren zur Stärke des*

Wie schon in der alten Ost-West-Konfliktkonstellation besteht innerhalb der *westlichen Sphäre* kein internes Sicherheitsdilemma von militärischer Relevanz. Diese Aussage kann auf den ganzen OECD-Bereich – die westlichen Industriegesellschaften – erweitert werden. Darin liegt einer der bemerkenswertesten Sachverhalte der internationalen Politik jenseits des Ost-West-Konfliktes, *weil das hauptsächliche neue Gravitationszentrum internationaler Politik, der Club der OECD-Staaten, derzeit eine Zone stabilen Friedens verkörpert*. Diese Staaten sind fast ausnahmslos in politischen Ordnungen des Pluralismus und der Rechtsstaatlichkeit begründet sowie in historisch beispielloser Weise institutionell, ökonomisch, kulturell, informations- und kommunikationsmäßig miteinander vernetzt. Der OECD-Club unterlag immer schon einer eigenen Handlungslogik, die ihrerseits nicht nur die Folge des Ost-West-Konfliktes war. *Sie begründet die weitgehende Ökonomisierung internationaler Politik in diesem Segment des internationalen Systems*, in dem Sicherheitspolitik gängiger Prägung aller Wahrscheinlichkeit nach keinen hervorgehobenen Stellenwert haben wird. Internationale Politik wird in diesem Ausschnitt des Staatensystems auf *ökonomisches Interdependenzmanagement* ausgerichtet sein, d. h. sich im wesentlichen um dauerhafte Koordination und Konzertierung bemühen müssen. Denn der Club der OECD-Länder ist der unerbittlichen *Logik von Handelsstaaten* unterworfen: Zugewinne innerhalb dieses Clubs sind das Ergebnis zivilwirtschaftlicher Fertigkeit, Verluste die Folge entsprechenden Mangels an solcher Fertigkeit. Durch Einsatz von Militär läßt sich der Zugewinn nicht maximieren, der Verlust nicht verhindern. Für die Mitglieder dieses Clubs kleiner und mittlerer Größenordnung – beispielsweise für Skandinavien – war eine Orientierung an der Logik von Han-

Rechts. Die Europäische Sicherheitsgemeinschaft (ESG) als Garant von Sicherheit und Frieden, veröffentlicht in: Dieter S. Lutz, *Deutschland und die Kollektive Sicherheit*, Opladen 1993, S. 101 ff.

delsstaaten immer schon ohne Alternative. Historisches Novum ist, daß Japan und Deutschland, ehemals Staaten mit geopolitischer Großraumpolitik, führende Handelsstaaten geworden sind. Und die USA werden den Verfall ihrer einst eindeutigen weltwirtschaftlichen Spitzenposition nur verlangsamen bzw. verhindern können, wenn auch sie sich wieder auf die zivilwirtschaftliche Logik von Handelsstaaten ausrichten.

Für die absehbare Zukunft kann deshalb – *rebus sic stantibus* – ausgeschlossen werden, daß innerhalb des Clubs der OECD-Länder militärische Macht um der ökonomischen Selbstbehauptung willen instrumentalisiert wird. Ebenso ist eine politische Lage – »interimperialistische Rivalitäten« –, wie sie am Ende des letzten und in der ersten Hälfte dieses Jahrhunderts zwischen den damaligen hochindustrialisierten Ländern bestand, auszuschließen. Denn aus heutiger Perspektive ist eine allgemeine Renaissance geopolitisch motivierter Macht- und Raumpolitik im Sinne der deutschen und japanischen Politik in den dreißiger und vierziger Jahren innerhalb des Clubs der OECD-Länder eher unwahrscheinlich. Unwahrscheinlich ist auch eine offene und sich militarisierende Konfrontation zwischen der relativ absteigenden ehemaligen Hegemonialmacht USA und relativ aufsteigenden potentiellen Hegemoniemacht Japan. Wenngleich Reibungsflächen zunehmen können und werden, ist es dennoch nicht plausibel, ihre Eskalation zu neuen dominanten Konfliktkonstellationen der internationalen Politik zu erwarten. Gegen eine solche Eskalation spricht das Ausmaß an institutioneller und ökonomischer Verflechtung, insbesondere ein seit der Mitte der siebziger Jahre zwischen den OECD-Ländern eingespieltes und bisher durchaus erfolgreiches Krisenmanagement. Dieses Ausmaß an Verflechtung könnte sogar noch zunehmen, wenn in Ostasien ein sich erweiterndes weltwirtschaftliches Oberzentrum entstünde.

Rebus sic stantibus: Dies ist natürlich ein gravierender Vorbehalt für die hier umrissene Argumentation. Denn driften die Wirtschaftsprofile der maßgeblichen größeren OECD-Ökonomien anhaltend auseinander und käme es zu einer sich öffnenden Kluft zwischen weiterhin aufwärtsmobilen Ökonomien einerseits und »alternd-absteigenden« abwärtsmobilen Ökonomien andererseits, gäbe es wohl keine Gewähr dafür, daß die institutionelle Vernetzung und damit auch das Krisenmanagement innerhalb der OECD intakt blieben.

Was die *östliche Sphäre* des alten Ost-West-Konfliktes angeht, so ist sie in Auflösung begriffen, und das Ergebnis könnte durchaus in der Herausbildung vielfältiger mehr oder weniger kleinkarierter Sicherheitsdilemmata bestehen. Diese Beobachtung gilt sowohl hinsichtlich der Staaten Ostmitteleuropas als auch der Beziehungen zwischen den Nachfolgestaaten der alten Sowjetunion – und selbstverständlich auch zwischen diesen Nachfolgestaaten und den ostmitteleuropäischen Staaten. Hier droht ein Wiederaufleben von Zuständen, die für die zwanziger und dreißiger Jahre charakteristisch waren. Um so wichtiger wird die frühzeitige und verläßliche Einbindung dieses Raumes in gesamteuropäische Sicherheitsstrukturen sein. Was immer jedoch in diesem Raum geschehen wird, auch eine abträgliche Entwicklung wird nicht mehr von jener konstellationsbildenden Kraft sein, die den alten Ost-West-Konflikt kennzeichnete, außer es käme zu einem Rückfall Rußlands in eine akzentuiert nationalchauvinistische Position.

Eine solche Beobachtung gilt auch für die vielfältigen, eher klein- als großkarierten Sicherheitsdilemmata, die in den *Regionen politischer Turbulenzen* außerhalb des Clubs der OECD-Staaten zu lokalisieren sind. Nirgendwo gibt es dort dem OECD-Club vergleichbare ordnungspolitische Strukturen und wechselseitige Verflechtungen in den wesentlichen Dimensionen von Politik, Ökonomie, Kommunikation und Kultur. Vorstellbar sind langfristige Konfliktkonstellationen zwischen potentiellen *politischen* Gravitationszentren wie beispielsweise China und Indien, obgleich es hierfür derzeit keine soliden Indizien gibt. Wahrscheinlich sind eine Reihe von Konfliktkonstellationen auf einer Ebene darunter, wie beispielsweise zwischen Indien und Pakistan, wo im übrigen ein nuklearer Rüstungswettlauf im Gange ist. Am wahrscheinlichsten sind die vielfältigen räumlich begrenzten Konfliktkonstellationen in der Karibik, Lateinamerika, Afrika und Asien – begrenzt deshalb, weil aus ihnen internationale Politik prägende, große Konfliktkonstellationen *nicht* entstehen werden, während andererseits solche Konflikte vor Ort durchaus katastrophale Folgen zeitigen, also zu Recht als regionale bzw. subregionale Großkonflikte empfunden werden.

Die einzige Schnittstelle zwischen dem Club der OECD und diesen Regionen regional begrenzter politischer Turbulenzen sind die Ölstaaten, insbesondere diejenigen des Golfes. Weiterhin hängen die Industriegesellschaften – an erster Stelle Japan, an zweiter Stelle Westeuropa und erst an dritter Stelle die USA – von der Energiezufuhr aus diesen Staaten ab. Wenn die Beziehungen zwischen Industriegesellschaften und Ölstaaten auf eine verläßliche, d. h. kalkulierbare Grundlage gestellt werden sollen, dann wird man nicht umhin kommen, zu fair ausgehandelten Absprachen über Fördermengen und Preise zwischen den wesentlichen Produzenten und den wesentlichen Konsumenten von Energie zu gelangen. Ölstaaten, die sich an einem solchen Arrangement nicht beteiligen und ihre Einnahmen vor allem zum Aufbau von Rüstungspotentialen und nicht für eine eigene solide ökonomische Basis nutzen, also zu sogenannten »Waffenstaaten« werden, sind eingrenzbar und können durch eine entsprechende Kontrollpolitik, insbesondere im Bereich der Nonproliferation von ABC-Technologien und Trägerwaffentechnologien, isoliert werden.

Das Sicherheitsdilemma hat sich also dort aufgelöst, wo noch vor wenigen Jahren eine kriegerische Eskalation bis hin zur wechselseitigen Vernichtung nicht prinzipiell ausgeschlossen werden konnte. Daß es in dieser Dimension, der alten Ost-West-Konfliktkonstellation, nicht mehr besteht, ist, vom Sicherheitsdilemma her gesehen, die eigentliche Zäsur. Als weiterer wichtiger Tatbestand kann gelten, daß das Sicherheitsdilemma im OECD-Bereich inexistent ist. Diese Erfahrung kann, wenn nicht alle einschlägigen Anstrengungen mißlingen sollten, im Laufe der Zeit auf die östliche Hälfte Europas erweitert werden. Sollten diese Anstrengungen mißlingen, würden hier, nicht anders als in den Regionen mit begrenzten politischen Turbulenzen, vielfältige kleine Sicherheitsdilemmata drohen – *klein* im Vergleich zum Ausmaß nuklear inszenierter Abschreckung – und entsprechende Konfliktkonstellationen sich herauskristallisieren: Keine solche Konfliktkonstellation würde aber zunächst zu einer weltpolitischen Relevanz eskalieren. Ein angemessener Umgang mit solchen Konflikten von seiten der OECD-Staaten müßte in folgenden Maßnahmen bestehen: drastische Begrenzung des Waffenhandels, rigorose Nichtproliferationspolitik und Aufbau eines angemessenen UNO-Instrumentariums sowohl im Bereich friedlicher Streitbeilegung als auch kollektiver Sicherheit. Am wenigsten hilfreich wären wildwüchsige nationale Planungen über Interventionseventualitäten und ein entsprechender Aufbau von einseitig einsetzbaren Interventionsstreitkräften.

Das Sicherheitsdilemma ist also nicht aus der Welt. Aber es ist tröstlich zu sehen, daß es in seiner pathologisch überspitzten Ausprägung – der wechselseitig angedrohten Vernichtung – nicht mehr besteht und ein aus einer virulenten Konfliktkonstellation eskalierender Nuklearkrieg derzeit unwahrscheinlich ist. Aber für die Ebene darunter ist Vorsicht bleibend geboten: Das Umkippen von »friedlicher Koexistenz« in virulente Konfliktbezüge geht in aller Regel viel schneller vor sich als der Aufbau von leidlich funktionsfähiger Koexistenz aus solchen Bezügen. Ohne bewußte Gegensteuerung und institutionelle Rückversicherung bleiben die Beziehungen zwischen kollektiven Akteuren – Völkern, Staaten, Allianzen – eskalationsanfällig. Nur integrierte Sicherheitsgemeinschaften könnten den der Eskalation zugrunde liegenden wahrnehmungs- und interessenbedingten Autismen verläßlich entgegenwirken.[1]

2. Was wird aus dem Entwicklungsdilemma?

Thematisiert man den Ost-West-Konflikt unter der Perspektive des Sicherheitsdilemmas, so wird man der weltpolitischen Konstellation nach dem Zweiten Weltkrieg bis zu ihrem Umbruch 1989/90 durchaus gerecht. Doch es besteht dabei die Gefahr, den Konflikt nur als eine voluntaristisch motivierte machtpolitische Auseinandersetzung zwischen zwei hypothetisch austauschbaren gesellschaftspolitischen Programmatiken zu verstehen. In einer längerfristigen entwicklungsgeschichtlichen Perspektive muß jedoch der Ost-West-Konflikt im Kontext des sogenannten Entwicklungsdilemmas, des zweiten Strukturdilemmas neuzeitlicher internationaler Politik, gesehen werden. Die in diesem Konflikt von einer Konfliktpartei verfochtene »sozialistische Option« kann als eine von mehreren denkbaren und historisch vorfindbaren Reaktionen auf das Entwicklungsdilemma interpretiert werden. Worum ging es dabei?

Das Entwicklungsdilemma entsteht in einer relativ offenen Weltwirtschaft zwischen Gesellschaften und Ökonomien, die miteinander Austausch pflegen und zwischen denen eine

---

1 Zur Gesamtproblematik s. jetzt auch Christopher Daase u. a. (Hg.), *Regionalisierung der Sicherheitspolitik. Tendenzen in den internationalen Beziehungen nach dem Ost-West-Konflikt*, Baden-Baden 1993; Michael T. Klare, *The New Challenges to Global Security*, in: *Current History*, April 1993, S. 155 bis 161.

Kluft hinsichtlich Know-how und organisatorischen Fähigkeiten sowie technologischen und organisatorischen Innovationen existiert. Einer weniger produktiven Ökonomie steht dann eine produktivere gegenüber. Zwischen ihnen entwickelt sich ein Gefälle an Kompetenzen. Folge eines solchen Kompetenzgefälles ist ein anhaltender Verdrängungswettbewerb zwischen Leitökonomie und Nachzügler.[1] Die Vorreitergesellschaft oder Spitzenökonomie wird mühelos imstande sein, die mit hoher Fertigkeit und Produktivität erzeugten Waren preisgünstig auf die nationalen und internationalen Märkte zu werfen. Gibt es keine Schutzmaßnahmen, werden die in anderen Ländern mit geringerer Produktivität erzeugten Waren einfach niederkonkurriert. Wie das vor sich geht, konnte man beispielhaft nach Einführung der Währungsunion in der ehemaligen DDR (1. Juli 1990) beobachten. Ist überdies das Kompetenzgefälle besonders groß, werden Anstrengungen, die auf eine Gegensteuerung ausgerichtet sind, oft von vornherein entmutigt. Bei den Nachzüglern droht dann die Leistungs- und Innovationsbereitschaft zu versiegen, da die kompetentere Spitzenökonomie in jeder Hinsicht ihre Überlegenheit ausspielen kann: in den Produktionsverfahren, bei den Produkten selbst sowie in der Fähigkeit zu kontinuierlicher Innovation. Eine solchermaßen überlegene und fortgeschrittene Ökonomie kann und weiß immer schon alles besser. Der Verdrängungswettbewerb ist also eine umfassende Erscheinung und dokumentiert sich nicht nur im Konkurrenzdruck billiger Waren.

Gesellschaften, die solchem Kompetenzgefälle ausgesetzt sind, werden leicht an den Rand gedrängt: Sie sind einem Peripherisierungsdruck ausgesetzt; d. h., es droht die Gefahr, daß sie marginalisiert oder peripherisiert werden. Die sich in solchem Zusammenhang herausbildende Entwicklungspro-

1 Zur historisch-systematischen Entfaltung der Problematik s. Dieter Senghaas, *Von Europa lernen. Entwicklungsgeschichtliche Betrachtungen*, Frankfurt a. M. 1982.

blematik wird als Problem »nachholender Entwicklung« diskutiert. Die Kernfrage, die sich in einer solchermaßen hierarchisierten Weltwirtschaft stellt, lautet: Wie kann, wenn Peripherisierung verhindert werden soll, trotz bestehenden Kompetenzgefälles zwischen Spitzenökonomien und nachgelagerten Wirtschaftsräumen eine »nachholende Entwicklung« zustande kommen?[1] Eine mit Blick auf das östliche Europa abrupt aktuell gewordene Frage! Für unseren Zusammenhang allgemeiner gefragt: Wie wird das Entwicklungsdilemma verarbeitet?

Die Antwort auf das Entwicklungsdilemma ist zum einen von den vor Ort vorfindbaren Voraussetzungen für nachholende Entwicklung abhängig, also beispielsweise von mobilisierbaren materiellen und immateriellen Faktoren, die erforderlich sind, um es der Vorreiterökonomie gleichzutun. Zum zweiten spielt bei dem Versuch, nachholende Entwicklung zu inszenieren, das Ausmaß von geglückter Ankoppelung an die weltwirtschaftliche Leitökonomie (Assoziation) beziehungsweise von erforderlicher Abkoppelung (Dissoziation) eine handlungsstrategisch wichtige Rolle. Zuviel Ankoppelung kann dazu führen, daß der Verdrängungswettbewerb verheerende Folgen zeitigt; aber auch ein Zuviel an Abkoppelung kann lähmend wirken, weil ein Übermaß an Schutzvorkehrungen in aller Regel innovationshinderlich ist. In den vergangenen 150 bis 250 Jahren, seitdem es dieses Entwicklungsdilemma als virulentes Problem internationaler Politik gibt, lassen sich in der praktischen Auseinandersetzung mit der Problematik nachholender Entwicklung wenigstens fünf Reaktionsweisen beobachten:

1. Die häufigste Reaktion besteht in der *Peripherisierung*

---

1 Das ist immer noch die grundlegende Frage der Entwicklungsdiskussion, wie erneut deutlich wird in Dieter Nohlen und Franz Nuscheler (Hg.), *Handbuch der Dritten Welt*, Bd. 1, Bonn 1992³. S. auch Ulrich Menzel und Dieter Senghaas, *Europas Entwicklung und die Dritte Welt. Eine Bestandsaufnahme*. Frankfurt a. M. 1986.

bzw. Marginalisierung nachgelagerter Wirtschaftsräume in der Folge von Stagnation und Verfall (Regression), die sich langfristig in Abwärtsmobilität niederschlägt (Typ I).

2. Die zweite Reaktion besteht in einer *erfolgreichen nachholenden* (und aufschließenden) *Entwicklung*, die sich, weltwirtschaftlich betrachtet, in einer Aufwärtsmobilität der betreffenden Ökonomien dokumentiert; als jüngstes Beispiel sei auf die Entwicklung Ostasiens in den vergangenen dreißig Jahren verwiesen (Typ II).

3. Häufig ist eine *partielle Aufwärtsmobilität* zu beobachten (bei anhaltendem Überleben typischer Peripherie-Strukturen), d. h., ein Entwicklungsprozeß, in dem es zum Teil zu einem erheblichen Wachstum kommt, bei ausbleibenden breitenwirksamen Entwicklungseffekten, und damit zur Aufrechterhaltung von typischen Peripheriestrukturen auf höherer Entwicklungsebene; man denke in diesem Zusammenhang an die meisten Schwellenländer außerhalb Ostasiens, die entscheidende Schwellen nicht überschreiten (Typ III).

4. Der *faschistisch-korporatistische Entwicklungsweg*, der in der ersten Hälfte dieses Jahrhunderts vor allem im südlichen und südöstlichen Europa zu beobachten war, kann als vierte Reaktionsweise auf das Entwicklungsdilemma interpretiert werden. Mit seiner Hilfe sollte das Entwicklungsdilemma vermittels eines auf Autarkie ausgerichteten Entwicklungsweges bewältigt werden (Typ IV).

5. Die fünfte Reaktionsweise ist im *Entwicklungsweg des Realsozialismus* zu sehen. Diese entwicklungspolitische Option ist an eigenen, nichtmarktwirtschaftlichen Prämissen orientiert: an administrierten Preisen, an Kollektiveigentum und am Außenhandelsmonopol, und sie zielt auf den Aufbau autarker Wirtschaftsräume bei gleichzeitigen Versuchen von Integration im »sozialistischen Weltwirtschaftssystem« (Typ V).

6. Ergänzend sei hier auf eine sechste Reaktionsweise auf-

merksam gemacht, die in jüngster Zeit innerhalb und außerhalb Europas vielfältig zu beobachten ist: unterschiedliche Spielarten von Ethnopolitik bzw. des *Ethnonationalismus*, mit deren Hilfe ökonomischer Rückständigkeit und Benachteiligung, aber auch politischer Rechtlosigkeit und kultureller Überfremdung entgegengewirkt werden soll (Typ VI).

Wenn nachholende Entwicklung im umfassenden Sinne zu einer Aufwärtsmobilität führt, entdramatisiert sich das Entwicklungsdilemma: Die Vorreiterökonomie wird eingeholt oder überholt. Im letzteren Fall dreht sich der Spieß um: Der Verdrängungswettbewerb richtet sich von seiten des erfolgreichen Nachrückers gegen den ehemaligen Vorreiter. Dann wird, wie beispielsweise in den vergangenen Jahrzehnten geschehen, die Küstenregion Deutschlands durch einen erfolgreichen Verdrängungswettbewerb von seiten Ostasiens in eine strukturelle Wirtschaftskrise hineingedrängt. Bei nur partieller Aufwärtsmobilität, wie in aller Regel im Falle erfolgreicher »Peripherie«-Entwicklung (u. a. Mexiko, Argentinien), bleibt das Entwicklungsdilemma bestehen. Nicht anders ist das im Falle jener Entwicklungswege, die sich dem Entwicklungsdilemma durch Konzentration auf einen dissoziativen Entwicklungsweg entziehen wollen: Kurz- und mittelfristig ist selektive Abkoppelung meist unerläßlich, um unter gewissen Schutzmaßnahmen nachholende Entwicklung in Gang zu bringen; langfristig ist, wie alle Erfahrung zeigt, eine umfassende Abkoppelung vom Weltmarkt der Entwicklung abträglich.

Ganz unterschiedlich sind die Chancen, das Entwicklungsdilemma in weltwirtschaftlichen Aufschwung- bzw. Abschwungphasen konstruktiv zu bewältigen. In Aufschwungphasen erschließen sich Nachrückern dadurch Entwicklungschancen, daß sie sich an die Spitzenökonomie qua weltwirtschaftlicher Lokomotive anhängen: Aus dem Zugeffekt wird dann der größtmögliche Nutzen zu ziehen versucht. Aber auch unter solchen günstigen weltwirtschaftlichen Voraussetzungen (Freihandel) gibt es keine Garantie für eine erfolgreiche nachholende Entwicklung. Wichtig ist, wie diese Chancen vor Ort verarbeitet werden. In weltwirtschaftlichen Abschwungphasen verfällt in aller Regel die kosmopolitisch-internationalistische Orientierung, die die Aufschwungphasen kennzeichnet, und merkantilistisch-protektionistische Entwicklungspolitik gewinnt an Boden. Dann obsiegt in aller Regel ein auf den Erhalt überkommener Produktionspotentiale ausgerichteter Protektionismus (Konservierungsprotektionismus). In beiden Phasen ist jedoch auch ein auf die Erringung neuer Wettbewerbspositionen ausgerichteter Erneuerungsprotektionismus (Innovationsprotektionismus im Sinne der »infant industry«-Protektion) zu beobachten.

Weder in Aufschwung- noch in Abschwungphasen mangelt es also an entwicklungspolitisch motiviertem Nationalismus. In Aufschwungphasen ist *Entwicklungsnationalismus* eher punktuell und segmenthaft ausgerichtet; operiert wird mit Zollsätzen, Kontingentierungen und vergleichbaren außenwirtschaftlichen Instrumentarien. In Abschwungphasen ist Entwicklungsnationalismus in aller Regel breitflächig angelegt, nicht anders als im Falle umfassender dissoziativer Entwicklungswege (vom Typ IV und V), bei denen man sich von einer flächendeckenden staatlichen Steuerung sowohl der binnen- als auch der außenwirtschaftlichen Rahmenbedingungen den größten Nutzen für die Entwicklung verspricht.

Das Entwicklungsdilemma hat sich in den Jahrzehnten bzw. in den Jahrhunderten seit der Agrar- und ersten industriellen Revolution in England – weltweit und über längere Zeit betrachtet – nicht abgeschwächt, sondern vielmehr akzentuiert. Je interdependenter das internationale System bzw. die Weltwirtschaft wurde und je größer das Kompetenzgefälle zwischen Vorreiterökonomien und dem Rest der Welt ist, desto virulenter stellt sich das Entwicklungsdilemma.

Wenn also neben dem Sicherheitsdilemma, das gewöhnlich

Theoretiker internationaler Politik exklusiv in das Zentrum ihrer Analyse stellen, auf eine zweite, internationale Politik bestimmende Problematik verwiesen werden muß, dann ist es das hier umrissene Entwicklungsdilemma. Es bezeichnet nicht weniger als das Sicherheitsdilemma ein *strukturelles* Problem im internationalen System der vergangenen 150 bis 250 Jahre.

Wie stellt sich das Ende des Ost-West-Konfliktes aus der Perspektive des Entwicklungsdilemmas dar?

Mit dem Ende des Ost-West-Konfliktes ist nicht nur eine machtpolitische Konstellation zu einem Ende gekommen: *Das Ende des real existierenden Sozialismus (Realsozialismus) bedeutet auch das Ende einer entwicklungspolitischen Option.* Die typischen Institutionen und Instrumentarien des Realsozialismus, mit denen dem Kompetenzgefälle und Peripherisierungsdruck entgegengesteuert werden sollte, haben sich als Fehlkonstruktionen herausgestellt. Weder war auf diesem Wege ein Einholen noch gar ein Überholen zu beobachten; vielmehr ist vielerorts der systembedingte – d. h. durch die Institutionen und Instrumentarien des Realsozialismus verursachte – Zusammenbruch von anfänglichen relativen Entwicklungsfortschritten festzustellen. Es fand also eine Regression statt, in deren Folge sich gesellschaftliche Anomie verbreitete. In aller Fairneß muß allerdings gesagt werden, daß das Ergebnis nichtsozialistischer Entwicklungswege in den meisten »marktwirtschaftlich« organisierten Peripherien nicht wesentlich besser ist, von wenigen bemerkenswerten Ausnahmen (wie Ostasien) abgesehen.

Dabei verfügt die sozialistische Entwicklungsoption als Mittel nachholender Entwicklung durchaus über nicht gering zu schätzende Aktivposten: Nachholende Entwicklung ist ohne das langfristig avisierte Ziel, eine in sich kohärente Volkswirtschaft aufzubauen, nicht vorstellbar. Dieses Ziel verlangt eine entsprechende Prioritätenfestsetzung hinsichtlich der außenwirtschaftlichen Rahmenbedingungen und der binnenwirtschaftlichen Maßnahmen. Denn aus der bloßen Summe betriebswirtschaftlich rentabel kalkulierter Unternehmungen erwächst nur im Ausnahmefall eine in sich integrierte Volkswirtschaft. Die historischen und aktuellen Erfahrungen im Bereich des sogenannten »peripheren Kapitalismus« in und außerhalb Europas sind ein vielfältiger Beleg für diese These. Die Mobilisierung einer hohen Investitionsrate ist ebenfalls ein Aktivposten für nachholende Entwicklung. Aber die Chance zur langfristigen Prioritätenfestlegung und zur vorrangigen Allokation knapper investiver Mittel ist noch keine Garantie dafür, daß die Prioritäten tatsächlich korrekt gesetzt sind, damit die investiven Mittel in jene wirtschaftlichen Aktivitäten fließen, die zum Aufbau einer kohärenten Volkswirtschaft erforderlich sind. *In der Tat zeichnete sich der Realsozialismus durch ideengeschichtlich und politisch bedingte dramatische Fehlentscheidungen aus:* Die Landwirtschaft – Grundlage aller gedeihlichen Entwicklung – wurde praktisch in allen sozialistischen Entwicklungswegen (mit Ausnahme Chinas nach 1980) anhaltend »ausgequetscht«, investiv vernachlässigt. Sie wurde überdies in Großbetrieben organisiert, was sich weltweit, auch unter kapitalistischen Bedingungen, in aller Regel als ineffizient und für die bäuerliche Arbeitsmotivation als konterproduktiv erwies. Überall wurde eine Schwerindustrialisierung um ihrer selbst willen verfolgt, was zu einer Vergeudung investiver Mittel und zu einer chronischen Verknappung von Konsumgütern führte – eine Verknappung, die die Arbeitsmotivation der industriellen Bevölkerung versiegen ließ. Einem alten Vorurteil folgend galt der Dienstleistungssektor, also jene unentbehrliche Vermittlungsagentur in einer arbeitsteiligen Wirtschaft, als unproduktiv. Allein schon diese – auch durch die marxistische Theorie vorgezeichnete – Fehlallokation von Ressourcen kann erklären, warum diese Entwicklungswege zwar anfänglich viele Jahre zu bemerkenswerten Wachstumsraten fähig waren, aber nicht zu einer breitenwirksamen Entwicklung. Es kommt hinzu, daß die in der Stunde Null möglicherweise kurzfristig sinnvollen zentralistisch ausgelegten Institutionen und Instrumentarien langfristig völlig konterproduktiv wirkten, weil sie den für einen Reifungsprozeß unerläßlichen Übergang von extensivem zu intensivem Wirtschaften nicht erlaubten.

So entstand eine Wirtschaft, die sich sowohl durch die Vergeudung knapper Ressourcen als auch durch chronische Knappheit an allen Gütern auszeichnete, was über kurz oder lang zu einer Delegitimierung des ganzen Vorhabens führen mußte. Zu ihr trug maßgeblich bei, daß das realsozialistische System in seiner politischen Dimension unfähig war, den Übergang aus der Entwicklungsdiktatur in ein demokratisch-pluralistisches System zu bewerkstelligen. Politische und wirtschaftliche Aspekte des sozialistischen Entwicklungsweges sind nicht voneinander zu trennen. Hier lag im Sinne der Systemtheorie wirklich ein »System« vor, dessen gleichgeschaltete Subsysteme durch sich selbst erweiternde, also die Symptome verstärkende Rückkopplungen verschränkt waren. Vielfältige Ansätze zu politischen und vor allem zu ökonomischen Reformen – negativ-korrigierende *feedbacks* – blieben zum Scheitern verurteilt. Länder, die dieses Scheitern nunmehr konstatieren müssen, erfahren leidvoll, daß nach vierzig- bis siebzigjährigen Versuchen, dem Entwicklungsdilemma zu entgehen, das nunmehr sichtbar gewordene Kompetenzgefälle um ein Vielfaches *größer* ist, als erste Bilanzierungen vermuten ließen, daß der Peripherisierungsdruck erneut virulent wird und daß alle Bemühungen um nachholende Entwicklung von dramatischen Schwierigkeiten gekennzeichnet sein werden.

Der Realsozialismus war in einem Teil der Welt die entwicklungspolitische Reaktion auf das Entwicklungsdilemma, dem sich peripherisierte Wirtschaftsräume ausgesetzt sahen. Sozialistische Instrumentarien kamen also in einem Kontext zum Tragen, für den sie in der klassischen sozialistischen Programmatik nicht vorgesehen waren, nämlich in »Entwicklungsländern«. In der ursprünglichen Programmatik galt Sozialismus als eine gesellschaftspolitische Option jenseits des reifen Kapitalismus; in der Wirklichkeit wurde Realsozialismus zu einer entwicklungspolitischen Option *diesseits* des reifen Kapitalismus.

War demnach Sozialismus (im Sinne sozialistischer Bewegung) in erfolgreichen kapitalistischen Ökonomien, also in der Vorgeschichte der heutigen OECD-Länder, ohne Bedeutung? Der Entwicklungserfolg dieser Länder, in Reaktion auf die Herausforderung der Leitökonomie England seit der Agrar- und der industriellen Revolution im 18. Jahrhundert, ist – nicht anders als die Erfolgsgeschichte Ostasiens in den vergangenen vierzig Jahren trotz des erheblichen Kompetenzgefälles zu den westlichen Industriegesellschaften – auf eine ganze Reihe von wichtigen, konfigurativ miteinander vernetzten Faktoren zurückzuführen: beispielsweise – pauschal gesprochen – auf eine erfolgreiche Entfeudalisierung, vor allem auf die Existenz einer weitsichtigen öffentlichen Verwaltung, die sich um die Herausbildung einer effizienten Infrastruktur bemühte, weiterhin auf die Existenz eines freien Bauerntums und einer an Gewinn orientierten Geschäftswelt sowie, wie schon Friedrich List bemerkte, auf gut bezahlte und gut ernährte Arbeiter (weil nur von diesen Leistungsmotivationen erwartet werden können), auf die Existenz freischaffender Wissenschaften und Künste sowie eines differenzierten Erziehungswesens und schließlich auf eine sozial mobile Gesellschaft, in der aus allen gesellschaftlichen Schichten vielfältige Intelligenzressourcen mobilisiert werden.[1]

Diese Faktoren waren alle wichtig, aber der Reifeprozeß

1 Alle diese Faktoren hatte schon hellsichtig Friedrich List in dem klassischen Werk über das Entwicklungsdilemma und seine Überwindung analysiert: *Das nationale System der Politischen Ökonomie*, Tübingen 1959 (Erstauflage 1841).

kapitalistisch organisierter Marktwirtschaften hängt doch zu einem ganz entscheidenden Ausmaß von der lobbyistischen Organisation der Gegenkräfte des Kapitals ab. Die Dialektik dieses Reifeprozesses ist relativ einfach nachzuvollziehen: Kapitalistisches Wirtschaften ist unter Wettbewerbsbedingungen an Kostenminimierung und Effizienzsteigerung ausgerichtet. Ein Mittel zur Kostensenkung besteht in Lohndrückerei, die in der Folge eine Akkumulation von Elend bewirkt. Ohne durchsetzungsfähige Gegenkräfte können Kapitaleigner, ihren notwendigerweise betriebswirtschaftlich begrenzten ökonomischen Kalkülen folgend, zwar kurzfristig gewinnträchtig wirtschaften, allerdings ohne daß dadurch potente binnenwirtschaftliche Nationalökonomien entstehen. Wenn Kapitalismus als eine dezentral organisierte »anarchische« Wirtschaftsweise nicht an den in ihm angelegten Widersprüchen – vor allem am Widerspruch zwischen Überakkumulation und Unterkonsumption – zerbrechen soll, bedarf er paradoxerweise zu seiner Selbststabilisierung solcher politisch organisierten und durchsetzungsfähigen Gegenkräfte.[1] Es ist deshalb auch nicht überraschend, daß Gesellschaften mit gut organisierter Arbeiterbewegung und/oder hohen Reallöhnen (letzteres als Ausdruck historisch-spezifischer Bedingungen) am ehesten die Symptome des Frühkapitalismus überwunden haben und einen dynamischen Entwicklungsprozeß in Richtung auf eine »reife« kapitalistische Ökonomie erlebten.

»*Reifer* Kapitalismus« bezeichnet dabei eine kapitalistische Gesellschaft, deren primärer, sekundärer und tertiärer Sektor in der Tendenz durchkapitalisiert ist, deren Arbeitsproduktivität hoch ist und deren Kapitaleigner und Lohnabhängige in einer institutionalisierten Form offener Konfliktaustragung

---

1 S. hierzu Hartmut Elsenhans, *Grundlagen der Entwicklung der kapitalistischen Weltwirtschaft*, in: Dieter Senghaas (Hg.), *Kapitalistische Weltökonomie. Kontroversen über ihren Ursprung und ihre Entwicklungsdynamik*, Frankfurt a. M. 1979, S. 103-148 (sowie spätere Veröffentlichungen).

einander gegenübertreten: Organisierte und langfristig knapp werdende Arbeitskraft erhöht den Kostendruck. Dieser Kostendruck kann unter Wettbewerbsbedingungen nur durch Rationalisierungsinvestitionen und effiziente Nutzung aller verfügbarer Ressourcen konterkariert werden, d. h. durch eine Steigerung der Investitionseffizienz. Unter solchen Bedingungen muß sich die Volkswirtschaft in Richtung auf die Herausbildung eines Sektors für die Produktion von Investitionsgütern und des Maschinenbaus sowie für innovative Technologie ausdifferenzieren. Denn nur auf diese Weise erschließt sich die Möglichkeit, dem Kostendruck durch organisatorische und technologische Innovation entgegenzuwirken. *Der institutionalisierte Antagonismus zwischen Kapitaleignern und Proletariat führt also zu einer Dynamisierung (und Stabilisierung) kapitalistischer Entwicklung und keineswegs zu ihrer Erosion.* Ein originär kapitalismuskritischer Sozialismus wird dabei notwendigerweise, im einen Fall früher, im anderen später, zu Sozialdemokratie umfunktioniert.

Dieser Sachverhalt stellt sich tatsächlich in aller Paradoxie dar: Kapitalistisches Wirtschaften ohne sozialistische Gegenkraft (in Form von Gewerkschaften, Arbeiterparteien, Arbeiterregierungen, Genossenschaftswesen usw.) würde an eigenen Widersprüchen zerbrechen bzw. mit ihnen dahinsiechen. Kapitalistisches Wirtschaften in Kombination mit potenten Gegenkräften dynamisiert diese Wirtschaftsweise und führt zu einem (statistisch-operational im Detail nachvollziehbaren) Reifungsprozeß. Dabei wird freilich sozialistischer Programmatik als fundamentalem Gegenentwurf zur marktwirtschaftlich-kapitalistischen Entwicklung der Boden entzogen. Sozialismus wird statt dessen vom Kapitalismus verinnerlicht (endogenisiert) und damit als eigenständige Plattform mit genuinen, wenngleich immer rudimentär gebliebenen Vorstellungen und Instrumentarien über eine alternative Wirtschaftsweise »aufgehoben«: Wenn also 1989/90 vom »Sieg«

liberaler Demokratie gesprochen wurde, dann ist dies völlig berechtigt. Wenn gleichzeitig vom Sieg des Kapitalismus die Rede war, so macht eine solche Aussage, historisch und systematisch betrachtet, nur dann Sinn, wenn erkannt wird, daß der gereifte Kapitalismus nur reifen konnte, indem gegen ihn und in ihm die sozialistische Gegenoption voll zur Wirkung kam. Das bedeutet weit mehr, als wenn davon gesprochen wird, der moderne Kapitalismus sei um den Wohlfahrtsstaat ergänzt worden, Marktwirtschaft sei zur sozialen Marktwirtschaft geworden, und darin läge die Modernität von Kapitalismus und Marktwirtschaft. Der externe Realsozialismus blieb in dem hier nachgezeichneten Prozeß der Verinnerlichung von Sozialismus innerhalb des reifenden Kapitalismus völlig außen vor.

Ist das Ende des Realsozialismus als entwicklungspolitischer Option und die Erfahrung mit einem in gereiften kapitalistischen Gesellschaften endogenisierten Sozialismus für die Zukunft internationaler Politik von Relevanz? Die unstrittige Bedeutung beider Vorgänge zeigt sich im Hinblick auf die Frage, wie mit dem immer noch existierenden, sich eher aufals abbauenden Entwicklungsdilemma in der Welt weiterhin umgegangen werden wird. Ist nunmehr, nachdem sich die entwicklungspolitische Option des Realsozialismus als Fehlschlag herausgestellt hat (allerdings müßte erst noch separat das Entwicklungsexperiment Chinas begutachtet werden), der Weg der bisherigen OECD-Gesellschaften beispielgebend?

Ohne Zweifel können aus den erfolgreichen europäischen (und manchen außereuropäischen) Entwicklungswegen die richtigen, auch heute noch sinnvollen entwicklungspolitischen Lehren gezogen werden (das muß heute besonders betont werden, weil in der Entwicklungsdiskussion von fast allen Seiten das Gegenteil behauptet wird): beispielsweise die grundlegende Erkenntnis, daß ohne eine vorgängige und die

Industrialisierung begleitende Produktivkraftentfaltung im landwirtschaftlichen Sektor eine gedeihliche Entwicklung nicht zu erwarten steht; daß Industrialisierung landwirtschaftsnah zu geschehen hat, ehe der Schritt in die große Industrie getan wird; daß es auf die Erschließung von Massenmärkten, die sich zunächst durch einfache Güter auszeichnen, ankommt; daß eine mäßige Ungleichheit in der Verteilung von Grund und Boden und bei den Einkommen einen entwicklungsstrategischen Stellenwert besitzt, um Binnenmärkte zu erschließen; daß die Mobilisierung von Kompetenzen durch ein diversifiziertes Erziehungssystem geeignet ist, fehlende natürliche Ressourcen zu kompensieren und die Grundlage für Innovation zu legen; daß es darauf ankommt, angemessene Technologien zu schaffen und fremde Technologien an eigene Bedürfnisse anzupassen; daß ein solcher Entwicklungsweg der außenwirtschaftlichen Absicherung bedarf, um ihn zu fördern und gegen nachteilige Einflüsse abzuschirmen; daß zu viel Schutz innovationshemmend wirkt und zu wenig Schutz im Hinblick auf Eigenanstrengungen entmutigt; daß es insbesondere auf die Selektivität von Förderungs- und Schutzmaßnahmen ankommt. Schließlich gehört zu den grundlegenden Lehren aus der Entwicklungsgeschichte, daß eine sozial mobil werdende Gesellschaft erweiterter Möglichkeiten der politischen Partizipation bedarf. Demokratisierung ist also kein Luxus, den man sich nach Belieben leisten oder nicht leisten kann. Ohne demokratisches Fundament sind eine moderne Gesellschaft und eine leistungsfähige Ökonomie nicht lebensfähig.

Die Aufzählung dieser entwicklungsfördernden Faktoren – Lehren aus den positiven, aber auch negativen Entwicklungswegen Europas – läßt erkennen, wo die entwicklungspolitischen Probleme in weiten Teilen der Entwicklungsregionen der Welt zu sehen sind: in der falschen Setzung von Prioritäten auf Industrialisierung unter Vernachlässigung der Landwirtschaft; in der erheblichen Verteilungsungleichheit der Ressourcen und Einkommen, die Massenmärkte nur begrenzt entstehen läßt; in den falschen Prioritäten im Ausbildungssystem zugunsten geisteswissenschaftlicher und zum Nachteil technischer Fächer; in einem völligen Schutz oder einer völligen Öffnung der lokalen Märkte; in abgeblockten, repressiv unterdrückten Partizipationschancen oder einer nur zögerlichen Öffnung der politischen Systeme usf.

Alle diese Symptome sind ein Erbe des Kolonialismus, aber (wie insbesondere die Geschichte seit dem frühen 19. Jahrhundert in Lateinamerika zeigt) zu einem erheblichen Teil hausgemacht. Fatal ist, daß die Intervention der ehemaligen Kolonialmächte und insbesondere der USA nach 1945 in Entwicklungsländern diese falsch gesetzten Prioritäten nachdrücklich bestärkt und nicht aufgehoben hat – man muß hinzufügen: die Lehren aus der eigenen Entwicklungsgeschichte völlig mißachtend. Nur in Ostasien haben, aufbauend auf einer die landwirtschaftlichen Ressourcen erschließenden japanischen Kolonialpolitik, die von seiten der USA durchgesetzten politischen und wirtschaftlichen Reformen nach 1945 die Grundlage für eine Entwicklung in der Nachfolge Europas gelegt. Hier ist eine Dynamik in Richtung auf »reifen Kapitalismus« entstanden, und in der Folge davon werden sich liberale Demokratie und soziale Marktwirtschaft herausbilden. In den übrigen Entwicklungsregionen zeigt sich demgegenüber ein »peripherer Kapitalismus« in seiner ganzen Trostlosigkeit.

Das Ende des Sozialismus als entwicklungspolitische Option gibt also angesichts der Lage in den Entwicklungsregionen der Welt keinen Anlaß zur Euphorie. Denn das Überstülpen eines marktwirtschaftlichen Instrumentariums auf die Strukturen des peripheren Kapitalismus akzentuiert in aller Regel die bekannten Symptome eines Frühkapitalismus, der angesichts des nicht versiegenden Reservoirs an billigster Arbeitskraft in der Regel Frühkapitalismus bleiben wird. *Die Konsequenzen dieser Symptome werden sich aber, je länger*

um so mehr, nicht lokal begrenzen lassen: Die in der Folge von
Armut zu beobachtende ökologische Zerrüttung der Dritten
Welt wird weltweite Folgen zeitigen; die in der Dritten Welt
aus politischen, ökonomischen und ökologischen Gründen
verursachten Flüchtlingsbewegungen werden nicht alle in der
Dritten Welt aufzufangen sein, sie werden den Club der
OECD-Länder erreichen; die in der Dritten Welt produzier-
ten Drogen werden, solange ihre Produktion gewinnträchti-
ger als die Erzeugung anderer Güter ist, in der nördlichen
Hemisphäre Märkte suchen und finden; eine selektive militärische bzw. terroristische Bedrohung ist nicht auszuschließen.[1] Insbesondere werden Fehlschläge in Entwicklungsprozessen zum Nährboden für aggressiven Fundamentalismus
und militante Ethnopolitik, beides in ihren Ursachen ver-
ständliche Defensivreaktionen auf ökonomische Rückständigkeit, auf Benachteiligung und Wohlfahrtseinbußen sowie
auf kulturelle Überfremdung und politische Rechtlosigkeit.
Fundamentalismus und Ethnopolitik werden in diesem Zusammenhang zum Ausdruck eines Entwicklungsnationalismus, dessen mehr oder weniger ausgeprägte Militanz aufge-
staute Frustrationen widerspiegelt.

Das soziale Umfeld, aus dem solche Konflikte erwachsen,
läßt Konflikte dieser Art zu einem erheblichen Teil zu Identi-
tätskonflikten werden. Sie nur als Interessenkonflikte wahrzunehmen, käme einer Fehlperzeption gleich. Bei Identitäts-
konflikten steht mehr als Mark und Pfennig auf dem Spiel.
Letztlich geht es um die Würde derjenigen, die sich zu einer
Konfliktpartei mit eigener Authentizität herausbilden. Solche Konfliktparteien sind oft »vernünftigen« Argumenten
nicht zugänglich: Leidenschaften überrollen Kosten-Nut-
zen-Analysen. Was dies konkret bedeutet, muß hier nicht

---

1 Zu diesen Folgeproblemen s. Manfred Wöhlcke, *Risiken aus dem Süden. Neue
Themen in den Nord-Süd-Beziehungen nach dem Ende des Ost-West-Konfliktes,*
Ebenhausen 1991; Volker Matthies (Hg.), *Kreuzzug oder Dialog. Die Zukunft
der Nord-Süd-Beziehungen,* Bonn 1992.

ausgemalt werden. Seit der Mitte des Jahres 1991 konnten die Folgen am grausamen Bürgerkrieg in Jugoslawien beobachtet werden, nicht anders als in den fünfzehn Jahren zuvor im Kampfe aller gegen alle im Libanon.

Das Entwicklungsdilemma wird folglich als Strukturproblem internationaler Politik bestehenbleiben: Wenn überhaupt je eine Problemstellung durchgängig an *weltweiter* Relevanz gewonnen hat, dann dieses Dilemma in seinen unterschiedlichen Manifestationen. Es besteht, wenngleich auf sublimierte Weise, zunächst zwischen den Mitgliedern des OECD-Clubs, wo es um die relative Aufwärts- bzw. Abwärtsmobilität von hochindustrialisierten Gesellschaften geht. Es besteht erneut, nicht anders als in der neuzeitlichen Geschichte vor 1945, zwischen dem westlichen Teil Europas (als Teil der OECD) einerseits und seiner östlichen und südöstlichen Hälfte andererseits. Weiterhin besteht es, wie immer schon in den vergangenen Jahrzehnten korrekt wahrgenommen, in den Nord-Süd-Beziehungen, heute im Grunde genommen auch schon innerhalb ausgewählter Segmente der Süd-Süd-Beziehungen.

Die für die internationale Politik weiter reichende Frage ist, *ob das Entwicklungsdilemma auch zum Hintergrund von virulent werdenden sicherheitspolitischen Dilemmata wird.* Für den OECD-Bereich kann diese Wahrscheinlichkeit ausgeschlossen werden. In Europa wird die Antwort auf diese Frage vom Aufbau einer verläßlichen und dauerhaften Sicherheitsarchitektur abhängig sein. Die Chancen hierfür sind nicht schlecht. In den Nord-Süd-Beziehungen ist eine allgemeine konfrontative und dominant werdende Konfliktkonstellation, dem ehemaligen Ost-West-Konflikt vergleichbar, nicht zu erwarten. Wahrscheinlicher sind Segmente in diesen Beziehungen, in denen sich das Entwicklungsdilemma in ein virulent werdendes Sicherheitsdilemma übersetzt. Vorstellbar sind solche Beziehungen zu den sogenannten »Waffenstaaten« (wie Irak, Libyen, Nordkorea u. a.), aber auch zu

Regionen, die auf Zeit einer militant fundamentalistischen, d.h. in der Regel einer antiwestlichen Politik verfallen. Am wahrscheinlichsten sind virulent werdende Sicherheitsdilemmata innerhalb der Entwicklungsregionen der Welt, wobei unterschiedliche Entwicklungszustände und ethnopolitische Konfliktlagen zu den entscheidenden Auslösern militanter Konflikte werden.

3. Wird das ökologische Dilemma strukturbildend?

Das Sicherheitsdilemma ist das klassische Problemfeld, mit dem sich Untersuchungen zur internationalen Politik beschäftigen. Das Entwicklungsdilemma bezeichnet, wie dargelegt, ein zweites strukturelles Problemfeld der internationalen Politik, das allerdings in aller Regel hinsichtlich seines systematischen Stellenwertes in Analysen internationaler Politik unterbelichtet bleibt. Von wachsender Bedeutung für die internationale Politik wird jedoch seit ein bis zwei Jahrzehnten eine weitere grundlegende Problemstellung, die als *Ökologiedilemma* bezeichnet werden könnte. In einer spezifischen Erscheinungsform stellt es sich als sogenanntes *Gemeingüterdilemma* dar. Der in diesem besonderen Fall zu beobachtende Sachverhalt ist jedoch durchaus von allgemeiner Bedeutung und deshalb verallgemeinerungsfähig.

Als Gemeingüter werden Güter bezeichnet, die – wie beispielsweise Luft oder Klima – allgemein und frei verfügbar sind und von deren Genuß in aller Regel niemand ausgeschlossen werden kann. Das bei der Nutzung dieser Güter entstehende Dilemma wurde als »Tragödie der Allmende« bezeichnet: Von der Nutzung des gemeinschaftlichen Weidelandes konnte im Mittelalter niemand ausgeschlossen werden. Wurde der Weidegrund normal beansprucht, d.h., gab es eine erträgliche Beziehung zwischen dem Ausmaß der Viehhaltung und der Größe des Weidegrundes, so war dessen ökologische Regenerationsfähigkeit gesichert. Wie bei allen Gemeingütern, bestand auch in der mittelalterlichen Allmende die Gefahr einer individuellen Nutzenmaximierung mit kollektiv abträglichen Folgen. Denn sucht ein einzelner seinen Nutzen durch zusätzliche Viehhaltung zu vergrößern, wird er nur Erfolg haben, solange sich der Weidegrund nicht erschöpft. Machen sich dessen Grenzen bemerkbar, so kann ein einzelner Viehhalter immer noch einen zusätzlichen Nutzen erwirtschaften, wenngleich der Grenznutzen der Weidewirtschaft für ihn wie für alle übrigen tendenziell abnimmt. Verhält sich nun jeder so wie dieser einzelne Nutzenmaximierer, dann wird es als Summe egoistischen Verhaltens zwangsläufig zu einer Überweidung mit katastrophalen Folgen kommen. Die Logik individuellen Selbstinteresses, die in einer vom einzelnen her rational kalkulierten Nutzenmaximierung begründet ist, führt dann zur »tragedy of the commons«, also zur Zerstörung der Allmende oder – allgemeiner betrachtet – der Gemeingüter.[1]

Die Problematik ist aus vielen Zusammenhängen wohlvertraut: Möglichst viele Wale – ein Gemeingut der offenen Meere – zu fangen ist rational im Sinne der individuellen Nutzenmaximierung einzelner Walfangflotten. Verhalten sich alle Walfänger entsprechend, werden die Wale ausgerottet. Treibgase unbedenklich in die Atmosphäre freizusetzen überwälzt die Kosten individueller Produktion und individuellen Konsums auf ein Gemeingut, die Ozonschicht. Als Ergebnis individuell-rational kalkulierten Verhaltens führt die Freisetzung zu einer Selbstschädigung aller. In diesen wie in vielen anderen Fällen verführt die Ausgangslage zur Maximierung eines kurzfristig kalkulierten individuellen Nutzens auf Kosten eines langfristigen kollektiven Interesses.

Man kann nun argumentieren, daß sich angesichts vielfälti-

1 Garrett Hardin, *The Tragedy of the Commons*, in: *Science*, Bd. 13, 1968, S. 1243-1248.

ger, zum Teil auch wissenschaftlich noch nicht genügend erkannter Vernetzungen, Rückkopplungen und synergetischer Effekte in der Natur »normale« ökologische Dilemmata bei sich zuspitzenden Belastungen der Ökologie durch einzelne, auch einzelne Staaten, dem Gemeingüterdilemma annähern. Aus der Chance, die abträglichen Folgen einer ökologischen Raubwirtschaft zu externalisieren und zu exterritorialisieren, ergeben sich vielfältige Anreize zur individuellen Nutzenmaximierung, ohne daß zunächst die zu erwartende Selbstschädigung eintritt. Aber solche Externalisierung und Exterritorialisierung führt in vielen Fällen, wie inzwischen immer deutlicher wird, zum Zusammenbruch übergreifender ökologischer Systeme und in der Folge davon zu kollektiven Katastrophen mit unausweichlichen Selbstschädigungseffekten. Wenn Oberanrainer Flüsse verseuchen, mögen zunächst nur die Unteranrainer geschädigt werden. Nicht auszuschließen ist jedoch die Vergiftung von Fischgründen auf offener See, die auch für den Oberanrainer abträgliche Konsequenzen hat.

In der internationalen Politik spielte die Ökologie-Problematik lange Zeit nur eine wenig beachtete Rolle. Der Wendepunkt war sicherlich das Jahr 1972, als in Stockholm die erste Umweltkonferenz der Vereinten Nationen abgehalten wurde. Seither sind immer mehr ökologische Problemlagen, die ohne internationales Interdependenzmanagement nicht gelöst werden können, in das Bewußtsein der internationalen Öffentlichkeit gelangt: der Verlust genetischer Ressourcen sowie das Aussterben von Pflanzen und Tieren (Artenvielfalt), die Zerstörung ganzer Ökosysteme (z. B. das Wattenmeer), die Abholzung von Wäldern, vor allem der tropischen Regenwälder, die fortschreitende Verwüstung weiter Regionen, die Vergiftung der Luft, der Gewässer und des Meeres, die Erschöpfung der Trinkwasservorräte, ja selbst die Verknappung von industriellem Brauchwasser, die Übersiedlung ohnehin schon übervölkerter Ballungsräume, die Erosion des Bodens, die chemische Änderung der Atmosphäre (Verlust der Ozonschicht), die globale Erwärmung (Treibhauseffekt) und anderes mehr.[1]

Diese ökologischen Problemlagen werden, da sie unmittelbar fühlbare negative Folgewirkungen auf das Leben von Menschen haben, unabweisbar zu einer *Ökologisierung der internationalen Politik* führen.[2] Es ist sogar zu erwarten, daß Verunsicherung in Zukunft eher aus einer sich verschlechternden und in Teilbereichen zusammenbrechenden Umwelt resultieren wird als aus militärischen Gefahrenlagen. Wenn dem so ist, wird sich die Aufmerksamkeit in Wissenschaft und Politik (einschließlich internationaler Politik) immer mehr auf die ökologischen Probleme und deren konstruktive Bewältigung im Sinne einer kollektiven Interessenoptimierung ausrichten müssen. Noch ist der Zeitpunkt nicht abzusehen, an dem dieser Problemstellung in weiten Teilen der Welt oder gar weltweit eine eindeutige Priorität zukommt. Doch die hierfür erforderliche Bewußtwerdung ist erstaunlich schnell vorangekommen: Ökologieorientierte Vernetzungen weisen ein erhebliches Wachstum auf. Internationale Umweltregime gewinnen an Bedeutung, wenngleich unübersehbar ist, daß der Problemdruck schneller als alle Versuche der Gegensteuerung wächst.[3]

1 Zu den Sachverhalten s. die inzwischen jährlich erscheinenden Berichte des Worldwatch Institute: *Zur Lage der Welt. Daten für das Überleben unseres Planeten*, Frankfurt (jährlich), sowie das *Jahrbuch Ökologie*, München (jährlich). Aus der Fülle der zusammenfassenden Literatur s. Alexander King und Bertrand Schneider, *Die globale Revolution. Ein Bericht des Rates des Club of Rome*, Hamburg 1991 (Spiegel-Spezial 2/92)

2 S. jetzt Michael Strübel, *Internationale Umweltpolitik. Entwicklungen, Defizite, Aufgaben*, Opladen 1992. Zur Konfliktproblematik in dieser Dimension s. Berthold Meyer und Christian Wellmann (Red.), *Umweltzerstörung. Kriegsfolgen und Kriegsursachen*, Frankfurt a. M. 1992, sowie Günther Bächler u. a., *Umweltzerstörung. Krieg oder Kooperation? Ökologische Konflikte im internationalen System und Möglichkeiten der friedlichen Bearbeitung*, Münster 1993.

3 S. Harald Müller, *Die Chance der Kooperation. Regime in den internationalen Beziehungen*, Darmstadt 1993, Kap. 5; Helmut Breitmeier u. a., *Internationale Umweltregime*, in: Volker von Prittwitz (Hg.), *Umweltpolitik als Modernisierungsprozeß*, Opladen 1993, S. 163-192; Peter M. Haas u. a. (Hg.), *Institutions for the Earth. Sources of Effective International Environmental Protection*, Cam-

Die internationale Ökologieproblematik ist jedoch mehr als die Summe einzelner möglicherweise korrigierbarer und reversibler Umweltschädigungen. Der wirklich brisante Kern der Ökologieproblematik – und damit das eigentliche Ökologiedilemma – besteht darin, daß der ressourcen- und energievergeudende Entwicklungspfad der vergangenen Jahrzehnte nicht in die Zukunft extrapolierbar ist, ohne einen weitgehenden, möglicherweise irreversiblen Kollaps der Umwelt zu produzieren. Dieser Sachverhalt betrifft zunächst einmal den Club der OECD-Länder einschließlich der ostasiatischen Schwellenländer mit erfolgreicher nachholender Entwicklung. Diese Länder sind, was den Anteil an der Verursachung globaler Umweltschädigungen betrifft, die Hauptverursacher (die durchschnittlichen Werte liegen in der Größenordnung von 60%). Bliebe ihr eigener Entwicklungsweg auf sie selbst begrenzt, fände er also keine Nachahmung anderenorts, so wäre er dennoch nicht in die Zukunft ohne erhebliche Korrekturen in Energieaufwand und Ressourcennutzung extrapolierbar. Dieser Entwicklungspfad führte also selbst bei einer Begrenzung auf jene Länder, die ihm bisher gefolgt sind, zum globalen Kollaps.

Von einer Verallgemeinerungsfähigkeit im weltweiten Sinne kann ohnehin nicht ausgegangen werden: Der Pro-Kopf-Ressourcen- und Energieverbrauch, wie er in den hochindustrialisierten Industrieländern üblich ist, würde – auf die Welt übertragen – in wenigen Jahrzehnten ihr ökologisches Ende bedeuten. Wäre also Entwicklungspolitik im Sinne *nachholender* Entwicklung in den Entwicklungsregionen dieser Welt wirklich erfolgreich, würde ein solcher Erfolg die ökologische Katastrophe in sich bergen! Bleibt dagegen Entwicklungspolitik erfolglos, wird sie damit, wie in den ver-

bridge 1993; Nazli Choucri (Hg.), *Global Accord. Environmental Challenges and International Responses*, Cambridge 1993, sowie die Beiträge in *Neue Umweltordnung? Theorien und Strategien nach Rio*, in: *Peripherie*, Bd. 13 (Heft 51/52), 1993.

gangenen drei Jahrzehnten, zu erheblichen Fehlentwicklungen beitragen. Auch unter dieser Annahme müßte es in Bälde zu einer durch Armut – und daraus abzuleitende Ressourcenübernutzung – verursachten ökologischen Katastrophe kommen. Ihre Ausbreitung ist in vielen Teilen der Dritten Welt seit Jahren erkennbar. Das bedeutet nicht, daß aus prinzipiellen Gründen eine ressourcenschonende und energiesparende Entwicklung unmöglich ist. Der dafür erforderliche entwicklungsstrategische Mix ist bekannt. *Aber solange in keinem einzigen Industriestaat ein Entwicklungspfad besteht, der, ohne eine ökologische Katastrophe zu provozieren, globalisierbar wäre, wird auch in den Entwicklungsregionen der Welt der in den Industriegesellschaften vorherrschende Weg imitiert werden.* Das bedeutet aber, daß weiterhin mit der Natur wie mit einer preisgünstigen Konkursmasse umgegangen wird. Die Folgen sind absehbar.[1]

Das eigentliche weltweite Ökologiedilemma besteht also darin, daß ohne einen ökologieorientierten Umbau der Wirtschaften in den hochindustrialisierten Gesellschaften und ohne eine ressourcen- und energiesparende Entwicklung in den Regionen »nachholender Entwicklung« die ökologische Katastrophe in beiden Teilen der Welt, wenn auch aus jeweils anderen Gründen, ins Haus steht. Ein solcher Umbau betrifft die Wirtschafts- und Finanzpolitik, die wirtschaftliches Handeln in eine umweltverträgliche Richtung steuern müßten. Er betrifft die Technologiepolitik, die dazu beitragen müßte, daß neue Technologien in allen möglichen Sparten auf Umweltverträglichkeit ausgerichtet werden. Er betrifft aber auch die Agrar- und die Verkehrspolitik, die beide immer noch in erheblichem Ausmaß Umweltschäden verursachen. Letztlich werden auch Bildungs- und Kulturpolitik ihren Beitrag zum ökologieorientierten Umbau leisten müssen.

1 Zur Gesamtproblematik s. Manfred Wöhlcke, *Umweltzerstörung in der Dritten Welt*, München 1987, sowie ders., *Der ökologische Nord-Süd-Konflikt*, München 1993.

Wie läßt sich das Ökologiedilemma konstruktiv bearbeiten? Anders formuliert, kann individuelle Nutzenoptimierung auf langfristige und kollektive Interessen ausgerichtet werden?

Internationale Umweltpolitik wird im bilateralen, regionalen und weltweiten Zusammenhang – Feuerwehreinsätzen vergleichbar – im Sinne nachsorgender Politik steuernd einzugreifen sich bemühen. Die wachsende Zahl von bilateralen Abmachungen und internationalen Konventionen ist hierfür ein Beleg. Aber wird man dadurch der globalen Herausforderung – der überfälligen Veränderung des überkommenen Entwicklungsparadigmas – gerecht? Wird es gelingen, Entwicklungsprozesse allenthalben in der Welt auf das Prinzip dauerhafter und tragfähiger Entwicklung (»sustainable development«) auszurichten? Und wird von der Bewältigung dieser Problemstellung in Zukunft internationale Politik maßgeblich vorgezeichnet und strukturiert werden? Wird »Erdpolitik« zum Fokus internationaler Politik? Wird es kongeniale Innenpolitiken geben?[1] Zwangsmaßnahmen zur Lösung dieses grundlegenden Problems werden nicht zur Verfügung stehen; sie würden nur das Sicherheitsdilemma aktualisieren. Vorstellbar ist eine auf dem Schutz kollektiver Interessen ausgerichtete Hegemonialpolitik, aber Hegemonialmächte mit einer solchen Interessenorientierung und einer entsprechenden Durchsetzungskraft existieren in der derzeitigen internationalen Wirklichkeit nicht mehr (und sie wird es auch nicht mehr geben), so daß mit einer solchen ordnungstiftenden Kraft nicht zu rechnen ist. Damit gibt es zum anhaltenden Bemühen um kooperative Lösungen keine Alternative. Diese aber setzen eine sich weit verbreitende Einsicht in die abträglichen Langzeitwirkungen kurzsichtigen

1 S. Ernst Ulrich von Weizsäcker, *Erdpolitik. Ökologische Realpolitik an der Schwelle zum Jahrhundert der Umwelt*, Darmstadt 1992³; Stiftung Entwicklung und Frieden (Hg.), *Nach dem Erdgipfel. Global verantwortliches Handeln für das 21. Jahrhundert*, Bonn 1992.

individuell-nutzenmaximierenden Verhaltens voraus. Solche Einsicht ist aber nur als Ergebnis eines mühsamen kollektiven Lernprozesses zu gewinnen.

Vielleicht wird dieser Lernprozeß überraschenderweise dadurch erleichtert, daß sich die überfälligen Korrekturen der Umweltpolitik (und damit der Entwicklungspolitik) für ideologische Auseinandersetzungen nicht mehr eignen. Das ist eine ganz andere Lage als während des Ost-West-Konfliktes, wo es um den Streit von Ideologien und letztlich um ideologische Vorherrschaft ging, wo die Masse der Menschen von dieser Auseinandersetzung relativ unberührt blieb und wo die Politik darauf zielte, die Grundwerte der jeweils anderen Seite zu verändern. Bei der Bewältigung des Ökologie-Dilemmas geht der Streit um den optimalen Schutz der natürlichen Lebensgrundlagen. Die Auseinandersetzung ist konkret und betrifft jeden einzelnen: sein Energieverhalten, seine Familienplanung, seine Erzeugung von Müll, seinen Konsumstil usf. Letztlich geht es vorrangig um eine Veränderung der eigenen übernommenen Werte. Aber Selbstkorrekturen aus Einsicht sind nicht schmerzlos!

4. Koordination bei wachsender Politisierung

Das Sicherheits-, Entwicklungs- und Ökologiedilemma veranlaßt Akteure, wenn sie sich – wie in aller Regel – individuell-rational verhalten, zu einer Maximierung eigener Positionsvorteile mit dem Ergebnis eines kontraproduktiven Gesamteffektes für alle Beteiligten: Die einseitige Maximierung von Sicherheit führt dann zu einer verallgemeinerten Verunsicherung (beispielsweise in der Folge rational kalkulierter Rüstungsschübe); individuelle Wohlfahrtsgewinne auf kurze Sicht (beispielsweise in der Folge protektionistischer Außenwirtschaftspolitik) lösen dann allgemeine Wohlfahrtsverluste auf lange Sicht aus; die Vorteilssuche bei der Nutzung der Natur, insbesondere von Gemeingütern, führt dann konsequent zu deren Zerstörung. Alle diese Vorgänge erhöhen das Sicherheitsdilemma, dem dann meist eine kostenintensive Aufmerksamkeit zu Lasten einer Bewältigung der anderen Dilemmata zugewendet wird. Wenn solchen abträglichen Konsequenzen entgegengewirkt werden soll, dann stellt sich, um abträglichen Optimierungsfallen zu entgehen, die Aufgabe der Koordination individuellen Handelns – also auch der einzelnen Staaten und der privaten Akteure im internationalen Umfeld – mit Blick auf eine *kollektive* Positionsoptimierung.

Die zentrale Frage müßte folglich lauten: Werden die entscheidenden Akteure in der internationalen Politik ihr Selbstinteresse durch unkoordinierte, einseitige, d. h. nationalistisch motivierte Maßnahmen zu verwirklichen suchen, oder wird es ein koordiniert-multilaterales Verhalten im Sinne eines an langfristigen Zielen orientierten »aufgeklärten« Selbstinteresses geben?[1]

Diese Koordinationsaufgabe ist in verschiedenen Zusammenhängen internationaler Politik unterschiedlich gelagert.[2] Liegt beispielsweise, wie in den innerwestlichen Beziehungen (OECD-Länder), eine Art von *symmetrischer Interdependenz* vor, müßte das Koordinationsdilemma leichter zu bearbeiten sein als im Falle *asymmetrischer Interdependenz*, wie sie die Nord-Süd-Beziehungen kennzeichnet. Weiterhin: Wie mühsam es ist, durch eine entsprechende Koordination Wege aus dem Sicherheitsdilemma zu finden, haben die Bemühungen in den vergangenen Jahrzehnten während des Ost-West-

1 Mit dieser Problematik beschäftigte sich in den vergangenen 15 Jahren die Diskussion über sog. internationale Regime. S. Harald Müller, *op. cit.* (Fn. 1, S. 127), sowie zum Stand theoretischer Diskussion Volker Rittberger (Hg.), *Regime Theory and International Relations*, Oxford 1993.
2 Die nachfolgenden Differenzierungen werden ausführlich begründet in Dieter Senghaas, *Interdependenzen im internationalen System*, in: Gert Krell und Harald Müller (Hg.), *Frieden und Konflikt in den internationalen Beziehungen*, Frankfurt a. M. 1994, S. 190-222.

Konfliktes gezeigt, der durch eine Art von *konfrontativer Interdependenz* geprägt war. Diese Erfahrung wird sich an vielen Orten der Welt, wo Sicherheitsdilemmata unverstellt virulent sind, im kleinen wiederholen, freilich oft mit globalen Auswirkungen wie bei den Vorgängen im Nahen und Mittleren Osten.

Weltweit zeichnen sich erhebliche Schwierigkeiten ab, eine *international-ökonomische* bzw. *international-ökologische Interdependenz* durch entsprechende Regelwerke auf einen vernünftigen Nenner kollektiven Handelns zu bringen. Im übrigen lehrt die Erfahrung, daß frühe Hoffnungen trügerisch waren, funktionale zwischenstaatliche Kooperation im »unpolitischen« Bereich würde sich in Richtung auf koordiniertes Handeln auch in den politisch sensiblen Bereichen von Sicherheit, Entwicklung und Gemeingüternutzung weiterentwickeln. Aller Erfahrung nach muß weiterhin eher von der anhaltenden sektoralen Begrenztheit *kooperativ-funktionaler Interdependenz* auf technisch-relevante Bereiche (beispielsweise das internationale Verkehrssystem und Nachrichtenwesen) ausgegangen werden.

Doch macht sich die – soziologisch begründbare – Erkenntnis breit, daß eine verläßliche Koordination individuellen Handelns (als Akteure sind vor allem Staaten gefordert) der *institutionellen Interdependenz* auf weltweiter Ebene bedarf. Sollen Institutionen von Nutzen und überdies stabil sein, bedürfen sie einer Begründung in gemeinsamer Werteorientierung: Die Imperative kollektiven Handelns müssen verinnerlicht werden, wenn die aufgezeigten grundlegenden Dilemmata der internationalen Politik sinnvoll bearbeitet werden sollen (*normativ-moralische Interdependenz*). Aus dem Sicherheitsdilemma würde dann eine Orientierung an gemeinsamer Sicherheit erwachsen; nachholende Entwicklung würde zu einer über die betriebswirtschaftliche und individuell-volkswirtschaftliche Rationalität hinausgehenden übergeordneten Problemstellung; die Nutzung von Gemeingütern würde aus kollektiven Überlebensgründen vom Ansatz her nachhaltig und pfleglich sein. Die Koordination des Handelns würde auch in internationaler Politik zu einer Selbstverständlichkeit, zu einem Ausdruck des zivilisierten wechselseitigen Umgangs der Staaten und Gesellschaften miteinander.

Individuelles Verhalten auf unabweisbare kollektive Handlungsimperative auszurichten ist nicht einfach, steht doch heute Politik in den allermeisten Gesellschaften der Welt unter einem erheblichen »Politisierungsdruck«. *Politisierung bedeutet aber in aller Regel die politische Mobilisierung partikularer Interessen und in der Konsequenz die Akzentuierung der Dilemmata in der internationalen Politik.*

Diese Politisierung mit erheblicher Breitenwirkung ist eine im internationalen System in abgeschichteter Form zu beobachtende Erscheinung neueren Datums. Noch vor hundert Jahren waren die meisten Gesellschaften der Welt weit entfernt von sozialer Mobilisierung, d. h., die Masse der Menschen lebte immer noch als Analphabeten in dörflichen Gemeinschaften auf der Grundlage von Selbstversorgungswirtschaft (Subsistenzökonomie). Die in der ersten Hälfte des 19. Jahrhunderts im Bereich der heutigen OECD-Gesellschaften eingetretene soziale Mobilisierung (England hatte einen Vorlauf im 18. Jahrhundert), die ihre Fortsetzung in den vergangenen Jahrzehnten in der übrigen Welt erfuhr, hat gegenüber dieser Jahrhunderte währenden Ausgangslage dramatische Ausmaße angenommen: Die Industriegesellschaften der Welt haben sich seit dem späten 19. Jahrhundert weitgehend entbäuerlicht, alphabetisiert und urbanisiert, wodurch die Grundlage eben für ihre Politisierung gelegt wurde. Aber auch bei der Mehrheit der sogenannten Entwicklungsregionen bzw. Entwicklungsländer ist eine erhebliche Urbanisierung, Alphabetisierung und Proletarisierung (die Kehrseite von Entbäuerlichung) zu beobachten, weshalb sich auch hier eine sich ständig erweiternde Grundlage für Politisierung herausbildete. In solchem Umfeld wird der Versuch, die Sicherheits-, Entwicklungs- und Ökologiedilemmata der internationalen Politik konstruktiv zu bearbeiten und den anstehenden Koordinationsaufgaben angesichts wachsender Interdependenz gerecht zu werden, nicht einfacher, sondern schwieriger.

Vor solchem Hintergrund greifen Zwangsmaßnahmen, mit denen Koordination erzwungen werden soll, immer weniger. Ausnahmen am Rande bestätigen diese Beobachtung. Dieser für die internationale Politik immer grundlegender werdende Sachverhalt ist selbst ein Ausdruck erfolgter Politisierung, denn politisierte Gesellschaften lassen sich, anders als in Fatalismus und politischer Apathie verharrende Gesellschaften, von außen immer weniger kontrollieren. Politisierung ist auch die Grundlage von Ethnopolitik und insbesondere von Nationalismus (Ethnonationalismus), und dort, wo Ethnopolitik sowie Nationalismus eine soziale Grundlage besitzen, wird den Versuchen einer imperialistischen, kolonialistischen oder hegemonialen Kontrolle verläßlich der Boden entzogen.

Politisierung äußert sich jedoch noch in anderer Hinsicht: Ohne Zweifel ist die Welt heute quantitativ gesehen »interdependenter« als vor hundert oder vor fünfzig Jahren. Der internationale Waren-, Kapital- und Technologieverkehr hat ebenso wie die arbeitsteilige Internationalisierung von Produktion erheblich zugenommen. Immer mehr Rohstoffe und Energieressourcen werden international hin und her getauscht. Besonders stark hat die informations- und kommunikationsmäßige Vernetzung der Welt zugenommen. Demonstrationseffekte haben heute weltweit spürbare Folgen. Der Reiseverkehr (Tourismus eingeschlossen) ist in beispielloser Weise internationalisiert. Wenn es einen durchschlagenden Indikator für das Ausmaß der Vernetzung mit zeitgleichen Effekten gibt, dann ist es das internationale Börsengeschehen, das inzwischen rund um die Uhr zeitgleich die internationalen Kapitalmärkte in Bewegung hält.

Diese Internationalisierung sollte jedoch nicht darüber hinwegtäuschen, daß sich gleichzeitig die *nationalen* Zusammenhänge verdichtet und vertieft haben: Immer mehr Menschen sind immer mehr von »ihrem« Staat abhängig; sie artikulieren ihre politischen Anforderungen mit Blick auf den Nationalstaat und erwarten von ihm spezifische Leistungen. Das Gewicht dieses Nationalstaates ist – über längere Zeit betrachtet – nicht geringer geworden, im Gegenteil: es hat an Größe und Bedeutung zugenommen, auch weil Vereinbarungen auf der Ebene internationaler Politik sich nur über den Einzelstaat durchsetzen lassen.

Damit entsteht eine paradoxe Lage: Die Welt ist internationaler strukturiert als früher und doch gleichzeitig nationaler. Hinsichtlich des *relativen* Gewichtes von Internationalität und nationaler Orientierung dürfte aller Wahrscheinlichkeit nach der Nationalstaat in allen wesentlichen Bereichen einen vergleichsweise höheren Bedeutungszuwachs erfahren haben als die internationale Verflechtung. Auf diesen Sachverhalt kann nicht oft genug verwiesen werden, da die Rede über wachsende internationale Verflechtungen den Blick auf ihn verstellt. Natürlich hat die internationale Verflechtung eine bemerkenswerte *absolute* Größenordnung erreicht. Das ist der entscheidende objektive Grund für einen allenthalben spürbaren und letztlich unabweisbaren internationalen Handlungsbedarf.

Stellt sich also die Welt im Vergleich zu früheren Zeiten als interdependenter dar, dann gibt es auch Hoffnung auf einen sich allmählich durchsetzenden Kosmopolitismus. Da die Welt aber zugleich auch nationaler geworden ist, hat vor allem in chronischen Problemzonen der internationalen Politik der Nationalismus weiterhin (und wahrscheinlich in zunehmendem Maße) eine Zukunft. Diese paradoxe Situation ist nicht

einfach zu verarbeiten: Die allgemeine Koordinationsproblematik in der internationalen Politik wird deshalb nicht weniger zählebig sein als die hervorgehobenen Dilemmata der
internationalen Politik in den drei wesentlichen Sachbereichen Sicherheit, Entwicklung und Ökologie.

5. Droht Chaotisierung?

Die sich seit Jahrzehnten verändernde soziopolitische
Grundlage des internationalen Systems erlaubt es immer weniger, daß früher vertraute Großstrukturen (Großreiche, Imperien, Allianzen usf.) überleben, insofern sie nicht das
»organische« Ergebnis einer Entwicklung von kleineren Einheiten (Gesellschaften, Staaten usf.) sind, die aus kongenialen
Gründen eine über die jeweiligen Einheiten hinausgehende
integrative Vernetzung für erstrebenswert halten und demzufolge ein solches Ziel auch praktisch verfolgen (derzeit ist ein
solcher Vorgang im Hinblick auf den sich herausbildenden
Europäischen Wirtschaftsraum, EWR, zu beobachten). Das
heißt: Einfach machtmäßig zusammengezwungene Großgebilde (wie es beispielsweise die alte Sowjetunion war) sind
angesichts wachsender Politisierung nicht mehr mit den gängigen Instrumentarien (Indoktrination, hochzentralisierte
Bürokratien, Zwang usf.) stabilisierbar.

Was für Großgebilde der genannten Art gilt, trifft natürlich
auch für künstlich zusammengewürfelte, nicht organisch
gewachsene kleinere Einheiten zu: In diesen kann ein für
überlebensfähige kollektive Verbände erforderliches »Wir-
Gefühl« nicht zustande kommen, weshalb auch sie unter
angebbaren Gründen, allermeist in der Folge massenhaft erlebter relativer Deprivation, zerbrechen. Heute sind Dut-
zende von ethnopolitischen bzw. ethnonationalistischen Bewegungen hierfür ein weltweit zu erkennender Beleg. Genau
betrachtet dokumentiert die zunehmende Häufigkeit von

ethnopolitisch motivierten Bewegungen unerledigte Entwicklungsaufgaben. Diese sind ihrerseits meist das Ergebnis machtmäßig sowie soziostrukturell und soziokulturell bedingter Entwicklungsblockaden. In einem solchen als illegitim und ungerecht empfundenen herrschaftlichen Zusammenhang kann ein »authentisches Wir-Gefühl« nicht entstehen.

Authentizität wird dann meist durch einen Rückgriff auf Medien, die wie die eigene Sprache eine bruchlose Identifikation erlauben, gesucht, oder Gegenstände möglicher Identifikation wie Brauchtum und Geschichte werden rekonstruiert. Auf diese Weise entstehen »imagined communities« (B. Anderson). Ethnizität kristallisiert sich dabei im Maße der Entstehung einer Konfliktpartei heraus und provoziert natürlicherweise die Herausbildung einer entgegengesetzten Konfliktpartei, also Gegenethnizität. Findet dieser Vorgang im Umkreis des Zerfalls autoritärer Strukturen statt, so entstehen »demokratische Graswurzelbewegungen« in einem zumeist relativ institutionenfreien Raum. In einem solchen Raum bestehen keine ausreichenden Institutionen, die die eskalationsträchtige Dynamik von Ethnizität und Gegenethnizität einzubinden, zu kanalisieren oder zu mäßigen vermöchten. Dann stehen Interesse gegen Interesse, Rechtsanspruch gegen Rechtsanspruch, schließlich »Wahrheit« gegen »Wahrheit«. Demokratisierung, das unausweichliche Ergebnis des weltweiten soziopolitischen Strukturwandels, fördert solche Konflikte, Fundamentaldemokratisierung spitzt sie zu: Wenn alles schiefläuft, eskalieren Konflikte dieser Art in bürgerkriegsähnliche Auseinandersetzungen bzw. in regelrechte Bürgerkriege mit sich bekämpfenden Militärformationen. Das ist die politische Szene, die sich heute weltweit beobachten läßt. Wer immer davon ausgehen sollte, hierbei handle es sich um kurzfristige Erscheinungen, gewissermaßen um den Ausdruck einer modebedingten politischen Konjunktur, verkennt die Tiefe und Reichweite des Strukturwandels, aus dem heraus diese Erscheinung – Ethnopolitik – erwächst.[1]

Im OECD-Bereich sind ethnopolitische Konfliktlagen eher die Ausnahme als die Regel (Nordirland, Baskenland, Korsika usf.). Aber dieser Bereich ohne virulentes Sicherheitsdilemma nach innen und bisher weithin auch nach außen könnte von solchen Erscheinungen schnell eingeholt werden: Die wachsende Kluft zwischen dem »Club der OECD« und dem »Rest der Welt« – Ursprung vielfach empfundener politischer, ökonomischer und sozialer Benachteiligung sowie erlebter kultureller Marginalisierung – wird auf Dauer nicht ohne weiteres durch die Unterprivilegierten toleriert werden. Vielleicht erwächst daraus keine große Konfliktkonstellation. Vielleicht wird in diesem Segment des internationalen Systems einfach eine Chaotisierung internationaler Politik mit hohem Ärgerniswert eintreten. Von der diffusen Ausgangslage her gesehen, ist eine derartige Folge noch am ehesten zu erwarten. Insofern solche Chaotisierung räumlich eingrenzbar wäre, würde sie – kurzfristig und kurzsichtig gedacht – möglicherweise als hinnehmbar empfunden. Aber eine solche Sichtweise würde den Zugang zu einem überfälligen globalen Interdependenzmanagement verbauen.

1 Aus historischer Perspektive s. Imanuel Geiss, *Die neue Welt-Unordnung. Historische Voraussetzungen und politische Perspektiven der jüngsten Chaotisierung in der Welt*, in: *Humboldt-Journal zur Friedensforschung*, Nr. 2, 1992, S. 66-76, und Samir Amin, *L'empire du chaos*, Paris 1991.

Weltinnenpolitik: Ansätze für ein Konzept

Weltinnenpolitik: Das ist ein weit ausgreifendes Konzept, vielleicht zu ausgreifend angesichts der Beobachtung, daß die meisten derzeitigen Staaten in der Welt die größten Schwierigkeiten haben, ihre eigene Innenpolitik problemgerecht zu gestalten. Warum sollten sie zu »Weltinnenpolitik« fähig sein, wenn sie nicht einmal imstande sind, ihre wichtigsten politischen Probleme im eigenen Land zu bewältigen?

Weltinnenpolitik: Das ist auch ein verführerisches Konzept, weil mit ihm insgeheim unterstellt wird, daß die Welt eine Einheit bildet, während sie in Wirklichkeit unübersehbar in mehrfacher Hinsicht zerklüftet ist. Und dennoch zeigen sich allenthalben Problembereiche mit tendenziell oder tatsächlich schon existierenden weltweiten Bezügen – Problembereiche, die sich nicht mehr als die Summe unkoordinierter nationaler Politiken angemessen bearbeiten lassen. Weltpolitische Bemühungen um eine solche Bearbeitung gibt es schon, und deshalb ist das Konzept einer »Weltinnenpolitik« nicht nur eine Fiktion, sondern auch in der Realität bruchstückhaft verwirklicht – gewiß unzulänglich, aber erweiterungsfähig, wenngleich ungeachtet aller Wünschbarkeiten nicht vorauszusagen ist, wohin die Entwicklung gehen wird.[1]

Eine Diskussion über Weltinnenpolitik setzt also, erstens, ein realistisches Bild der heute existierenden Welt als einem in sich zerklüfteten Gebilde voraus. Nur vor einem solchen Hintergrund können Fragen mit weltweitem Bezug angemessen thematisiert werden. Eine solche Diskussion sollte, zweitens, die schon vorhandenen Ansätze einer Weltinnenpolitik

---

[1] Eine frühe Thematisierung der Problematik, einschließlich der Begriffsbildung (»Welt-Innenpolitik«) findet sich in Carl Friedrich von Weizsäcker, *Der bedrohte Friede*, München 1981, S. 125-137 (der Text stammt aus dem Jahre 1963).

registrieren. Und sie sollte, drittens, zur weiteren programmatischen Entfaltung des Konzepts der Weltinnenpolitik beitragen.

1. Die Welt, in der sich Weltinnenpolitik zu bewähren hätte

Was meint die Aussage, die Welt sei keine homogene Einheit, sondern ein zerklüftetes und in sich gebrochenes Gebilde? Wenigstens die folgenden drei Kontexte sollten unterschieden werden:

Die »Welt der OECD«: Wenn man begreifbar machen möchte, was »Weltinnenpolitik« sein könnte, dann eignet sich hierfür dieser Ausschnitt des internationalen Systems vortrefflich. Die Staaten der Organisation für Wirtschaftliche Zusammenarbeit und Entwicklung (OECD) und darin insbesondere die Europäische Gemeinschaft sind in unvergleichlicher Weise miteinander materiell, kommunikationsmäßig und informationell sowie institutionell vernetzt. Sie haben überdies eine vergleichbare ordnungspolitische Ausrichtung im Sinne von demokratischer Rechtsstaatlichkeit und Marktwirtschaft.

Wenngleich immer noch nicht davon gesprochen werden kann, daß staatliche Souveränität in diesem Segment der Welt anachronistisch geworden sei, so ist sie doch in vielfacher Hinsicht durch innere gesellschaftliche Kräfte und die transnationalen Verbindungen gesellschaftlicher Gruppierungen deutlich relativiert.[1] Diese Aussage gilt vor allem im Hinblick

1 S. erhellend Fritz W. Scharpf, *Die Handlungsfähigkeit des Staates am Ende des zwanzigsten Jahrhunderts,* in: *Politische Vierteljahresschrift,* Bd. 32, 1991, S. 621-634. Weiterhin Miriam L. Campanella, *The Facts of Globalization and Turbulence on Policy-Making Processes,* in: *Government and Opposition,* Bd. 28, 1993, S. 190-205; John Dunn, *Political Science, Political Theory and Policy-Making in an Interdependent World,* in: ebd., S. 242-260; David Held und Anthony McGrew, *Globalization and the Liberal Democratic State,* in: ebd., S. 261-288.

auf die Europäische Gemeinschaft, weit weniger natürlich hinsichtlich der Vereinigten Staaten und Japan, bei denen vor allem in außenwirtschaftlicher Hinsicht ein vergleichbarer Souveränitätsabbau nicht zu beobachten ist.[1]

In diesem Segment des internationalen Systems findet eine anhaltende Koordination und Konzertierung der Politik statt. Sicher sind solche Bemühungen nicht immer von Erfolg gekrönt, und die Gefahr einer Renationalisierung ist nicht aus der Welt. Eine von vielen befürchtete zugespitzte Renationalisierung wesentlicher Politikbereiche nach dem Ende des Ost-West-Konflikts ist allerdings bisher nicht eingetreten, obgleich in der Vergangenheit Konzertierung und Koordination innerhalb der OECD nicht selten als ein Ausfluß der übergeordneten, die Nachkriegszeit kennzeichnenden bipolaren Konfliktkonstellation interpretiert wurden.

Käme es zu einer solchen Renationalisierung, dann würde ein Ausschnitt von Weltinnenpolitik – oder präziser: von OECD-Welt-Innenpolitik – zusammenbrechen: Das Ausmaß an materieller Vernetzung würde sich zurückbilden, der institutionelle Zusammenhalt würde geschwächt werden, und die für eine Zivilisierung von Politik erforderlichen Koordinationsleistungen würden mehr oder minder versiegen. Es schlüge die Stunde der Renaissance alter Machtpolitik im Sinne kompetitiver bis antagonistischer geopolitischer Bestrebungen. Gegebenenfalls würde sich die Welt der OECD in drei regionale Wirtschaftsblöcke zergliedern; selbst diese Blöcke könnten noch in sich zerbröseln: Im Bereich der heutigen EG würde es dann zu einem Wiederaufleben von Machtlagen und Rivalitäten von der Art der zwanziger und dreißiger Jahre kommen.

Über die Überlebensfähigkeit des Staates s. Karl W. Deutsch, *State Functions and the Future of the State*, in: *International Political Science Review*, Bd. 7, 1986, S. 209-222.

1 Zu den strukturellen Unterschieden s. Dieter Senghaas, *Die ungleichen Partner der Triade. USA – Japan – Deutschland*, in: *Blätter für deutsche und internationale Politik*, Heft 9, 1993, S. 1080-1085.

Aber selbst wenn eine solche Entwicklung verhindert werden kann und der Integrationsprozeß vor allem im Bereich einer sich erweiternden Europäischen Gemeinschaft fortschreitet, sind gegenläufige Prozesse am Rande nicht auszuschließen. So führen bekanntlich integrative Verdichtungsprozesse immer auch leicht zur Verdichtung von Kernzonen bei gleichzeitiger Marginalisierung von Randzonen. Wenn in jüngster Zeit beispielsweise in Italien politische Kräfte im Norden den chronisch zurückbleibenden Süden am liebsten aus dem nationalen Verbund ausstoßen würden (etwa die Lombardische Liga), dann wird die Dialektik von Verdichtung und Marginalisierung mit potentiell staatssprengender Folge politisch virulent. Andernorts bemühen sich zurückhängende Gebiete (wie beispielsweise Schottland innerhalb Großbritanniens), durch Trennung von der jeweiligen Zentralregion bessere Startchancen für eine eigenständige und nachholende Entwicklung zu gewinnen. Im letzteren Fall wird in Selbstbestimmung und Souveränität und nicht in der Integration in übergeordnete Verbünde die Chance für eine Entwicklung nach eigenen Maßstäben gesehen.

Die Welt der OECD ist also in einer Hinsicht unvergleichlich homogen und verkörpert eine über die einzelnen Gesellschaften hinausgehende »Gesellschaftswelt« beziehungsweise »Wirtschaftswelt«.[1] Sie kennt aber auch Einbruchstellen und mäßige Zerklüftungen, die – sollten sie politisch virulent werden – diesen begrenzten Ausschnitt von Weltinnenpolitik in Frage stellen könnten. Damit würde auch der sogenannte »OECD-Frieden« zu einem Ende kommen, also jene in der internationalen Politik bemerkenswerte Errungenschaft der vergangenen Jahrzehnte, deren wesentlicher Inhalt in einem dauerhaften Frieden zwischen den führenden Industriegesellschaften der Welt bestand.

Um eine solche Regression zu verhindern, sind gerade auch

---

1 S. hierzu Ernst-Otto Czempiel, *Weltpolitik im Umbruch*. München 1993[2].

im OECD-Segment des internationalen Systems anhaltende Bemühungen um eine weitere Zivilisierung von Politik erforderlich. Sie müssen sich auf die Festigung demokratischer Rechtsstaatlichkeit ausrichten, vertrauensbildende Sicherheitsstrukturen im Sinne institutionalisierter Erwartungsverläßlichkeit zum Ziel haben, ökonomischen Ausgleich anstreben und die Fähigkeit zu einer verständnisvollen Begegnung mit Menschen in anderen Gesellschaften und Kulturräumen fördern.

Die »übrige Welt«: Was innerhalb der OECD ein Randphänomen ist, nämlich die Gefahr der Marginalisierung als Folge von Verdichtungsprozessen, charakterisiert grundlegend die Welt außerhalb der OECD, hier als »übrige Welt« bezeichnet. Mit der OECD vergleichbare Verdichtungen von Wirtschafts- und politischen Räumen lassen sich dort nicht beobachten. Im Gegenteil, alle Versuche, die seit den sechziger Jahren und insbesondere seit der Mitte der siebziger Jahre unter dem Stichwort »collective self-reliance« diskutiert wurden, sind gescheitert. Ist die Welt der OECD von einer symmetrischen Interdependenz gekennzeichnet, definiert sich die Lage der übrigen Welt aus asymmetrischer Interdependenz. In ihr steht nachholende Entwicklung, ob mit Aussicht auf Erfolg oder nicht, auf der politischen Tagesordnung: der Versuch, tragfähige Ökonomien zu bilden, die imstande wären, wirtschaftliche Grundleistungen für die eigenen Bevölkerungen zu mobilisieren.

»Weltinnenpolitik« ist in diesem Ausschnitt des internationalen Systems nicht das »natürliche« Ergebnis sich verdichtender Wirtschaftsräume, die schließlich durch gemeinsame Institutionen politisch überwölbt würden; sie hat vielmehr eher Forderungscharakter, wie er in der Debatte über eine Neue internationale Wirtschaftsordnung seit Mitte der siebziger Jahre artikuliert wird. Im Sinne einer für überfällig gehaltenen Weltinnenpolitik zugunsten der Entwicklungsre-

gionen der Welt wurden unter anderem die Reform des Welt-
handels- und des Weltfinanzsystems gefordert, weiterhin
ein weltweit abgestimmtes Industrialisierungsprogramm, er-
leichterte Modalitäten für den internationalen Technologietransfer und vieles andere mehr. Entsprechende internationale Regime sollten die für erforderlich gehaltene weltweite
Kooperation steuern helfen.[1]

Allerdings bildet die »übrige Welt«, also im wesentlichen
die Entwicklungsregionen, keine homogene Einheit.[2] In ihr
finden sich, beispielsweise in Ostasien, Gesellschaften, denen
es gelungen ist beziehungsweise in Bälde gelingen wird, Teil
der OECD-Welt zu werden. Ihre Erfolgsgeschichte ist nicht
verständlich ohne Berücksichtigung der rigorosen Steuerung
der jeweiligen Wirtschafts- beziehungsweise Entwicklungspolitik: Die souveräne und extrem staatsinterventionistische
Gestaltung des eigenen Entwicklungsprozesses und insbesondere der außenwirtschaftlichen Rahmenbedingungen war
Grundlage der Entwicklungsstrategie. Allerdings wäre auch
hier Staatsinterventionismus wie an vielen anderen Stellen in
der sonstigen Entwicklungswelt ohne produktive Folgen geblieben, wären nicht die inhaltlichen Akzente der jeweiligen
Politik korrekt gesetzt worden: Die souveräne Verfügung
über eigene Ressourcen ist noch keine Garantie dafür, daß
elementare Entwicklungsprobleme gelöst werden.

Dieser Sachverhalt zeigt sich deutlich in den sogenannten
Schwellenländern außerhalb Ostasiens (beispielsweise in Lateinamerika: in Brasilien, Mexiko und Argentinien, aber auch
auf anderen Kontinenten), wo oft relativ starke Staatsappa-
rate durchaus über Handlungspotentiale verfügen, die Ak-

---

1 Eine reakzentuierte Perspektive, die sowohl das Erfordernis einer Restrukturie-
rung internationaler Regime als auch die inneren Eigenanstrengungen betont,
findet sich in dem von der Stiftung Entwicklung und Frieden herausgegebenen
Bericht der Südkommission: *Die Herausforderung des Südens*, Bonn 1991.
2 Zu folgendem s. Ulrich Menzel und Dieter Senghaas, *Europas Entwicklung und
die Dritte Welt. Eine Bestandsaufnahme*, Frankfurt a.M. 1986, Kap. 4 und
Kap. 5.

zente der jeweiligen Entwicklungspolitik aber falsch gesetzt waren und positive Ergebnisse deshalb nicht zustande gekommen sind. Bestenfalls kommt es dann zu sektoralen Erfolgen ohne entsprechende Breiteneffekte. Die Chance, den eigenen Entwicklungsprozeß souverän gestalten zu können, wurde vielerorts, anders als in Ostasien, vergeudet.

Die meisten Länder in den Entwicklungsregionen der Welt zeichnen sich jedoch durch schwache Steuerungsapparate sowie überdies durch strukturelle Stagnation oder Regression oder gar wachsende Chaotisierung aus. In extremen Fällen, wie vielerorts in Afrika, werden solche Länder zu chronischen Empfängern von internationaler Alimentierung. Entwicklungspolitik ist dann oft nur noch akute Katastrophenhilfe in Räumen, in denen nicht selten an die Stelle öffentlicher Verwaltung Bürgerkriegsparteien und Soldatesken getreten sind.[1] Von Souveränität im Sinne eines gesicherten Gewaltmonopols und der eigenständigen Fähigkeit zur Steuerung politischer Prozesse kann dort nicht mehr die Rede sein, von einer Grundlage für Weltinnenpolitik erst recht nicht.

Wollte man vermittels Weltinnenpolitik die Lage der »übrigen Welt« verbessern – und das kann nur heißen: Entwicklung angemessen inszenieren –, dann stellen sich ihr dort ganz andere Aufgaben als in dem verdichteten Interaktionsraum der OECD. Ohne Zweifel hätte dabei Souveränität einen strategischen Stellenwert, weil ohne die souveräne Steuerung von Entwicklungsprozessen die Folgen eines internationalen Verdrängungswettbewerbs und des aus ihm resultierenden Peripherisierungsdrucks nicht konterkariert werden können.

Wenn also in gängiger Diskussion weltflächig von der »Obsoletheit nationaler Souveränität« gesprochen wird, dann geschieht dies aus einer sehr OECD-zentrischen Betrachtungs-

---

1 S. Ulrich Menzel, *Das Ende der Dritten Welt und das Scheitern der großen Theorie*, Frankfurt a. M. 1992, S. 202 ff.

weise. Unter der Voraussetzung, daß die Grundlage für Integration, nämlich substitutive Arbeitsteilung, Bestand hat, ist und wird in der Welt der OECD Souveränität zwar nicht obsolet werden, aber sie hat hier doch einen weit geringeren Stellenwert als in den Entwicklungsregionen. In dieser »übrigen Welt« sind starke staatliche Steuerungsmedien erforderlich. Ohne sie würde sich eine Überwältigung peripherer Räume in der Weltwirtschaft durch produktivere Ökonomien, wie in der Vergangenheit üblich, auch in der Zukunft fortsetzen.

Die »ganze Welt«: Internationaler Handel, die Transnationalisierung von Produktion, der Technologietransfer, die Internationalisierung von Forschungs- und Entwicklungsaktivitäten, die Globalisierung der Finanzmärkte sowie die Internationalisierung von Information, Kommunikation und Verkehr sind weltweite Vorgänge, die sich jedoch im wesentlichen innerhalb der beiden aufgezeigten Kontexte, OECD und übrige Welt, jeweils spezifisch niederschlagen. Die Welt als Ganzes bildet insbesondere eine Art von globaler Schicksalsgemeinschaft. Während der gesamten Nachkriegszeit war die Gefahr eines Nuklearkrieges konstitutiv für diese weltweite Schicksalsgemeinschaft.

An die Stelle dieser Gefahr ist inzwischen eine offensichtlich exponentiell wachsende Weltökologieproblematik getreten. Vor allem sie konstituiert, was jüngst mit dem Begriff der »Weltrisikogesellschaft« (Michael Zürn) beschrieben wurde: Wenn reichtumsbedingte abträgliche Ökologieeffekte sich mit armutsbedingten Ökobelastungen kombinieren, kann es zu weltweiten Folgen kommen, die alle übrigen Weltprobleme als klein erscheinen lassen. In der Auseinandersetzung mit dieser Problematik findet Weltinnenpolitik eine problemangemessene Zuspitzung und damit ihren eigentlichen Gegenstand. Vielleicht wird einmal später die Rio-Konferenz über Umwelt und Entwicklung (1992) als Einstieg in eine wirklich weltweit konzipierte kooperative Weltinnenpolitik interpretiert werden können.

2. Ansätze von Weltinnenpolitik und deren programmatische Erweiterung

Weltinnenpolitik im Hinblick auf zentrale Weltprobleme ist in dreifacher Hinsicht zu diskutieren: erstens im Hinblick auf die Globalisierung von internationalen Prozessen, ihren Problemen und den daraus erforderlich werdenden Regelungsschüben; zweitens im Hinblick auf Fragmentierungsprozesse in der Welt und die hierfür erforderlich werdenden Streitschlichtungsmodalitäten; und schließlich drittens im Hinblick auf eine neue Kultur der Konfliktbearbeitung einschließlich entsprechender Interventionsmodalitäten von seiten der Weltgemeinschaft.

Globalisierung und Regelungserfordernisse: Der Prozeß der Internationalisierung und Globalisierung, der unausweichlich zu einer höheren Komplexität politischer Vorgänge in der Welt führt, macht eine entsprechende Koordination und Konzertierung von Politik erforderlich.[1] Regelungen sind insbesondere nötig im Hinblick auf die drei zentralen Problembereiche internationaler Politik:

– die internationale Sicherheitsproblematik, wie sie sich in den Regelungserfordernissen im Bereich der Nichtweiterver-

---

1 Ein vorzüglicher Gesamtüberblick zu dieser Problematik findet sich in Harald Müller, *Die Chance der Kooperation. Regime in den internationalen Beziehungen*, Darmstadt 1993; weiterhin Michael Zürn, *Jenseits der Staatlichkeit. Die Folgen der ungleichzeitigen Denationalisierung*, in: *Leviathan*, Bd. 20, 1992, S. 490-513. S. auch Dietrich Thränhardt, *Globale Probleme, globale Normen, neue globale Akteure*, in: *Politische Vierteljahresschrift*, Bd. 33, 1992, S. 219-234. Kritisch im Hinblick auf die Chancen der Verregelung sind Michael Bonder u. a., *Vereinheitlichung und Fraktionierung in der Weltgesellschaft*, in: *Prokla*, Bd. 23, 1993, S. 327-341.

breitung von Massenvernichtungswaffen, eines umfassenden Teststopp-Abkommens, einer den Waffenhandel beschränkenden Konvention und im Hinblick auf den Transfer von Rüstungstechnologie niederschlägt;

– die internationale Entwicklungsproblematik, die sich in der Spannung zwischen den Erfordernissen einer weltweiten Liberalisierung von Märkten und staatsinterventionistischer Entwicklungspolitik bewegt;

– die internationale Ökologieproblematik und die sich aus ihr ergebenden Erfordernisse, beispielsweise für eine weltweit wirksame Klimakonvention.

Andere weltweite Problembereiche kommen hinzu, beispielsweise die Abwehr von Seuchen und Epidemien (AIDS), die Eindämmung des internationalen Drogenhandels und entsprechender Geldwäsche, politisch, ökologisch und ökonomisch verursachte internationale Migrationsbewegungen sowie die dadurch mitbedingten innergesellschaftlichen Konflikte.[1]

Die der internationalen Politik zugrunde liegenden Sicherheits-, Entwicklungs- und Ökologiedilemmata lassen – nicht anders als die genannten übrigen Weltprobleme – zufriedenstellende Lösungen in einem rein nationalen Rahmen nicht mehr zu. Absprachen sowie eine Koordination und Konzertierung von Politik sind erforderlich. Dabei darf nicht übersehen werden, daß der normale Bezugspunkt von Politik die Bevölkerung im jeweils eigenen Staate ist. Da die Bevölkerungen aber heute gesellschaftlichen Konflikten stärker ausgesetzt sind als noch vor Jahrzehnten, wird sich diese Binnenorientierung von Politik nicht abschwächen, sondern eher noch akzentuieren. Internationale Regelungen in den genannten Problembereichen werden dadurch um ein Vielfaches erschwert: Ist schon die Koordination von Politik im Innern von Gesellschaften zu einem wachsenden, oft als un-

1 Materialreiche Beiträge zu den genannten Problembereichen finden sich in Peter J. Opitz (Hg.), *Weltprobleme*, München 1990[3].

handhabbar erscheinenden Problem geworden, so erweist sich politische Koordination im zwischenstaatlichen und zwischengesellschaftlichen Umfeld als ein noch widerborstigeres Geschäft. Nicht nur schlagen massiv artikulierte innergesellschaftliche Interessen direkt auf die internationale Ebene durch, auch die Konflikte zwischen den Staaten akzentuieren sich. Die Auseinandersetzung mit den genannten Weltproblemen stellt also nicht nur Koordinationsaufgaben auf internationaler Ebene, sondern auch solche im innergesellschaftlichen Bereich, ohne deren zufriedenstellende Lösung die auf internationaler Ebene vertretene Politik keine Legitimität fände.

In aller Nüchternheit muß dabei betont werden, daß nicht alle realen Probleme auf diesem (oder auf anderem) Wege einer Lösung zugeführt werden können. Diese Beobachtung gilt insbesondere für das weitere Wachstum der Weltbevölkerung und die daraus resultierenden schwerwiegenden Folgen im Hinblick auf die Belastbarkeit ohnehin schon brüchiger politischer, sozialer, wirtschaftlicher und kultureller Systeme, von der zusätzlichen Belastung der Ökologie ganz zu schweigen. Was immer möglicherweise hinsichtlich der internationalen Ökologie- und Entwicklungsproblematik an positiven Ergebnissen erreicht werden könnte, wird aller Wahrscheinlichkeit nach durch die absehbare Verdoppelung der Weltbevölkerung konterkariert werden. Und da diese Verdoppelung gerade in den Problemzonen der Welt stattfinden wird, wird die Zerklüftung der Welt eher zunehmen, als sich einebnen lassen. Daher werden sich die Konfliktpotentiale der Welt – innergesellschaftlich, regional, kontinental und weltweit – weiter akzentuieren, der Aufwand für Konfliktbearbeitung wird erheblich zunehmen.

Der Prozeß der Fragmentierung und die Erfordernisse für Streitschlichtung: Wenn Konflikte zunehmen, sei es, weil Globalisierungsprozesse immer auch zu Marginalisierungen und entsprechenden Konfliktpotentialen führen, sei es einfach, weil unvereinbare Interessen härter aufeinanderstoßen, muß Streitschlichtung zu einem existentiellen Aktionsfeld von Weltinnenpolitik werden. Die hierfür erforderlichen Kapazitäten und Fähigkeiten sind kaum entwickelt.

»Friedliche Streitbeilegung« ist ein völkerrechtliches Konzept, das in wenig akzentuierten Konfliktsituationen vielfach lautlos erprobt ist, jedoch bei zugespitzten Konflikten wenig benutzt wurde – ein deutliches Zeichen für die anhaltende Bedeutung nationaler Souveränität.[1] Es konnte sich deshalb auch kaum wirklich bewähren. Vielleicht sind nunmehr nach dem Ende des Ost-West-Konflikts die Zwänge für eine bilaterale, regionale und internationale Streitschlichtung um ein Vielfaches stärker als in den zwanziger und dreißiger Jahren, in denen dieser Konfliktlösungsmodus weithin versagt hat. Dabei ist an die ganze Palette friedlicher Streitbeilegungsverfahren zu denken: an Konsultation und Verhandlung, an Untersuchung und Tatsachenerhebung, an Vermittlung, gute Dienste, Vergleich und Schiedsspruch, aber auch an gerichtliche Entscheidungen oder an eine Kombination solcher Verfahren.

Von vergleichbarer Bedeutung ist der Ausbau präventiver Diplomatie, vor allem auf der Ebene der Vereinten Nationen und regionaler Organisationen wie der Konferenz über Sicherheit und Zusammenarbeit in Europa (KSZE). Auch muß auf friedensverträgliche Sicherheitsstrukturen hingearbeitet werden, die auf vertrauens- und sicherheitsbildenden Maßnahmen sowie auf Inspektions- und Verifikationsregimen aufbauen und drastische Rüstungsbegrenzungsmaßnahmen vor allem im Bereich offensiv einsetzbarer Waffen zur Voraussetzung haben. Denn nur wo friedliche Streitschlichtung, präventive Diplomatie und friedensverträgliche Sicherheits-

1 Über friedliche Streitbeilegung s. den Beitrag von Horst Fischer in: Knut Ipsen, *Völkerrecht*, München 1990, S. 955 ff., sowie auf Europa bezogen Dieter Senghaas, *Friedensprojekt Europa*, Frankfurt a. M. 1992, S. 103-115.

strukturen kombiniert sind, ist der politische Boden für ein gemeinsames System kollektiver Sicherheit, wie es die Charta der Vereinten Nationen vorsieht, aufbereitet.[1]

Wenn Weltinnenpolitik in der Dimension von friedlicher Konfliktbearbeitung nicht nur Programm, sondern Realität werden soll, müßte man unter dem Dach der Vereinten Nationen und wünschenswerter regionaler Suborganisationen (wie der KSZE in Europa und vergleichbarer Institutionen andernorts) Aktivitäten in den genannten Dimensionen fördern. Damit könnte dem Fort- und verstärkten Wiederaufleben gewaltorientierter Konfliktstrategien, soweit das in internationaler Politik überhaupt möglich ist, wirksam entgegengearbeitet werden.

Zur politischen Kultur legitimer Intervention: Die alte Weltordnung, wie sie sich seit den Staatsbildungsprozessen in der frühen Neuzeit entwickelt hat, baute auf dem Staat als souveränem Akteur auf: Die Welt war eine Staatenwelt. Zu ihren Prinzipien gehörten die völkerrechtlich postulierte Gleichheit aller Staaten und das Interventionsverbot im Sinne des Prinzips der Nichteinmischung. Im Idealtyp dieser Weltordnung entschieden die Staaten als die wesentlichen Akteure gemäß einer Selbstbeurteilung politischer Lagen und Interessen; sie handelten vermittels Strategien, die nach eigenem Gutdünken festgelegt wurden (Selbsthilfe). Individuen spielten in dieser Weltordnung keine Rolle.

Diese alte Weltordnung der Souveränität glich in der Wirklichkeit niemals ihrem Idealtypus. Heute jedoch ist die immer noch existierende Staatenwelt, wenngleich in Abschichtungen, von jener Erscheinung durchdrungen, die jüngst als internationale »Gesellschaftswelt« beziehungsweise »Wirtschaftswelt« bezeichnet wurde (Czempiel): Unterschiedliche

---

1 Zur Ausgestaltung dieser Dimension der Vereinten Nationen s. den von der Stiftung Entwicklung und Frieden herausgegebenen Bericht: *Die Agenda für den Frieden. Analysen und Empfehlungen des UN-Generalsekretärs*, Bonn 1993.

Interdependenzen haben die Völker »in wirksame Verhältnisse miteinander kommen lassen« (I. Kant). Die Folge in vielen Bereichen sind gegenseitige Einwirkungen.

Ganz allgemein läßt sich beobachten, daß in aller Regel Politik, die in umgrenzten Räumen wie beispielsweise in einzelnen Staaten betrieben wird, ungeachtet des Platzes dieser Staaten in der internationalen Hierarchie erhebliche Folgewirkungen in anderen Staaten zeitigt. Das gilt nicht nur für Wirtschaftsbeziehungen, wo Produktivitätsfortschritte an einer Stelle zu einem Verdrängungswettbewerb an anderen Stellen führen. Inzwischen erzeugt insbesondere die Internationalisierung von Information und Kommunikation erhebliche weltweit spürbare Effekte.[1] Ferner: Ökonomische Zusammenbrüche und ökologische Katastrophen lassen Flüchtlingsströme entstehen, die ihrerseits Probleme in Gesellschaften auslösen, die mit der Verursachung dieser Ereignisse nichts zu tun haben und die sich dennoch deren Folgen nicht entziehen können.[2] Insbesondere ziehen Kriege und Bürgerkriege Folgeprobleme andernorts nach sich, die nicht ohne weiteres abwehrbar sind.[3] Auch ist die Sensibilität für das Schicksal von Menschen, selbst in entlegenen Zonen der Welt, heute zumindest in den hochindustrialisierten Ländern größer als in der Vergangenheit; daher setzen dramatische politische Ereignisse und insbesondere Notlagen, durch die große Teile einer Bevölkerung oder ganze Völker betroffen werden, andernorts Menschen und politisch Verantwortliche unter Handlungszwänge.

Wenn dies aber die Wirklichkeit ist, kann nicht mehr gleichgültig sein, welche Politik andernorts betrieben wird,

---

1 S. Johan Galtung und Richard C. Vincent, *Global Glasnost. Toward a New World Information and Communication Order?*, Cresskill 1992.

2 S. Manfred Wöhlcke, *Umweltflüchtlinge. Ursachen und Folgen*, München 1992.

3 Zu den entsprechenden Folgeproblemen s. auch Günther Bächler u. a., *Umweltzerstörung. Krieg oder Kooperation? Ökologische Konflikte im internationalen System und Möglichkeiten der friedlichen Bearbeitung*, Münster 1993.

insofern Konsequenzen dieser Politik andere Staaten, Völker und Menschen in das nahe oder fernere Geschehen einbeziehen.

Auch kann nicht übersehen werden, daß Staaten zwar immer noch ein Eckpfeiler internationaler Ordnung sind, die Beurteilung von internationaler Politik sich aber immer mehr auf die Frage zuspitzt, ob Politik dem Schutzgebot gegenüber dem einzelnen gerecht wird: dem Schutz der Freiheit, dem Schutz vor Gewalt, dem Schutz vor Not und dem Schutz vor Chauvinismus. Man kann in dieser vierfachen Schutzaufgabe das Ziel aller Friedenspolitik sehen. Weltinnenpolitik begründet sich letztlich normativ in dieser vierfachen Hinsicht.

Wenn die Interdependenzen in der Welt zunehmen, dann findet faktisch eine Einmischung in die inneren Angelegenheiten anderer Völker statt. Zugespitzt kann sich nur die Frage stellen, welche bewußten und gezielten Einmischungen von außen – ungeachtet des alten völkerrechtlichen Prinzips der Nichteinmischung in die inneren Angelegenheiten anderer – rechtens sind. Mit anderen Worten: Angesichts der Folgeeffekte des Handelns politischer Führungen und gesellschaftlicher Akteure andernorts ist im Hinblick auf abträgliche Folgen eine Kasuistik legitimer Intervention im Sinne der vierfachen Schutzbedürftigkeit von Individuen geboten.[1]

1 S. zur Gesamtproblematik Thomas R. Gillespie, *Unwanted Responsibility: Humanitarian Military Intervention to Advance Human Rights*, in: *Peace & Change*, Bd. 18, 1993, S. 219-246; Dieter Senghaas, *In welchen Fällen eine militärische Intervention legitim ist. Entwurf eines abgestuften Handlungskataloges zur Milderung und Beendigung von Kriegen*, in: *Frankfurter Rundschau*, 13. April 1993, S. 10, wieder abgedruckt in Winrich Kühne (Hg.), *Blauhelme in einer turbulenten Welt*, Baden-Baden 1993, S. 435-443, sowie die aktuelle Diskussion umfassend aufarbeitend Lothar Brock und Tillmann Elliesen, *Zivilisierung und Gewalt. Zur Problematik militärischer Eingriffe in innerstaatliche Konflikte*, in: *HSFK-Report*, Nr. 9, 1993, und Klaus Dicke, *Interventionen zur Durchsetzung internationalen Ordnungsrechts. Konstitutives Element der neuen Weltordnung?*, in: *Jahrbuch für Politik*, Bd. 3 (Halbband 2), 1993, S. 259-283.

3. Vorschläge für eine Interventionskasuistik

Eine solche Interventionskasuistik könnte – beispielhaft – von folgenden Fallgruppen ausgehen:

1. Genozid-Politik: Wenn, wie im Falle Kambodschas unter dem Pol-Pot-Regime, eine politische Führung dabei ist, am eigenen Volk Völkermord zu begehen, ist eine Intervention gemäß der UN-Charta und anderer völkerrechtlich relevanter Dokumente geboten.

2. Politik, die Menschen massenhaft vertreibt: Wenn eine Politik, gleich aus welchen Gründen (Bürgerkrieg, Wirtschaftspolitik mit katastrophalen Folgen, Rassismus), gezielt oder in der Konsequenz Menschen vertreibt, so daß diese, wollen sie überleben, Schutz und Hilfe andernorts suchen müssen, ist Intervention geboten. Solche Politik führt zu einer Art von Folgenüberwälzung nach außen und schafft in Staaten und Gesellschaften, die keinerlei Verantwortung für ihre Verursachung haben, oft gravierende Probleme. Es besteht deshalb legitimes Interesse und auch ein Recht, solche Ursachen abzustellen. Sollte beispielsweise demnächst serbische Politik im Kosovo dazu führen, daß die Kosovo-Albaner als Ergebnis »ethnischer Säuberung« ihr Land fluchtartig verlassen, möglicherweise sogar eine kriegerische Auseinandersetzung zwischen Albanien und Serbien droht, handelt es sich um einen Fall dieser Kategorie.

3. Kriege/Bürgerkriege und erforderliche Hilfsaktionen: Wenn Kriege und Bürgerkriege Menschen in katastrophale Notlagen treiben, die sie aus eigenen Kräften nicht mehr abwenden können, sind internationale Hilfsaktionen geboten, die allerdings nicht nur die unmittelbare Not an Ort und Stelle lindern dürfen, sondern auch auf die Beseitigung der Kriegs- und Bürgerkriegsursachen einwirken müssen. Wenn, wie derzeit im ehemaligen Jugoslawien oder in Somalia, Menschen systematisch in den Tod und in Not getrieben werden, stellt sich die Frage von Intervention oder Nichtintervention,

einschließlich einer militärischen Komponente, eigentlich nicht im Prinzip; es stellt sich vielmehr nur noch die Frage, ob eine Intervention angesichts der Lage an Ort und Stelle Aussicht auf Erfolg hat.

4. Innere Drangsalierung von Menschen ohne externe Folgen: Gravierende Verletzungen fundamentaler Menschenrechte sind bei repressiven Regimen an der Tagesordnung. Dieser Fall bezieht sich auf Vorgänge im Inneren einer Gesellschaft, die nicht unmittelbare Folgewirkungen andernorts zeitigen (wie es beispielsweise in dem Massaker der chinesischen Führung an eigenen Bürgern auf dem Tian-An-Men-Platz in Peking der Fall war). Solche Mißachtung von Menschenrechten findet, wie auch in den Jahresberichten von Amnesty International dokumentiert, leider weltweit und anhaltend statt. Wollte man in allen diesen Fällen intervenieren, würde das Instrument der Intervention völlig überbürdet und damit gelähmt. Intervention ist in solchen Fällen nur in der Form gezielter Verurteilungen sowie, um Nachdruck zu verleihen, mit Hilfe von Embargo- und Boykottmaßnahmen möglich.

5. Verletzung von Minderheitsrechten: Viele der derzeit innerhalb und außerhalb Europas beobachteten Konflikte haben eine ethnopolitische Komponente und resultieren daraus, daß Minderheitsrechte sträflich mißachtet werden. Internationale Politik sollte auf die förmliche Garantie von Minderheitsrechten ausgerichtet sein und, wie im KSZE-Rahmen schon erfolgt, auf entsprechende Prinzipien verpflichtet werden. Werden trotz solcher Selbstverpflichtungen, wie sie alle KSZE-Mitglieder eingegangen sind, Minderheitsrechte verletzt, wären ein Konzept und ein institutioneller Rahmen gegeben, über den die internationale Gemeinschaft legitim zu intervenieren imstande ist. Intervention auf dem Hintergrund internationaler Regelungen kann nicht durch den Hinweis auf das Prinzip der Nichteinmischung abgewehrt werden.

6. Ökologische Kriegführung: Interventionistische Politik gegen die Androhung ökologischer Kriegführung beziehungsweise im Falle einer tatsächlich stattfindenden Kriegführung dieser Art sollte von vornherein als von seiten der internationalen Gemeinschaft legitimiert gelten.

7. Streben nach Massenvernichtungswaffen und ihre Proliferation: Beides sollte mit deutlichen Sanktionen belegt werden. Eine solche Politik kann nur an Legitimität gewinnen, wenn die heutigen Besitzer von Massenvernichtungswaffen ihre eigenen Bestände abbauen und dazu beitragen, daß die Produzenten von zivil- und rüstungswirtschaftlicher Technologie entsprechende Anlagen nicht aus dem eigenen Hoheitsbereich heraus in andere Staaten transferieren.

Eine Interventionskasuistik dieser Art läuft natürlich Gefahr, Fälle legitimer Intervention zu bezeichnen, bei denen eine (wie immer im einzelnen abgestufte) Intervention nicht unter allen Umständen tatsächlich durchführbar ist. Opportunitätsgesichtspunkte spielen eine erhebliche Rolle: Was kann aufgrund welcher Intervention mit welcher Wahrscheinlichkeit tatsächlich erreicht werden? Auf diese Frage gibt es nur in den seltensten Fällen eine eindeutige Antwort. Auch ist die Legitimität von Intervention nach der Schwere des Verhaltens zu bewerten.

Wichtig für das Verständnis der Interventionsproblematik ist ein vorgängiges Verständnis dessen, was als Friedensbedrohung zu begreifen ist. »Threats to world peace«: Die Bedrohung des Friedens findet nicht nur statt, wenn ein Staat den anderen mit militärischen Mitteln angreift. Ein zeitgemäßes Konzept der Friedensbedrohung hat die oben zitierte vierfache Schutzbedürftigkeit von Menschen zur Grundlage: Schutz der Freiheit, Schutz vor Gewalt, Schutz vor Not und Schutz vor Chauvinismus. Deshalb ist eine Politik, die gravierenden Verstößen gegen die Schutzbedürftigkeit von Menschen entgegenwirkt, von vornherein und prinzipiell legitim, wenn sie glaubhaft auf die Wiederherstellung solchen

Schutzes ausgerichtet ist. Die Gefahr, daß dabei Intervention politisch mißbraucht wird, besteht heute weit weniger als vor Jahrzehnten, denn die Sensibilität der internationalen Öffentlichkeit gegenüber einem mißbräuchlichen Verhalten ist ständig im Wachsen. »Humanitäre Interventionen« im Sinne imperialistischer Politik, wie sie noch vor 100 Jahren gang und gäbe waren, stehen heute ohnehin kaum mehr auf der Tagesordnung.[1]

Das Konzept einer Weltinnenpolitik provoziert letztlich die Frage, ob es zu einer Zivilisierung der internationalen Beziehungen kommen wird oder nicht. Wenn über weltinnenpolitische Bezüge die Zivilisierung internationaler Politik vorangetrieben werden könnte, würden auch die Anlässe und das Ausmaß legitimer Einmischung in die inneren Angelegenheiten von Staaten eher eine Randerscheinung werden, vergleichbar den Bemühungen im Inneren von Staaten um eine angemessene Bearbeitung von abweichendem Verhalten. Der Interventionsbedarf kann jedoch, gemessen an den Auslösersituationen für legitime Intervention, so wachsen, daß dadurch das Instrumentarium selbst ungeachtet aller Opportunitätsprobleme überfordert würde. Viel wird also davon abhängen, ob in der Folge der konkreten Ausgestaltung von Weltinnenpolitik bei einer wachsenden Zahl von Staaten, Gesellschaften und Völkern ein ausreichendes gemeinsames Verständnis über die Erfordernisse zivilisierter Politik zustande kommt oder nicht.[2] Kommt es zustande, dann entstünde eine Kultur legitimer Intervention, die gegen die Exzesse menschenverachtender Politik gerichtet wäre.

---

1 Skeptisch in dieser Hinsicht sind allerdings die meisten Beiträge in Volker Matthies (Hg.), *Frieden durch Einmischung? Der Schrecken des Krieges und die (Ohn)Macht der internationalen Gemeinschaft*, Bonn 1993.
2 S. hierzu die Beiträge in der Sondernummer *Beyond International Society* der Zeitschrift *Millennium*, Bd. 21, Nr. 3, 1992.

IV

Deutschland in der Welt

Wohin driftet die Weltpolitik?

1. Die Dekomposition einer Makrostruktur

Als in den achtziger Jahren der Begriff der »neuen Unübersichtlichkeit«, wenngleich mehr als Modewort denn als analytische Kategorie, Eingang in öffentliche Diskurse fand, konnte mit ihm sicher nicht die seinerzeitige Weltlage gemeint sein. Anders als die im Widerstreit von Moderne und Postmodernismus unübersichtlich gewordenen Geistesströmungen (einschließlich des daraus resultierenden Verlustes an philosophischen Gewißheiten) waren die Konturen der Weltlage seinerzeit noch kristallklar: Der weltpolitische Antagonismus, der ideologische Konflikt, die Rüstungskonkurrenz sowie die Politik gegenseitiger Abgrenzung und Abschreckung begründeten die alles überragende Makrokonstellation der Weltpolitik – den Ost-West-Konflikt – als Ausdruck »großer Geschichte«. Die vielen »kleinen Geschichten« in der Welt – Regionalkonflikte, Krisenzonen und die wechselfällige Politik in einzelnen Staaten und Gesellschaften – waren im wesentlichen auf diese Makrokonstellation, der ein weltpolitisches Gestaltungsprivileg innewohnte, ausgerichtet.

Zwar wurde nicht alles in jener Zeit durch die beiden Weltmächte bestimmt: Selbst in einer so zugespitzten Konstellation wie der Bipolarität gab es Handlungsspielräume, die teils genutzt wurden, teils aber auch in vorauseilendem Gehorsam gegenüber den führenden Mächten ungenutzt blieben. Daß jedoch vor 1989 vierzig Jahre lang der Ost-West-Konflikt, wenn es um politisch zugespitzte Interessenunvereinbarkeiten ging, in letzter Instanz alle internationale Politik als dominante Konstellation überlagerte, läßt sich kaum bezweifeln. Ein kluger Analytiker hatte zwar in Vorwegnahme späterer Entwicklungen schon in den achtziger Jahren von zunehmenden *»Turbulenzen in der Weltpolitik«* und von internationaler

Politik als »*patterned chaos*« gesprochen, also von Vorgängen, die sich nicht mehr in das Schema des Ost-West-Konfliktes einfügen ließen.[1] Gemeint waren eine wachsende Transnationalisierung, Internationalisierung oder gar Globalisierung von Außen- und internationaler Politik bei gleichzeitiger Fragmentierung überkommener staatlicher und zwischenstaatlicher Strukturen. Neben, unter und über der internationalen Staatenwelt hatte sich offensichtlich eine »Gesellschaftswelt« bzw. »Wirtschaftswelt« mit einem gegenüber staatlichen Akteuren eigenen Gewicht entwickelt, ohne jedoch die durch den Ost-West-Konflikt gesetzten Rahmenbedingungen schon wirklich sprengen zu können.[2]

Seit dem weltpolitischen Umbruch 1989/90 – einem ohne Zweifel weltrevolutionären Ereignis – gibt es diese alte vertraute Großkonstellation des Ost-West-Konfliktes nicht mehr. An die Stelle des alles beherrschenden Konfliktes mit seinen klaren und relativ stabilen Fronten sind viele kleine Konflikte getreten. Ohne modischen Zeitgeist bemühen zu müssen, kann nunmehr mit Blick auf die Weltlage wirklichkeitsgerecht von »neuer Unübersichtlichkeit« gesprochen werden. Noch haben die Theoretiker des Postmodernismus diesen Vorgang nicht entdeckt. Mit ihm aber fand – vielleicht sogar mehr als in anderen Lebensbereichen – die veritable »Dekomposition einer Großstruktur« statt: Die alte »große Geschichte« wurde, so wie Postmodernisten die Entwicklung in der Welt gerne sehen möchten, durch eine Fülle von allerdings nicht sehr beglückenden »kleinen Geschichten« abgelöst. Folglich haben auch Großtheorien, wie sie vor al-

1 James Rosenau, *Patterned Chaos in Global Life. Structure and Process in the Two Worlds of World Politics*, in: *International Political Science Review*, Bd. 9, 1988, S. 327-364 sowie ausführlicher vom selben Autor *Turbulence in World Politics*, London 1990.
2 Ernst-Otto Czempiel, *Konturen einer Gesellschaftswelt. Die neue Architektur der internationalen Politik*, in: *Merkur*, Heft 500 (Nov.-Dez.), 1990, S. 835-852, sowie vom selben Autor *Weltpolitik im Umbruch*, München 1993², Kap. III und Kap. IV.

lem in den diversen Theorien des Systemantagonismus und der Abschreckungsdoktrinen zum Ausdruck kamen, keinen Bezug mehr zur Wirklichkeit.[1]

Dennoch muß unterstellt werden, daß trotz allen Umbruchs »Weltpolitik« auch in Zukunft in einer Struktur sich abspielen wird, also strukturiert sein wird: Nicht alle Staaten bzw. Mächte werden von gleichrangiger Bedeutung sein, weshalb es weiterhin im internationalen System Makro- und Mikrokonstellationen geben wird. Und auch in Zukunft werden sich die Mikrokonstellationen eher unter den Rahmenbedingungen unterschiedlicher Makrokonstellationen konstituieren als umgekehrt, obgleich, wie inzwischen erkennbar, auf der Mikroebene die Spielräume für eigenständiges, auch für unerwünscht-eigenwilliges Handeln beachtlich sind.

Welche weltpolitischen Makrokonstellationen sind für die absehbare Zukunft vorstellbar? Und was ist ihre Wahrscheinlichkeit?

2. Denkbare weltpolitische Makrokonstellationen

Innerhalb des Ost-West-Konfliktes war die Westkomponente durch die Triade *USA–Japan–Westeuropa (Länder des EWR)* strukturiert. Diese Triade war seinerzeit und ist auch heute noch das Gravitationszentrum der Weltwirtschaft. Auf diesem Gravitationszentrum aufbauend ist eine erste weltpolitische Konstellation vorstellbar, in der die Triade als ein Raum hoher ökonomischer Interdependenz und anhaltender politischer Koordination weiterbestehen wird, um sich schrittweise um ein sich erfolgreich reformierendes Ostmitteleuropa sowie um ein sich als einbindbar erweisendes Rußland, Weißrußland und die Ukraine zu ergänzen. Ein solcher

---

1 S. die Beiträge von Uwe Nerlich in Wolfgang Heydrich u. a. (Hg.), *Sicherheitspolitik Deutschlands. Neue Konstellationen, Risiken, Instrumente*, Baden-Baden 1992, bes. Kap. I. 1.

Raum wäre in etwa identisch mit dem KSZE-Bereich, ergänzt um Japan und möglicherweise abzüglich der transkaukasischen und zentralasiatischen GUS-Republiken (*Konstellation I*).

Grundlage dieser Konstellationsperspektive, die in den Jahren 1990 und 1991 des öfteren auch von hoher politischer Stelle artikuliert wurde, war die Annahme, die östliche Hälfte Europas könne in der Folge sich reformierender und leistungsfähiger werdender Ökonomien allmählich in den Verbund der führenden Ökonomien der Welt (OECD) eingegliedert werden. Bei aller Skepsis galt die politische Inszenierung einer solchen übergreifenden Konstellation als konstruktiver Beitrag zur Rekonsolidierung der im Umbruch befindlichen östlichen Ökonomien.

Innerhalb Gesamteuropas wurde dabei die EG als Stabilitätsanker begriffen, flankiert durch die leistungsfähigen kleinen EFTA-Ökonomien. Die Zwischenzone Europas – die drei baltischen Staaten, Polen, die Tschechoslowakei, Ungarn und ggf. Slowenien und Kroatien – galt als spätestens zum Ende des Jahrzehnts voll integrierbar; Rußland, Weißrußland und Ukraine sollten bei Zugrundelegung weiter reichender Zeitperspektiven in einen solchen Verbund kooperativ eingebunden werden. In solchem Konzept erschließt sich Europa als ein flächendeckend-kooperatives und sich schrittweise integrierendes Gesamteuropa.

Diese Konstellationsperspektive hat viele konzeptuelle Reize; in ihr verschränken sich in aller Regel Erwartungen über wünschenswerte ökonomische Entwicklungen mit Vorstellungen über eine friedensfördernde Sicherheitsarchitektur Gesamteuropas.[1] Ihre Problematik resultiert jedoch vor allem aus der Ungewißheit der Zukunft Rußlands, das als reformfähig unterstellt wird. Aber wahrscheinlich muß Rußland eher unter der Perspektive seines Rückfalls in eine nationalchauvi-

---

1 S. Dieter Senghaas, *Friedensprojekt Europa*, Frankfurt a. M. 1992.

nistische Position betrachtet werden. Die daraus resultierende neue weltpolitische Konstellation wäre nicht unvertraut; sie ähnelte, mit gewisser Variation, der alten Abschreckungskonstellation - hie Triade, dort statt der Sowjetunion nunmehr Rußland (*Konstellation II*).

Rußland wird in solcher Konstellationsperspektive als eine Macht unterstellt, die, ähnlich wie die ehemalige Sowjetunion, trotz schwacher Ökonomie ein erhebliches Rüstungsprogramm zu mobilisieren imstande wäre, das möglicherweise auf die Wiederherstellung jenes inneren Einflußbereiches, über den die Sowjetunion einst verfügte, ausgerichtet würde. Ständiger Streitapfel in dieser Konstellation könnten das Baltikum, Ostmitteleuropa sowie der Balkan sein, nicht unähnlich Osteuropa nach dem Zweiten Weltkrieg, dessen Sowjetisierung seinerzeit einer der Ausgangspunkte für den Ost-West-Konflikt gewesen ist.

Vorstellbar ist im Rahmen solcher Konstellationsperspektive aber auch ein nationalchauvinistisches Rußland, das keine expansiven Bestrebungen entwickelt, allerdings als Mitgestalter in der Weltpolitik ernst genommen werden möchte. Ein solches Rußland wäre aller Wahrscheinlichkeit nach leidlich umgänglich. Jedoch gäbe es in diesem Falle vor allem für Europa viele Unwägbarkeiten: Wie würde sich ein solches Rußland zur Ukraine verhalten? Wie zu Kasachstan (in dem knapp die Hälfte der Bevölkerung russischstämmig ist)? Wie würde ein solches Rußland auf unausweichlich werdende Sicherheitsgarantien des Westens für die ostmitteleuropäischen Staaten reagieren? Und würde ein solches Rußland Verstärkung finden durch ein sich möglicherweise ähnlich entwickelndes China?

Wie immer im einzelnen die Antworten auf solche Fragen lauten würden, eine durch das Abdriften Rußlands gekennzeichnete weltpolitische Konstellation hätte fatale Ähnlichkeiten mit der jüngst vergangenen, wenngleich die neue Konfliktfront eher machtpolitisch als ideologisch-systemantagonistisch begründet wäre: Europa wäre erneut gespalten; gesamteuropäische Perspektiven, schon gar diejenigen eines integrierten KSZE-Raums würden zur Fiktion. Aber möglicherweise würde man sich gerade deshalb innerhalb Westeuropas mit dem Integrationsprozeß wieder leichter tun.

Die Entwicklung könnte jedoch auch in eine ganz andere Richtung, eine dritte Konstellationsvariante, gehen. Sie betrifft die Triade.

Eine Kernregion in der alten und immer noch bestehenden Triadenkonstellation ist in der Verbindung zwischen Nordamerika auf der einen Seite und der EG plus EFTA (also dem EWR), auf der anderen Seite begründet. Wie die Triade bisher insgesamt, so konstituiert sich dieser *transatlantische Verbund* vor allem über ökonomische Interdependenzen und gemeinsame politische Interessen. Trotz punktueller Turbulenzen (wie im Zusammenhang der GATT-Verhandlungen) ist dieser Verbund relativ problemlos, weil die transatlantischen Beziehungen in ökonomischer Hinsicht (Handel, Investitionen, Technologietransfer, sonstige Austauschprozesse) einigermaßen symmetrisch strukturiert sind: Sie bestehen, nicht anders als jene innerhalb des Europäischen Wirtschaftsraumes (EWR), im wesentlichen aus substitutiven Austauschprozessen, die gerade wegen anhaltenden, in aller Regel scharfen Wettbewerbs integrationsfördernd wirken.

Problematischer in der Entwicklung und in der Beurteilung ist die andere Seite der Triade, die nordamerikanisch-ostasiatische Komponente. Hier bildet sich möglicherweise eine neue, sich verdichtende Konstellation heraus, die in erster Linie durch Integrationsprozesse zwischen Japan, Südkorea (möglicherweise einem wiedervereinigten Korea), Taiwan, der Küstenregion Chinas (einschließlich Hongkongs), Australien und Neuseeland begründet wird.

Allein schon der Raum Japan–Korea–Küstenregion China–Taiwan könnte sich innerhalb der nächsten zwei Jahrzehnte auf der Grundlage substitutiver Arbeitsteilung zu einem integrierten Wirtschaftsraum entwickeln.[1] Japan wäre darin die dominierende Ökonomie, deren Leistungsfähigkeit in absehbarer Zeit nur von Korea und Taiwan erreicht werden wird. Während derzeit die Küstenregion Chinas – ein werdendes Schwellenland mit ca. 200 Mio. Menschen – entwicklungsmäßig noch zurückhängt, sollte beachtet werden, daß dort heute mit Erfolg schon exportorientiert produziert wird, was die Entwicklung Japans in den fünfziger und sechziger und die Entwicklung Koreas und Taiwans in den sechziger, siebziger und frühen achtziger Jahren voranbrachte: nichtdauerhafte Konsumgüter sowie Montageprodukte (vor allem im Bereich der Elektronik). So wie Japan, Korea und Taiwan, über vier Jahrzehnte hinweg betrachtet, stufenweise ein ökonomisches, technologisches und institutionelles *upgrading* durchliefen, so ist auch im Falle der Küstenregion Chinas (»Küsten-China«) ein vergleichbarer Prozeß zu erwarten, *sofern* er nicht durch innere politische Entwicklungen abgeblockt wird.

China ist heute strukturell zweigeteilt: Die Küstenregion durchlebt eine Entwicklung in Richtung auf den Typ des ostasiatischen Schwellenlandes, allerdings langfristig mit einer viel breiteren Bevölkerungsbasis als im Falle Japans, Koreas und Taiwans. Das Hinterland-China (mit Peking als administrativem Zentrum) könnte demgegenüber als das immer noch planwirtschaftlich-zentralistisch verwaltete »Kombinats-China« bezeichnet werden: In ihm findet der reformunfähige Teil der Kommunistischen Partei Chinas seinen Rückhalt. Während Küsten-China (wie immer schon in der neueren Geschichte des Landes) auf die weitere Umwelt ausgerichtet ist und auch von dieser Investitionen und Technologie erhält (man beachte die Rolle der Auslandschinesen dabei), entspricht das Hinterland-China dem traditionellen

1 S. *Asia's Wealth*, in: *Business Week* (Special Report), 29. November 1993, S. 20ff.

Bild eines nach innen gekehrten, sich als Zentrum der Welt begreifenden Landes – im Selbstbild: als eine hochstehende Kultur und Zivilisation in einem im allgemeinen für barbarisch gehaltenen Umfeld.

Ob das Küsten- und das Hinterland-China noch längere Zeit innerhalb eines einzigen politischen Rahmens problemlos werden koexistieren können, ist die entscheidende und grundlegende Frage, die sich China schon innerhalb der nächsten Jahre stellen wird. Denn mit dem biologischen Ende der heute noch herrschenden Nomenklatura wird aller Wahrscheinlichkeit ein Linienkampf unausweichlich. Sein Ergebnis wird für China von langfristiger weichenstellender Bedeutung sein. Abstrakt gesehen sind die Aussichten nicht schlecht: Die erfolgreichen Reformen im landwirtschaftlichen Sektor haben seit den frühen achtziger Jahren die Versorgungslage Chinas erheblich verbessert; auch gibt es keinen chronischen Mangel an in- und ausländischen Konsumgütern. Beide Faktoren könnten dazu beitragen, daß nach einem entsprechenden politischen Durchbruch der Reformer die im Küsten-China schon erfolgten Reformen auch auf das Hinterland-China positiv ausstrahlen werden. Aber für eine solche Entwicklung gibt es keine Gewißheit.

Der entscheidende Punkt für eine hypothetische Konstellationsanalyse besteht jedoch darin, daß im ostasiatischen Wirtschaftsraum insgesamt eine sich integrierende Kernregion entstehen könnte, ein neues weltwirtschaftliches »Oberzentrum« mit einer räumlich erweiterten erheblichen Binnendynamik und einer beachtlichen weltwirtschaftlichen Ausstrahlungskraft.[1] Diese Ausstrahlung würde in erster Linie die USA betreffen, in zweiter Linie den Europäischen Wirtschaftsraum (EWR). Und ob die Beziehungen zu den USA und zum EWR kooperativ oder konfliktiv, ggf. sogar antagonistisch sich gestalten werden, würde im wesentlichen

---

[1] S. hierzu Kenichi Ohmae, *The Rise of the Region State*, in: *Foreign Affairs*, Bd. 72, 1993, S. 78-87.

davon abhängen, ob Nordamerika bzw. das industrielle Europa dem ostasiatischen Wettbewerb werden standhalten können. Die USA waren bisher hierzu nicht in der Lage, und es gibt Prognosen, daß sich die inzwischen chronisch gewordenen Ungleichgewichte zwischen Ostasien und den USA auch zwischen Ostasien und dem EWR einstellen werden.

Eine weitere Ausstrahlung wird dieser ostasiatische Wirtschaftsraum überdies auf seine Peripherie haben: Das sind die ASEAN-Länder sowie die indochinesischen Staaten (Vietnam, Laos und Kambodscha) und Burma. Peripherie ist hier im Sinne des entwicklungstheoretischen Begriffes gemeint: partielle Inwertsetzung der betreffenden Länder als Exporteure von Rohstoffen und Bereitsteller von billiger Arbeitskraft mit der Folge struktureller Abhängigkeit.

Ein solcher erweiterter und sich integrierender ostasiatischer Wirtschaftsraum bliebe sicher nicht ohne Folgewirkungen auf das ostsibirische Rußland. Man könnte sich sogar dessen Integration in eine solche Region vorstellen.

Kombinierte sich die transatlantische Nordwest-Konstellation (möglicherweise ergänzt um ein sich einbindbar erweisendes Rußland-West) mit dem ostasiatischen Wirtschaftsraum (einschließlich einem sich als einbindbar erweisenden Rußland-Ost), so würde sich dadurch eine weltwirtschaftliche und folglich auch weltpolitische Großkonstellation (*Konstellation III*) begründen, die ein weit breiteres Fundament hätte als die Triade der vergangenen drei Jahrzehnte innerhalb des Ost-West-Konfliktes.

Den USA (ergänzt um Kanada) käme darin eine interessante, auf Vermittlung ausgerichtete Doppelrolle zu: zum einen auf solidem, weil relativ symmetrisch strukturiertem Fundament in Richtung auf Europa, zum anderen auf problematischerer Basis in Richtung auf Ostasien. Eine hegemoniale Position der USA im Sinne der frühen Nachkriegszeit wäre allerdings nicht erwartbar, weil nicht unterstellt werden kann, daß die USA in absehbarer Zeit ihre angeschlagene Ökonomie entsprechend revitalisieren können. Und selbst wenn eine solche Regeneration stattfände, gäbe es nicht mehr das Umfeld, das die frühe Phase der amerikanischen Hegemonie kennzeichnete. Denn in diesem Umfeld finden sich heute vor allem leistungsfähige Ökonomien und/oder politisch selbstbewußte Gesellschaften: Sie sind der strukturelle (und nicht nur politisch-konjunkturelle) Hinderungsgrund für jeglichen neuen Hegemonieversuch.

Die Rolle als Koordinator mit dem Ziel der Konzertierung von Politik zwischen den beiden Großwirtschaftsräumen könnte von den USA auch dann wahrgenommen werden, wenn es seine inneren gravierenden ökonomischen Probleme nicht zu überwinden imstande wäre. Denn die Führungsfähigkeit der USA ist immer noch größer als diejenige irgendeines anderen Mitspielers, sei es der EG, sei es Japans, dessen regional-hegemoniale Aspirationen sofort von China (auch dem Küsten-China und darin Shanghai als Zentrum) konterkariert würden.

Das industrielle Europa (EWR) wäre in einer solchen Konstellation in weltwirtschaftliche und weltpolitische Raumbildungsprozesse eingegliedert, aus denen es nur Nutzen ziehen könnte, sofern es den ostasiatischen Herausforderungen erfolgreichere Antworten entgegensetzen könnte als bisher die USA.

Blieben solche Antworten aus und würden sich in wirtschaftlicher Hinsicht die Beziehungen zwischen USA und Ostasien noch problematischer als in den vergangenen zwei Jahrzehnten gestalten, so würde eine vierte Konstellationsperspektive vorstellbar, in der sich die beiden Wirtschaftszentren der Welt, Ostasien und der Nordwesten, ähnlich wie in einem klassischen Hegemoniekonflikt, konfliktiv bzw. antagonistisch gegenüberstünden[1] (*Konstellation IV*). In die-

1 Die Brüchigkeit der Triade-Konstellation wird vor allem in den jüngst erschienenen, nachfolgend zitierten monographischen Untersuchungen thematisiert. S.

sem Falle würde Ostasien des nordamerikanischen Marktes verlustig gehen – ein fast nicht vorstellbarer Vorgang; auch würde die zum Teil erhebliche Pazifik-Orientierung der nordamerikanischen Ökonomien untergraben. Und es würde wahrscheinlich zu vertieften transatlantischen Beziehungen kommen. Wie groß dann der Wettbewerb zwischen Ostasien und dieser Kernregion an dritter Stelle, in den Entwicklungsregionen der Welt, wäre, ist eine durchaus diskussionswürdige Frage.

Sie würde in einer fünften Konstellationsperspektive bedeutsam, wenn nämlich nicht nur die beiden bisherigen Kernregionen in der Triade auseinanderdriften würden, sondern die Triade in all ihren Komponenten zusammenbräche. Dann entstünde eine weltpolitische Konstellation, in der aller Wahrscheinlichkeit nach alle heute maßgeblichen Mächte zu kompetitiven bis antagonistischen Akteuren würden: USA, Japan, Deutschland, Großbritannien, Frankreich, Rußland und China, in absehbarer Zeit auch Brasilien und Indien[1] (*Konstellation V*).

In diese Konstellation würde sich auch der islamische Bereich einreihen, allerdings nicht als ein politisch kohärenter Wirtschaftsraum, sondern als ein Raum, der durch eine Fülle von hegemonialen Ausscheidungskämpfen kleinerer und größerer Natur gekennzeichnet wird. Dieser Raum ist in weltwirtschaftlicher Hinsicht von bleibender Bedeutung, weil noch lange aus einem seiner Kerngebiete, dem iranisch-arabischen Golf, jene Energieressourcen, die für die Repro-

Jeffrey T. Bergner, *The New Superpowers. Germany, Japan and the New World Order*, New York 1991; Joseph S. Nye u. a., *Globale Kooperation nach dem Ende des kalten Krieges. Eine Neueinschätzung des Trilateralismus*, Bonn 1992; Lester Thurow, *Kopf an Kopf. Der kommende Wirtschaftskampf zwischen Japan, Europa und Nordamerika*, Düsseldorf 1993; Jeffrey E. Garten, *Der kalte Frieden. Amerika, Japan und Deutschland im Wettstreit um die Hegemonie*, Frankfurt 1993; Hanns W. Maull (Hg.), *Japan und Europa. Getrennte Welten?*, Frankfurt 1993.
1 So erwartet in Johan Galtung, *Konfliktformationen in der Welt von morgen*, in: *Friedensbericht 1992*, Wien 1992, S. 229-261.

duktion der Kernregionen der Welt von lebenswichtiger Bedeutung sind, fließen werden.

Nun ist nicht anzunehmen, daß sich in einer geoökonomisch und geopolitisch zersplitterten Welt der in Westeuropa erreichte relativ hohe Integrationsgrad aufrechterhalten ließe. Aller Wahrscheinlichkeit nach würde in einer solchen Konstellation das allseits auf kurzfristige Positionsgewinne ausgerichtete Verhalten handlungsbestimmender werden als übergeordnete Imperative der Koordination und der Konzertierung von Politik. Und so wie sich das Gravitationszentrum der heutigen Welt, die Triade, zergliedern würde, so würde die Welt insgesamt, von kompetitiven großen Mächten ausgehend, geostrategisch und geoökonomisch aufgeteilt: Lateinamerika und die Karibik würde den USA zugeordnet; Schwarzafrika wäre dem Einflußbereich Europas ausgesetzt; der Nahe Osten und der Golfbereich würden eine kompetitive Einflußzone der USA, Europas und Japans bilden; Südasien und Südostasien wären (aller Wahrscheinlichkeit nach im Wettstreit mit Indien und China) dem Zugriff Japans geöffnet.

Mit der Zergliederung Europas in rivalisierende Einflußzonen seiner Mittelmächte und angesichts entsprechender Ausgriffe in die Welt würde auch Deutschland in seiner Zwitterstellung zwischen Mittelmacht und Weltmacht in eine Position hineinmanövriert, die es sich aus politischen und vor allem ökonomischen Gründen am wenigsten wünschen kann und die es nur wider alle wohlverstandenen eigenen Interessen anstreben könnte.

Die Wahrscheinlichkeit von Einflußsphären ist vielleicht derzeit nicht sehr groß, denn anders als vor hundert Jahren ist heute allenthalben einsichtig, daß der ökonomische Nutzen solcher Raumbildungen weit geringer ist als jener, der sich aus symmetrischen oder quasi-symmetrischen Interdependenzen zwischen hochentwickelten Ökonomien herleitet. Hat solche Einsicht Bestand, wäre eher eine Ökonomisierung der internationalen Politik zu erwarten als geopolitische Raumbildungen unter kompetitiven machtpolitischen Perspektiven.[1] Doch eine der in dieser Zeit am häufigsten zu hörenden Aussagen gilt möglicherweise auch in dieser Hinsicht: »Nichts ist mehr, wie es einmal war, alles gerät in Bewegung.« Und könnte es nicht sein, daß aufgrund vieler kleiner Entwicklungen »die Bewegung« in eine Selbstinszenierung der fünften Konstellationsperspektive mündet, obgleich allgemeine Vernunftgründe und wohlerwogene langfristige Interessenkalküle ein solches Abdriften der internationalen Politik als für alle Beteiligten konterproduktiv und widersinnig erscheinen lassen?

3. Folgerungen

Spezifische Makrokonstellationen können, wie illustrativhypothetisch dargelegt, zivilisierende, regressive oder, räumlich aufgeteilt, gemischte Wirkungen haben. Viel wird von den Zielsetzungen und der Führungskraft maßgeblicher Staaten abhängen, in welche Richtung sich die internationale Politik bewegen wird und welcher der umrissenen Konstellationen ein politisches Gestaltungsprivileg zuwachsen wird.[2]

Der schlimmste Fall läge dann vor, wenn allenthalben regressive Trends obsiegen würden (Konstellation V); der beste Fall wird durch einen gleichläufig evolutionären Trend gekennzeichnet (Konstellation I und auch III). In ihren langfri

1 S. dagegen Edward Luttwak, *The Coming Global War for Economic Power*, in: *International Economy*, September/Oktober 1993, S. 18-67.
2 S. Paul Kennedy, *In Vorbereitung auf das 21. Jahrhundert*, Frankfurt a. M. 1992, sowie Elmar Altvater, *Universalismus, Unipolarität, Polarisierung. Widersprüchliche Strukturprinzipien einer ›neuen Weltordnung‹*, in: *Prokla*, Bd. 21, 1991, S. 345-367; Kenneth N. Waltz, *The Emerging Structure of International Politics*, in: *International Security*, Bd. 18, 1993, S. 44-79; ders., *The New World Order*, in: *Millennium*, Bd. 22, 1993, S. 187-195; Robert Cooper, *Gibt es eine neue Welt-Ordnung?*, in: *Europa Archiv*, Bd. 48, Nr. 18, 1993, S. 507-516.

stigen Folgen schwer kalkulierbare Mischverhältnisse wären in den möglicherweise wahrscheinlichsten Konstellationen II, evtl. auch IV zu beobachten. Bis sich die eine oder andere Variante von Konstellation herauskristallisiert haben wird, wird die Weltpolitik (begriffen als die Summe von Außenpolitiken einzelner Staaten und internationaler Politik in überstaatlichen Politikbereichen) vermutlich eher dahindriften, als einem erkennbar zielgerichteten Prozeß gleichen.

Was sind der Deutschen Interessen?

Mit dem Ende des Ost-West-Konfliktes in der Folge des weltpolitischen Umbruches 1989/90 ist auch die grundlegende Rahmenbedingung für die bundesrepublikanische Außenpolitik seit 1949 entfallen: die Blockkonfrontation. Alle Konzepte, die auf diese Konstellation ausgerichtet waren, haben für die Zukunftsgestaltung keine Bedeutung mehr; so etwa: Abschreckung, Entspannung, blockübergreifende ökonomische Interdependenz, systemöffnende Kooperation. In anderen Staaten und Gruppierungen stellten sich vergleichbare Orientierungsschwierigkeiten ein: Ohne die Existenz antagonistischer ideologischer Lager macht die Doktrin friedlicher Koexistenz keinen Sinn mehr, auch nicht das Neutralitätskonzept oder das Konzept der Blockungebundenheit.[1]

Der weltpolitische Umbruch hat jedoch noch weiter reichende Folgen, indem er inzwischen auch solche Handlungszusammenhänge durcheinanderwirbelt, die zunächst als relativ stabil unterstellt werden konnten, weshalb ihre Prämissen 1989/90 ungeprüft bruchlos in die unmittelbare Zukunft extrapoliert wurden: Während es noch kontroverse Debatten darüber gab und immer noch gibt, ob die NATO als Kern der alten konfrontativen Sicherheitsstrukur überlebensfähig sei bzw. überhaupt überleben sollte, erschien die Europäische Gemeinschaft lange Zeit wie ein »rocher de bronze«. Nicht nur bekam zunächst der Integrationsprozeß innerhalb der EG durch den Umbruch und insbesondere die Wiedervereinigung Deutschlands einen erneuten Auftrieb; neben der NATO erschien die EG als alternativloser Fluchtpunkt für alle europapolitischen Bestrebungen und Phantasien der postkommunistischen, insbesondere der baltischen und

---

1 S. hierzu meine frühe Analyse unmittelbar nach dem weltpolitischen Umbruch in Dieter Senghaas, *Europa 2000. Ein Friedensplan*, Frankfurt a. M. 1990, Kap. 1.

ostmitteleuropäischen Staaten (»Rückkehr nach Europa«). Doch der eherne Fels hat inzwischen sichtlich Risse bekommen und droht erstaunlicherweise nicht an den Rändern, sondern im Kern zu zerbröseln. Haben also jene recht, die den Integrationsprozeß Westeuropas immer schon als ein Produkt des kalten Krieges interpretiert hatten, als einen Prozeß ohne Eigendynamik, Vitalität und Identität außerhalb der alten, inzwischen nicht mehr bestehenden weltpolitischen und europäischen Konfrontationskonstellation?

Während man sich über die weitere Integration Westeuropas nicht sicher sein kann (Fortsetzung mit Abstrichen oder ohne solche? Neubeginn in veränderter Konstellation? Zusammenbruch?), stellen sich für die deutsche Außenpolitik in ihrem gesamteuropäischen Bezug und damit vor allem im Hinblick auf die östliche Hälfte Europas ganz neue Aufgaben: Wie kann angesichts des dramatischen Wirtschaftsgefälles und seiner sozialen und politischen Folgen eine erneute politische Spaltung Europas verhindert werden? Der Osten Europas beginnt für Deutschland inzwischen im eigenen Lande. Während die alte Bundesrepublik (im Unterschied zu den meisten anderen westlichen Industrieländern) kein dramatisches inneres Wirtschaftsgefälle aufwies, wurde Deutschland in der Folge der Wiedervereinigung ein Land mit ausgeprägter Zerklüftung. Aus relativer Homogenität entstand Heterogenität, ohne daß die Aussicht auf deren schnellen Abbau realistisch wäre. Damit hat die weltweite Entwicklungsproblematik auch Deutschland ereilt.[1] Auf dem eigenen Territorium ist wider Erwarten ein Erprobungsfeld für Entwicklungspolitik entstanden, wobei trotz aller Widrigkeiten die Bedingungen für eine erfolgrei-

---

1 Nach der Einführung der Deutschen Mark (DM) auf dem Gebiet der ehemaligen DDR am 1. Juli 1990 konnten beispielhaft all jene Folgen des uneingeschränkten Verdrängungswettbewerbs einer hochproduktiven Ökonomie gegen eine unterdurchschnittlich produktive beobachtet werden – eine zeitgeschichtliche Lektion darüber, wie das Entwicklungsdilemma virulent wird, wenn keine Schutz- und Abfederungsmechanismen vorgesehen oder, wie in diesem konkreten Fall, aus übergeordneten politischen Gründen möglich waren.

che Aufbaupolitik noch relativ günstig sind. Vergleichbar günstige Bedingungen für den Transformationsprozeß in der östlichen Hälfte Europas können nicht unterstellt werden: Niemand im Westen ist bereit, Transferzahlungen in einer Größenordnung nach Osteuropa zu tätigen, die derjenigen zwischen der alten Bundesrepublik und den neuen Bundesländern entspricht. Dennoch müßte im Westen eine Hilfe in vergleichbarer Größenordnung mobilisiert werden.

Unvertraut ist die deutsche Außenpolitik mit einem östlichen Umfeld, das nicht nur politisch, ökonomisch und sozial instabil ist, sondern auch in einem elementaren Sinne durch vielfältige neue sicherheitspolitische Unwägbarkeiten gekennzeichnet: Was wird aus den Nachfolgestaaten der Sowjetunion? Und wie wird sich deren Verhältnis zu den ostmitteleuropäischen Staaten gestalten? Wie ihr Verhältnis zu Westeuropa?

Mit ethnonationalistischen Konflikten mußten sich bisher schon einige westeuropäische Länder auseinandersetzen, nicht aber die alte Bundesrepublik. Deren oberste Devise war Friedenspolitik im Sinne von Kriegsverhütung, die letztlich in nuklearer Abschreckungspolitik begründet war. Nun aber finden innerhalb Europas im näheren und weiteren Umfeld blutig ausgefochtene konventionelle Kriege statt. Europa kann es sich nicht leisten, ohne selbst tiefgreifenden Schaden zu nehmen, solche Kriege einfach ausbluten zu lassen. Dennoch greift allgemeine Ratlosigkeit um sich. Was kann und soll Deutschland zur Bearbeitung solcher Konflikte beitragen?

Die Problematik stellt sich auch auf weltweiter Ebene, symbolisiert in den Aktivitäten der nicht mehr durch den Ost-West-Konflikt blockierten Vereinten Nationen. Nicht nur werden Beiträge des wiedervereinigten Deutschland für die internationale Friedenssicherung erwartet. Mehr als ihm möglicherweise lieb sein kann, wird Deutschland aller Wahrscheinlichkeit nach in der internationalen Entwicklungszusammenarbeit und bei der Bewältigung sich zuspitzender internationaler Umweltprobleme in die Pflicht genommen werden. »Weltprobleme«, die noch vor kurzem nur Gegenstand akademischer Diskussion waren, erzeugen inzwischen auch in der deutschen Politik unabweisbare Handlungszwänge: Migration, Drogenhandel, organisierte Kriminalität usf.

Fazit: Aus relativ klaren Verhältnissen, gekennzeichnet durch unzweideutige Frontlinien, bewährten Orientierungen und Prioritäten, ist für die deutsche Außenpolitik eine Lage entstanden, die sich durch objektiv begründete Unübersichtlichkeit und daraus herzuleitende Orientierungsschwierigkeiten auszeichnet. Damit stellen sich, nicht anders als im Falle der alten Bundesrepublik Anfang der fünfziger Jahre, grundlegende Fragen der Reorientierung, der außenpolitischen Präferenzen und der neuen, operativen Prioritäten.[1] Eine neue Interessenanalyse wird also unausweichlich. Sie allerdings ist auf ein Umfeld ausgerichtet, dessen Entwicklung zunächst in vieler Hinsicht weit weniger prognostizierbar ist als in den Jahren vor 1989/90.

Dennoch lassen sich trotz unübersehbarer Schwierigkeiten einige Imperative für die Außenpolitik des wiedervereinigten Deutschland formulieren. Was sind in dieser Lage der Deutschen Interessen? Ihre Bestimmung müßte sich wenigstens auf die folgenden Orientierungen beziehen:

– ein ordnungspolitisch kongeniales Umfeld,
– anhaltende außenwirtschaftliche Verflechtungen,

---

1 Bemühungen um eine Rekonzeptualisierung finden sich in Karl Kaiser und Hanns W. Maull (Hg.), *Die Zukunft der deutschen Außenpolitik*, Bonn 1992; Gregor Schöllgen, *Angst vor der Macht. Die Deutschen und ihre Außenpolitik*, Berlin 1993; Alfred Mechtersheimer, *Friedensmacht Deutschland. Plädoyer für einen neuen Patriotismus*, Berlin 1993; Wilfried von Bredow und Thomas Jäger, *Neue deutsche Außenpolitik*, Opladen 1993; Christian Hacke, *Weltmacht wider Willen. Die Außenpolitik der Bundesrepublik Deutschland*, Berlin 1993[2]. Von politischer Seite s. vor allem Klaus Kinkel, *Verantwortung, Realismus, Zukunftssicherung. Deutsche Außenpolitik in einer sich neu ordnenden Welt*, in: *Frankfurter Allgemeine Zeitung*, 19. März 1993, S. 8; Richard von Weizsäcker, *Zur deutschen Außenpolitik*, in *Bulletin*, Presse- und Informationsamt der Bundesregierung, Nr. 109, 7. 12. 1993, S. 1201-1206.

- Integration,
- eine gesamteuropäische Friedensordnung und
- weltpolitische Mitverantwortung.

1. Das Interesse an einem ordnungspolitisch kongenialen Umfeld

Als der Ost-West-Konflikt und mit ihm der alte KSZE-Prozeß (der den Ost-West-Konflikt klein halten sollte) zu Ende ging, haben die Mitglieder des neuen KSZE-Prozesses, der auf den Aufbau einer gesamteuropäischen kooperativen Friedensordnung ausgerichtet wurde, grundlegende Dokumente erarbeitet, in denen die Leitlinien für die Außenpolitik aller beteiligten Staaten formuliert wurden. Insbesondere zwei Vereinbarungen sind hervorzuheben: das »Dokument des Treffens der Konferenz über die Menschliche Dimension der KSZE in Kopenhagen« vom 29. Juni 1990 sowie die »Charta von Paris für ein neues Europa« vom 21. November 1990.[1]

In beiden Dokumenten (wie auch in späteren Erklärungen) bringen die KSZE-Teilnehmerstaaten ihre Überzeugung zum Ausdruck, daß die volle Achtung der Menschenrechte und Grundfreiheiten sowie die Entwicklung von Gesellschaftssystemen auf der Grundlage von pluralistischer Demokratie und Rechtsstaatlichkeit Vorbedingungen für einen Fortschritt beim Aufbau jener dauerhaften Ordnung von Frieden, Sicherheit, Gerechtigkeit und Zusammenarbeit sind, die sie in Europa zu errichten wünschen. Vor allem das Kopenhagener Dokument enthält bemerkenswert detaillierte Vorstellungen über die normativen und institutionellen Grundlagen der Friedensfähigkeit von Staaten, Gesellschaften und Völkern. Die in diesen Dokumenten erarbeitete Perspektive eines Europa der demokratischen Rechtsstaaten muß für die deutsche

---

1 Beide grundlegenden Dokumente sind abgedruckt in Dieter Senghaas, *Friedensprojekt Europa*, Frankfurt a. M. 1992, S. 191 ff.

Außenpolitik ein übergeordnetes Richtmaß bleiben, weil nachweisbar institutionell miteinander vernetzte demokratische Rechtsstaaten zu einer gemeinsamen Friedenssicherung eher befähigt sind als politische Systeme unterschiedlicher ordnungspolitischer Orientierung.

Ein bleibendes erstes Interesse deutscher Außenpolitik wäre also auf den Schutz und die Förderung der Menschenrechte und Grundfreiheiten auszurichten, was um der Glaubwürdigkeit willen eine entsprechende konsequente Politik im eigenen Lande voraussetzt. Eine solche Politik findet eine Rückversicherung durch vergleichbare ordnungspolitische Orientierungen im engeren und weiteren europäischen Umfeld: Es kann der deutschen Außenpolitik und der Politik dieses Landes insgesamt nicht gleichgültig sein, ob Teile Europas in autokratische Regime der einen oder anderen Variante umkippen oder gegebenenfalls in bürgerkriegsähnliche Zustände oder in Bürgerkriege versinken. Aus solchen Konfliktlagen entstehen in politisierten Gesellschaften leicht unlösbar-dauerhafte Konflikte (à la Jugoslawien), die auf Jahre hinaus das Zusammenleben der Völker belasten.

Was sich in den späten siebziger und während der achtziger Jahre im südlichen Europa beim Übergang von zwei faschistischen Systemen und einer Militärdiktatur zur Demokratie als hilfreich erwies, nämlich nachdrückliche Hilfestellung von außen beim Aufbau von Demokratie und Rechtsstaatlichkeit, sollte im Hinblick auf die östliche Hälfte Europas nicht unterbleiben: Der »Import« von Demokratie und Rechtsstaatlichkeit westlichen Zuschnitts war ein Ziel der politischen Umbrüche in der östlichen Hälfte Europas (»Rückkehr nach Europa«), weshalb entsprechende Hilfestellung von seiten des Westens, wenn sie mit pfleglicher Rücksicht erfolgt, dort willkommen ist.

Besonders relevant ist solche Hilfestellung im Hinblick auf die weitere Verfassungsentwicklung, so bei der Vermittlung von Kenntnissen und Erfahrungen über den Föderalismus sowie beim Aufbau von Gerichten und Rechtssystemen, beispielsweise einer Verfassungs- und Verwaltungsgerichtsbarkeit, die es in den »realsozialistischen« Ländern nicht gegeben hat. Nützlich sind Orientierungen beim Aufbau eines unparteiischen öffentlichen Dienstes, dessen Nutzen beim wirtschaftlichen Umbau und für den Wirtschaftsaufschwung inzwischen allenthalben anerkannt wird. Schließlich ist in diesem Zusammenhang auch an die überfällige »Außenpolitik« gesellschaftlicher Kräfte zu denken: an unterstützende Aktivitäten politischer Parteien, von Industrieverbänden und Gewerkschaften, von Medien- und Bildungseinrichtungen jedweder Art, deren »counterparts«, nicht anders als hierzulande, konstitutiver Bestandteil pluralistisch verfaßter Gesellschaften, der »Zivilgesellschaft«, sein werden. Auf eben dieser gesellschaftlichen Ebene fand bisher eine viel zu geringe grenzüberschreitende Vernetzung statt. Sie aber ist im Hinblick auf eine gesellschaftliche Absicherung der Verfassungsentwicklung von besonderer Bedeutung.

Die meisten der sich demokratisierenden Staaten werden als Demokratien und Rechtsstaaten nur überlebensfähig sein, sofern die in ihnen lebenden Minderheiten einen effektiven, verfassungsmäßig garantierten Schutz erfahren. Hilfestellungen bei der Ausarbeitung entsprechender Regelungen für Minderheiten sollten ganz oben auf der Tagesordnung stehen, möglichst koordiniert über entsprechende multilaterale KSZE-Foren, da es sich im Einzelfall meist um äußerst sensible innenpolitische Problemstellungen handelt, andererseits überall von vergleichbaren Problemlagen ausgegangen werden kann. Eine in dieser Hinsicht aktive deutsche Außenpolitik könnte auf eine leicht abrufbare verfassungs- und staatsrechtliche sowie völkerrechtliche Expertise zurückgreifen.

Ein Europa demokratischer Staaten, in dem »Demokratie« und »Rechtsstaatlichkeit« nicht die beschönigende Ideologie einer ganz andersartigen politischen Wirklichkeit sind, sondern eine wirkliche Bedeutung im Alltag haben, ist das erstrebenswerte ordnungspolitische Umfeld für Deutschland. Ein solches Umfeld ist auch ein Rückhalt für Demokratie und Rechtsstaatlichkeit hierzulande: Die gegenteilige Erfahrung in den zwanziger und dreißiger Jahren sollte in Erinnerung bleiben. Deshalb sollte die deutsche Außenpolitik neben bilateralen Aktivitäten institutionelle Plattformen wie die KSZE und insbesondere den Europarat, die sich beide um den Aufbau und die Stabilisierung von Demokratie und Rechtsstaatlichkeit in der östlichen Hälfte Europas bemühen, mehr als bisher nutzen. Denn für den Aufbau Osteuropas sind zeitgemäße Verfassungsordnungen nicht weniger wichtig als eine moderne Wirtschaftsordnung.

Freilich wäre es eine Illusion, es bei ordnungsrechtlichen und rechtsstaatlichen Ratschlägen und Hilfen bewenden zu lassen. Es müßte im östlichen Europa als zynisch wahrgenommen werden, wenn sich Westeuropa – insbesondere Deutschland – unter dem Vorwand, erst müsse Demokratie im besten Sinne des Wortes verwirklicht sein, ehe materielle Hilfeleistungen erfolgen können, der wirtschaftlichen Hilfe entziehen würde. Jeder Demokratisierungsprozeß ist auf das engste mit der Perspektive spürbarer wirtschaftlicher Entwicklung verknüpft. Um so gründlicher muß die wirtschaftliche und finanzielle Leistungsfähigkeit Deutschlands, und zwar unter ausdrücklicher Beibehaltung der bisherigen Verflechtungen und – wenn immer möglich – unter weiterer Verstärkung des Integrationsprozesses geprüft werden.

2. Das Interesse an anhaltenden Verflechtungen

Nationale Interessenbestimmungen und darauf aufbauende Leitlinien der Außenpolitik werden oft so diskutiert, als ob sie nach Belieben umorientierbar wären. Sicherlich, bei tagespolitischen Entscheidungen minderen Gewichts sind Akzentveränderungen möglich, kaum aber im Hinblick auf mittel- und längerfristige Ausrichtungen, die die Politik in den meisten Fällen nur bei erheblicher Selbstschädigung der eigenen Gesellschaft und Wirtschaft mißachten könnte. Im Falle der alten Bundesrepublik bestand eine solche strukturelle Ausrichtung in der exponierten außenwirtschaftlichen Verflechtung – Hintergrund des lang anhaltenden Wirtschaftsaufschwunges und des erreichten Wohlstands. Diese exponierte Stellung hat die alte Bundesrepublik in das vereinigte Deutschland bruchlos eingebracht, und eine der wesentlichen Aufgaben deutscher Außenpolitik wird darin bestehen, das durch das überdurchschnittliche Ausmaß an Verflechtung erforderliche weltwirtschaftliche Interdependenzmanagement anhaltend flankierend zu sichern.

Diese Aufgabenstellung ist von erstrangigem nationalem Interesse, wie schon ein Blick auf grundlegende Daten zu vermitteln vermag: Zwischen 1960 und 1988 wuchs der Anteil der Bundesrepublik am Weltexport von 9 auf 11,4 %. Er lag demzufolge Ende der achtziger Jahre in etwa auf der Höhe desjenigen der US-Ökonomie, obgleich das Bruttoinlandsprodukt in der Bundesrepublik zum selben Zeitpunkt nur in etwa 28 % des amerikanischen betrug! Die japanische Ökonomie erreichte 1988 einen Anteil am Weltexport von 9,35 %; das Bruttoinlandsprodukt Japans war aber 50 % größer als das der Bundesrepublik (USA: 5392 Mrd. US-Dollar; Japan: 2943 Mrd.; BRD: 1488 Mrd.). Die Weltmarktanteile Frankreichs und Großbritanniens beliefen sich zum selben Zeitpunkt auf knapp unter 6 bzw. knapp über 5 % (Frankreich: 5,72; Großbritannien: 5,12)[1] – siehe dazu Tabelle 1.

Auch über die Orientierung des BRD-Exports sprechen

---

1 S. Stephan Hessler und Ulrich Menzel, *Regionalisierung der Weltwirtschaft und Veränderungen von Weltmarktanteilen 1968-1988*, in Klaus-Dieter Wolf (Hg.), *Ordnung zwischen Gewaltproduktion und Friedensstiftung*, Baden-Baden 1993, S. 71-95.

Tabelle 1 Wirtschaftsdaten der Gruppe der Sieben (G-7) für das Jahr 1990

	Bevölkerung in Mio.	Bruttoinlandsprodukt (BIP) in Mrd. $	Ausfuhr von Gütern und Dienstleistungen (ohne Faktoreinkommen) in % des BIP	Ausfuhr (ohne Dienstleistungen)		
				in Mrd. $	in % des BIP	pro Kopf in $
USA	250	5392	10	371	7	1488
Japan	124	2943	11	287	10	2315
Deutschland[a]	61	1488	32	398	27	6525
Frankreich	56	1191	23	210	18	3750
Italien	58	1091	21	169	16	2914
Großbritannien	57	975	25	186	19	3263
Kanada	27	570	25	125	22	4629

[a] Die Angaben für Deutschland beziehen sich auf die Bundesrepublik Deutschland vor der Vereinigung.

Quelle: Weltbank, *Weltentwicklungsbericht 1992*, New York 1992, Tabellen 1, 3, 9 und 14; eigene Berechnungen.

Tabelle 2 Wirtschaftsdaten anderer europäischer Industriegesellschaften für das Jahr 1990

	Bevölkerung in Mio.	Bruttoinlandsprodukt (BIP) in Mrd. $	Ausfuhr von Gütern und Dienstleistungen (ohne Faktoreinkommen) in % des BIP	Ausfuhr (ohne Dienstleistungen)		
				in Mrd. $	in % des BIP	pro Kopf in $
Niederlande	14,9	279	57	131	47	8824
Belgien	10,0	192	74	118	61	11800
Schweden	8,6	228	30	57	25	6666
Österreich	7,7	157	41	42	27	5438
Schweiz	6,7	224	37	64	28	9507
Dänemark	5,1	130	35	35	27	6823
Finnland	5,0	137	23	27	19	5343
Norwegen	4,2	105	44	34	32	8112

Quelle: Weltbank, *Weltentwicklungsbericht 1992*, New York 1992, Tabellen 1, 3, 9 und 14; eigene Berechnungen.

die Statistiken der vergangenen zehn Jahre eine eindeutige Sprache: Am Ende der achtziger Jahre (und das ist heute nicht anders) flossen die Exporte zu 82 % in den Raum der hochindustrialisierten westlichen Industrieländer (OECD), ca. 10 % in die Dritte Welt (die ostasiatischen Schwellenländer mit einbegriffen!) und zu etwa 8 % in den Raum des früheren RGW (Osteuropa und Sowjetunion). Gliedert man die Exporte in den OECD-Raum weiter auf, so zeigen sich folgende Teilströme: Etwa 52 % der Exporte waren auf den Raum der EG gerichtet, 70 % auf den Raum der EG und der EFTA (heute als Europäischer Wirtschaftsraum, EWR, bezeichnet), 78 % auf den euroatlantischen Raum (EG plus EFTA plus USA und Kanada); die verbleibenden 4 % teilen sich Japan (3 %), Australien und Neuseeland. Die bundesrepublikanische Ökonomie war also vor allem mit ihrem eigenen Umfeld, der EG und der EFTA, verflochten und ist in diesem Sinne als eine europazentrierte Wirtschaftsmacht zu verstehen, die in erster Linie in den hochindustrialisierten Ländern Europas Geschäfte tätigte.[1]

Ein vergleichbares Bild zeigt sich auch bei ihren Direktinvestitionen im Ausland: Bis 1989 beliefen sie sich auf knapp 207 Mrd. DM, wovon 84 % im OECD-Bereich getätigt wurden und 10 % in der Dritten Welt. 6 % erscheinen in der Statistik als »regional nicht aufteilbar«, wobei es sich um Kredite abhängiger Holding-Gesellschaften an andere ausländische verbundene Unternehmen handelt, in aller Regel also um OECD-Geschäfte, was den OECD-Anteil der deutschen Direktinvestitionen im Ausland auf etwa 90 % erhöht.[2] Gemessen an der Struktur der Exportorientierung war der prozentuale Anteil der Direktinvestitionen in der EG geringer (40 %) als der entsprechende Exportanteil, während im Falle der USA der Anteil der Direktinvestitionen wesentlich höher

1 S. *Fischer Weltalmanach 1993*, Frankfurt a. M. 1992, S. 971.
2 S. *Statistisches Jahrbuch 1991 für das vereinte Deutschland*, Wiesbaden 1991, S. 668. Die Daten beziehen sich auf das Jahr 1989 (Gesamtbestand).

lag als der Exportanteil (27 %). Wie beim Export war der Anteil der deutschen Direktinvestitionen, die in Japan getätigt wurden, erstaunlich gering (knapp 2 %).

Nicht anders als exzentrisch kann man das Gewicht des Exportes für die deutsche Volkswirtschaft kennzeichnen. Nach dem *Weltbankbericht 1992* stellte sich Ende der achtziger Jahre der prozentuale Anteil des Exportes von Gütern *und* Dienstleistungen (ohne Faktoreinkommen) am jeweiligen Bruttoinlandsprodukt bei den sieben führenden Industrienationen der Welt (G-7) wie folgt dar: USA 10 %; Japan 11 %; BRD 32 %; Frankreich 23 %; Italien 21 %; Großbritannien 25 %; Kanada 25 %.[1] Da zwischen den außenwirtschaftlichen Aktivitäten eines Landes und seiner Größe (Bevölkerungszahl) eine negative Korrelation besteht (je größer die Bevölkerungszahl, um so geringer der Exportanteil am Bruttoinlandsprodukt und umgekehrt), sind die anteiligen Werte im Falle der USA (250 Mio. Einwohner) und Japans (124 Mio.) sowie die Werte von Frankreich (56 Mio.), Italien (58 Mio.), Großbritannien (57 Mio.) und Kanada (27 Mio.) in etwa statistisch erwartbar. Für die alte Bundesrepublik müßte der statistisch erwartete »Normalwert« eigentlich in etwa unterhalb des französischen, italienischen oder englischen liegen, also bei etwa 18-20 %. Er ist aber in Wirklichkeit erheblich höher (32 %). Anders betrachtet: Die Bundesrepublik hatte ein Pro-Kopf-Exportaufkommen, das man eher bei bevölkerungsschwachen Industrieländern erwarten würde, aber nicht bei einem bevölkerungsstarken Flächenstaat mittlerer Größenordnung. Ende der achtziger Jahre belief sich in den G-7-Staaten der Pro-Kopf-Export (in US-Dollar gemessen) auf folgende Größen: USA: 1488; Japan: 2315; Deutschland: 6525; Frankreich: 3750; Italien: 2914; Großbritannien: 3263; Kanada: 4629.[2]

1 Vgl. hierzu Tabelle 1.
2 Daten über die Pro-Kopf-Exportaufkommen in den bevölkerungsschwachen Industrieländern Europas finden sich in Tabelle 2.

Auch was den Inhalt des Warenkorbes angeht, war die Bundesrepublik besonders exponiert: Ende der achtziger Jahre kamen 49 % des Exports aus dem sensiblen Bereich »Maschinen, Elektrotechnik und Fahrzeuge«, eine Größenordnung, die innerhalb der OECD nur noch von Japan (66 %) übertroffen wird.[1] Solche Güter im Ausland abzusetzen, setzt dort Ökonomien voraus, die nicht nur aufnahmebereite Märkte haben, sondern strukturell und konjunkturell auf anhaltende Rationalisierungsinvestitionen ausgelegt sind, wofür technisch fortgeschrittene Investitionsgüter deutscher Herkunft als Markenprodukte gelten.

Die Ökonomie der alten Bundesrepublik war also im wesentlichen auf OECD-Märkte ausgerichtet, die in einem Umfeld situiert sind, das sich durch politische Stabilität, Rechtssicherheit, eine differenzierte Infrastruktur, qualifizierte Arbeitskräfte und nachfragestarke Binnenmärkte auszeichnet. Es handelt sich um schwierige Märkte, da die betreffenden Ökonomien ihrerseits relativ leistungs- und konkurrenzfähig sind. Durch *überdurchschnittliche* außenwirtschaftliche Orientierung, der eine anhaltende technologische Innovationsfähigkeit und eine hohe Investitionseffizienz zugrunde liegen, hat die alte Bundesrepublik ihren auch im Rahmen der OECD bemerkenswerten Wohlstand aufgebaut.

Zu dieser Orientierung hat das wiedervereinigte Deutschland keine Alternative. Denn Länder mit einem vergleichbaren Profil (politische Stabilität, Rechtssicherheit, differenzierte Infrastruktur, qualifizierte Arbeitskraft, nachfragestarke Binnenmärkte) gibt es außerhalb der OECD nicht, wenn man von den nachwachsenden ostasiatischen Schwellenländern (die aber mengenmäßig nicht ins Gewicht fallen) absieht. Solche Länder finden sich nur unter den hochindustrialisierten westlichen Hochlohnländern. Daß in Billiglohnländer,

---

1 S. Weltbank, *Weltentwicklungsbericht 1992*, New York 1992, S. 281.

von denen es in der Welt weit mehr als hundert gibt, nur spärlich zu exportieren ist, versteht sich von selbst. Auch hat die Behauptung, westdeutsche Unternehmen würden Kapitalanlagen vor allem in Billiglohnländern tätigen, keine volkswirtschaftlich relevante Grundlage. Sie gehört, wie gerade die Statistik über die Außenwirtschaftsverflechtungen der Bundesrepublik belegt, in den Bereich politischer Mythenbildung: Was für den Einzelbetrieb ausnahmsweise korrekt sein mag, muß sich nicht auf ein repräsentatives außenwirtschaftliches Gesamtprofil einer Volkswirtschaft hochaddieren.

Die OECD- und insbesondere EWR-Verankerung der alten Bundesrepublik hat erhebliche Konsequenzen für das wiedervereinigte Deutschland, insbesondere für seine wirtschaftlichen Beziehungen zur östlichen Hälfte Europas. Welche Bedeutung hat die östliche Hälfte Europas für die deutsche Wirtschaft? Droht, wie vielfach in polemischen Debatten im Westen artikuliert, eine Ost-Orientierung?

Wie die aufgeführten Daten zeigen, sind solche Befürchtungen bar jeglichen Fundamentes in der Wirklichkeit. Selbst wenn man unterstellen wollte, es käme in den investiven Strömen und in der Exportorientierung zu einer Verschiebung um, sagen wir, 10 % (eine Größenordnung von enormen Milliardenbeträgen!), dann fände die außenwirtschaftliche Verflechtung Deutschlands weiterhin in überdurchschnittlichem Ausmaße innerhalb des OECD-Raums statt. Selbst bei einer Verschiebung von 20 % wäre eine solche Aussage noch korrekt. Doch für eine Verschiebung in der einen oder anderen Größenordnung gibt es auf absehbare Zeit keine Grundlage. Sie wäre nur vorstellbar, wenn in der östlichen Hälfte Europas leistungs- und konkurrenzfähige Ökonomien entstünden, die sich ihrerseits schrittweise in eine intraindustrielle Arbeitsteilung eingliederten und somit den bestehenden OECD-Raum erweiterten. Sicherlich käme eine qualitative Transformation Ostmitteleuropas bzw. der gesamten östlichen Hälfte Europas der Wirtschaft Deutschlands besonders zustatten. Aber wie die Entwicklungen im EG- und EFTA-Raum in den vergangenen 15 Jahren zeigen, wäre ein solcher Prozeß auch von erheblichem Gewinn für alle übrigen leistungsfähigen EWR-Ökonomien.

Für eine entsprechende wünschenswerte Entwicklung im Osten Europas gäbe es aber keine anderen Richtwerte als diejenigen, die für die westliche Hälfte kennzeichnend waren: politische Stabilität; Rechtssicherheit; eine differenzierte Infrastruktur; qualifizierte Arbeitskräfte; Interessenausgleich; anhaltende Produktivitätssteigerungen in *allen* Sektoren mit der Folge entsprechend breitenwirksamer Einkommenssteigerung und nachfragestarker Binnenmärkte; hohe Investitionseffizienz und eine sich schrittweise aufbauende Wettbewerbsfähigkeit auf schwierigen internationalen Märkten, zunächst in Europa.

Wie weit die östliche Hälfte Europas noch von einer solchen Zielsetzung entfernt ist, müßte jedermann einsichtig sein, der die weithin desolate Wirklichkeit vor Ort zur Kenntnis nimmt. Aber selbst wenn der wirtschaftliche Aufbau überraschend schnell und auf breiter Flur gut in Gang käme, könnte eine derartige Markterschließung vor Ort weder für Deutschland noch im übrigen für die EWR- bzw. OECD-Ökonomien insgesamt die heute bestehenden dichten innerwestlichen und alternativlosen Verflechtungen ersetzen.

Ein zweiter Imperativ deutscher Außenpolitik besteht also darin, die alten außenwirtschaftlichen Verflechtungen der Bundesrepublik, die auch die neuen sein werden, als Lebensgrundlage des Wohlstands flankierend zu sichern. Wenn die BRD als »Handelsstaat« charakterisiert wurde, dann findet dieses Etikett seine Berechtigung in den aufgezeigten Sachverhalten: Auch das wiedervereinigte Deutschland wird »Handelsstaat« sein müssen. Ein außenwirtschaftlich so extrem exponierter Staat wie Deutschland ist aber, selbst wenn seine Wirtschaft sich weiterhin durch hohe Leistungs- und Konkurrenzfähigkeit auszeichnen sollte, immer besonders verwundbar – und zwar sowohl ökonomisch als auch politisch. Wenn die Außenpolitik der alten Bundesrepublik als an prinzipiellem Multilateralismus orientiert charakterisiert wurde, so hatte diese Orientierung gute Gründe: Sie reflektierte auf diplomatischer Ebene ökonomische Realitäten. Multilateralismus wird auch in Zukunft die deutsche Außenpolitik bestimmen müssen.

Deutschland wird seinen zusätzlichen Belastungen beim Wiederaufbau der neuen Bundesländer, bei der Konsolidierung der EG, bei der Transformation der östlichen Hälfte Europas und weltweit im Rahmen der VN bei der Entwicklungshilfe ohne eigene leistungsfähige Wirtschaft nicht gerecht werden können. Eine solche Wirtschaft ist aber nur als eine mit westlichen Industrieländern verflochtene vorstellbar. Hierfür ist entsprechendes politisches Interdependenzmanagement auf bilateraler, multilateraler und internationaler Ebene erforderlich, wahrscheinlich unter weit rauheren weltwirtschaftlichen Bedingungen als früher. Dank des entsprechenden Erbes der alten Bundesrepublik müßte Deutschland auf die inzwischen vielfach diagnostizierte »Ökonomisierung internationaler Politik« gut vorbereitet sein.

Dennoch wird dieses Interdependenzmanagement nicht einfach sein. Denn ein Export von erheblicher Größenordnung, wie er im Falle der drei führenden Exporteure der Welt (USA, Japan, Deutschland) vorliegt, hat angesichts der markant unterschiedlichen relativen Gewichte dieser Exporte an der Gesamtwirtschaft unterschiedliche Folgen: Anders als Deutschland können sich die USA und Japan weit mehr Insensibilitäten gegenüber ihrem weltwirtschaftlichen Umfeld erlauben. Aus wohlverstandenem Eigeninteresse gebietet die besondere außenwirtschaftliche Exponiertheit Deutschland eine besondere politische Umsicht im Umgang mit seinem existentiell wichtigen und unersetzbaren Umfeld.[1]

3. Das Integrationsinteresse

Angesichts des exponierten außenwirtschaftlichen Profils Deutschlands ist die These naheliegend und belegbar, Deutschland ziehe (neben einigen kleineren Staaten wie den Niederlanden) einen besonderen Nutzen aus seinen außenwirtschaftlichen Verflechtungen, wobei der europäische Kontext, der für Deutschland besonders wichtig ist, an erster Stelle genannt wird. Daten über den hohen Anteil deutscher Exporte am internen EG-Handel (Bundesrepublik 28 %; Frankreich 16 %; Großbritannien 11 %) sowie der erhebliche Handelsbilanzüberschuß des internen EG-Handels in den achtziger Jahren (BRD 209 Mrd. US-Dollar; Niederlande 128; demgegenüber Negativsalden: Großbritannien 103; Frankreich 76) unterstreichen diese Beobachtung. Sie ist auch dann noch korrekt, wenn man berücksichtigt, daß die alte Bundesrepublik weit mehr als andere Mitglieder Zahlmeister der EG war und immer noch ist, also mehr Beiträge zum EG-Haushalt beisteuert, als sie Einkünfte aus ihm entnimmt.[2]

Zum außenpolitischen Problem werden solche Sachverhalte durch die mit ihnen verknüpften Befürchtungen, die durch die alte Bundesrepublik aufgebaute Wirtschaftsmacht werde sich zu einer hegemonialen Position des wiedervereinigten

1 Wie Tabelle 1 dokumentiert, betragen diese Anteile im Falle des reinen Güterexports von USA, Japan und Deutschland 7, 10 bzw. 27 Prozent vom Bruttoinlandsprodukt; im Falle der Ausfuhr von Gütern *und* Dienstleistungen (ohne Faktoreinkommen) 10, 11 bzw. 32 Prozent. Zur Problematik s. auch Dieter Senghaas, *Die ungleichen Partner der Triade. USA – Japan – Deutschland*, in: *Blätter für deutsche und internationale Politik*, Heft 9, 1993, S. 1080-1085.

2 Die Daten sind entnommen aus Andrei S. Markovits und Simon Reich, *Deutschlands neues Gesicht. Über deutsche Hegemonie in Europa*, in: *Leviathan*, Bd. 20, 1992, S. 35 und 37.

Deutschland in Europa erweitern. Solche Befürchtungen finden im Ausland ihren rhetorischen Niederschlag in der keineswegs nur polemisch gemeinten, sondern Wirklichkeit suggerierenden Rede vom »D-Mark-Imperialismus«. Womit – wie auch hierzulande in der Rede vom »D-Mark-Nationalismus« – auf die Tatsache verwiesen wird, daß die Deutsche Mark in Europa unbestrittene Leitwährung geworden ist und in der Weltwirtschaft neben Dollar und Yen eine exponierte Position errungen hat, woraus strukturelle Macht resultiert: das Gestaltungsprivileg Deutschlands als *économie dominante* und die daraus abgeleiteten Zugzwänge und entsprechenden restriktiven Handlungsbedingungen für die *économies dominées*, das heißt die übrigen Ökonomien Europas.

Für eine breite Öffentlichkeit in Europa ist der in solchem Handlungsgefälle angelegte politische Konfliktstoff seit dem Frühherbst 1992 während der währungspolitischen Turbulenzen in und um das Europäische Währungssystem (EWS) deutlich erkennbar geworden. Dabei wurden aus verständlichen Gründen in den entsprechenden Disputen mit nationalistischen Übertönen zwei grundlegende Sachverhalte »übersehen«: in den klageführenden Ländern jenseits der deutschen Grenzen, vor allem in Großbritannien, die Tatsache, daß die Schwäche der eigenen Währung im wesentlichen aus der hausgemachten Schwäche der eigenen Volkswirtschaft resultiert, und diesseits der Grenzen die Tatsache, daß eine im wesentlichen kreditfinanzierte Wiedervereinigung, anders als eine aus Steuererhöhung, Subventionsabbau, Ausgabenumschichtung und Kreditaufnahme mischfinanzierte, abträgliche Folgen sowohl für die eigene Volkswirtschaft als auch für die wirtschaftlich und währungsmäßig schwächeren Wirtschaftspartner Deutschlands haben mußte. Denn Deutschland folgte einer Leitlinie, die fatal an diejenige erinnert, die in den USA Anfang der achtziger Jahre die Politik der Reagan-Administration kennzeichnete: Nichtbelastung der eigenen Bevölkerung (keine Steuererhöhung, kein Subventionsabbau) bei gleichzeitiger, über den Zinsmechanismus vermittelter teilweiser Lastenabwälzung auf die Wirtschaftspartner. Eine objektiv so unvernünftige Politik auf Pump kann sich eine Volkswirtschaft von der Größenordnung der USA angesichts ihrer relativ geringen Außenkomponente scheinbar leisten (*scheinbar* deshalb, weil sich auch in einem solchen Fall nach den kurzfristigen Scheinblüteeffekten unerbittlich kontraproduktive Folgen einstellen: Inflation, Rezession und Wettbewerbseinbußen). Im Falle Deutschlands hatte sie unmittelbar fatale politische Konsequenzen, weil sie aufgrund wirtschafts-, finanz- und geldpolitischen Fehlverhaltens zur Destabilisierung der schwachen Partner im EWR-Raum führte, einschließlich unerfreulicher politischer Turbulenzen. Wobei anzumerken ist, daß die Wurzeln des Übels in den politischen Fehlentscheidungen der Bundesregierung und nicht im Verhalten der Bundesbank zu suchen sind.

Die Notwendigkeit, Deutschland als exponierte Ökonomie mit einer Leitwährungsfunktion im europäischen Umfeld von EWR und Osteuropa politisch verdaubar zu machen, führte, neben anderen Motiven, zu einem in sich schlüssigen außenpolitischen Konzept: Ergänzung des Gemeinsamen Binnenmarktes, wie er ab 1. Januar 1993 besteht, durch eine im Laufe des Jahrzehnts im EG-Kontext zu errichtende Währungsunion bei begleitendem Aufbau einer Politischen Union. Damit würde, abstrakt betrachtet, das deutsche Potential in einem übergeordneten Verbund »aufgehoben«; die bisherigen Bemühungen um Koordination und Konzertierung von Politik würden auf intergouvernementaler Ebene in integrierte Politik überführt. Der sensible Bereich einer gemeinsamen EG-Geldpolitik sollte nach dem Willen der Maastrichter Architekten in den Händen einer politisch nicht funktionalisierbaren, sich an Stabilitätskriterien ausrichtenden Europäischen Zentralbank liegen. Die »Vorherrschaft der D-Mark« wäre damit mediatisiert, die Gefahr einer deutschen Hegemonie gebannt.

Im Wissen um die deutsche Wirtschaftsmacht wurde schon zu Zeiten der alten Bundesrepublik eine derartige »Einbindung« Deutschlands in das EG-Europa als eine im deutschen Interesse liegende außenpolitische Zielsetzung postuliert. Im zeitlichen Umkreis der Wiedervereinigung Deutschlands erfuhr diese Ausrichtung eine nicht nur rhetorische, sondern operative Zuspitzung: Nichts reflektiert diesen Sachverhalt deutlicher als das Engagement der deutschen Regierung am Zustandekommen des Maastrichter Vertrages vom Dezember 1991 und die fast einmütige Ratifikation des Vertrages im Deutschen Bundestag. Bis zur Maastricht-Debatte in den europäischen Nachbarländern folgte auch die öffentliche Meinung hierzulande einer solchen Perspektive. Aber was in deutscher Sicht vernünftig erscheint, muß sich keineswegs in der politischen Wirklichkeit einer allgemein akzeptierten Plausibilität erfreuen.

Während die deutsche Politik gezielt auf Souveränitätsabbau und die Eingliederung in einen sich verdichtenden europäischen Integrationsverbund ausgerichtet ist, also alles andere als einer betont nationalen oder gar nationalistischen Leitperspektive folgt, wird in Teilen des Auslandes genau diese Politik der Selbsteinbindung kritisch hinterfragt: Will mit ihr Deutschland nicht zusätzlich zur ökonomischen Dominanz im größeren politischen Verbund eine politische Vormachtrolle erreichen? Warum sollte Deutschland eine sein eigenes Handlungspotential beschränkende Politik der Selbsteinbindung betreiben? Ist es nicht plausibler anzunehmen, die Politik der Selbsteinbindung werde betrieben, um mit ihr in einem kollektiven Rahmen andere zu mediatisieren? Welche Strategie auch immer Deutschland verfolgt, sie scheint in Teilen des befreundeten Auslandes als problematisch empfunden zu werden.

Im Hinblick auf die Währungsunion ist das Dilemma kein anderes: Kommt sie nicht zustande und schlagen überdies die Bemühungen um eine Konvergenz sowohl der Wirtschaftsprofile als auch der Wirtschafts-, Finanz- und Geldpolitiken der EG-Länder fehl, werden weiterhin, zum Nutzen oder zum Nachteil der Europäer, die einschlägigen Entscheidungen in Bonn und Frankfurt als »deutsches Diktat« empfunden werden. Andererseits impliziert bei der Vorbereitung einer Währungsunion Konvergenz die Übernahme wesentlicher Kriterien und Instrumentarien der deutschen Politik in den anderen europäischen Ländern, so insbesondere die Ausrichtung der Politik an Geldwertstabilität, die Bereitschaft zu Transferzahlungen und Finanzausgleich in einem nicht homogenen Wirtschaftsraum sowie regional- und industriepolitische Maßnahmen. Im Falle einer Währungsunion würde im übrigen jedes einzelne Land einen Verlust an Autonomie erfahren, weil dann nationale Instrumentarien zur Bewältigung spezifischer Problemlagen nicht mehr zur Verfügung stünden, insbesondere der Wechselkursmechanismus, über den bisher sich akzentuierende Ungleichgewichte zwischen den EWS-Ökonomien abgefedert werden konnten. Wenngleich nicht zu verkennen ist, daß der Wechselkursmechanismus immer mehr durch die Manipulation von Kapitalströmen seinen instrumentellen Wert verliert.

Was also ist in einer solchen Lage für die deutsche Außenpolitik zu tun? Die Integrationsperspektive sollte aus dem einfachen Grund aufrechterhalten bleiben, daß ein uneingebundenes Deutschland Europa nicht zuträglich ist, so wie die nicht eingebundenen übrigen Nationalstaaten Europas auch für Deutschland problematisch wären. Der Weg der Integration verspricht allseits disziplinierende Wirkungen: Er wirkt einer Renationalisierung entgegen und macht sie relativ unwahrscheinlich. Er zwingt eine Leitökonomie wie diejenige Deutschlands zu besonderer Selbstdisziplin, denn Disziplinlosigkeit der stärksten Wirtschaftsmacht übersetzt sich unweigerlich andernorts in politische Sprengsätze, gegebenenfalls in den Zusammenbruch des Integrationsweges. Im übrigen gilt, was über Leitökonomien im allgemeinen bekannt ist: Wenn sich ihre ökonomische Leistungsfähigkeit mit Selbstdisziplin verbindet, profitieren sie nicht nur selbst beim Austausch mit ihrer Umwelt; auch ihre Umwelt zieht aus einem solchen Arrangement Nutzen: Stabilität, Berechenbarkeit, Gewinne. Wenn die Leitökonomie überdurchschnittliche Kosten übernimmt, um den integrativen Verbund selbst über die Runden zu bringen bzw. wenn sie andernorts (wie derzeit in der östlichen Hälfte Europas) durch überdurchschnittliche Eigenleistungen zur Problembewältigung beiträgt, dann ist eine solche Anforderung nur recht und billig.

Dennoch sollte das Integrationsziel nicht technokratisch überzeichnet und übereilt verwirklicht werden. In einem Umfeld, in dem es nicht auf die Meinung nur eines Volkes, sondern vieler ankommt und in dem diese vielen auch in sich selbst gespaltener Meinung sind, sollte wie in anderen Zusammenhängen gelten: »Der Weg ist das Ziel«, und dieser Weg sollte flexibel beschritten werden.[1] Wenn also beispielsweise die Erfahrung zeigt, daß die Heterogenität der europäischen Volkswirtschaften und der für die jeweilige Problemlösung erforderlichen politischen Strategien so groß ist, daß selbst das Europäische Währungssystem (EWS) nicht problemlos und ohne Turbulenzen funktioniert, wenn überdies eigentlich vorgesehene Anpassungsmechanismen aus jeweils innenpolitischen Prestigegründen nicht zum angemessenen Zeitpunkt in Kraft gesetzt werden, dann ist die Zeit für eine Währungsunion noch nicht reif.

Noch ist die EG kein homogener Wirtschaftsraum. In einer solchen Lage ist also eher eine Optimierung bestehender Institutionen und Mechanismen gefragt, nicht der große Sprung nach vorne, der bei einer derartigen Ausgangslage nicht gelin-

1 Angesichts einer im Zusammenhang mit der Maastricht-Debatte kaum noch überschaubaren Literatur s. jetzt Heinrich Schneider und Wolfgang Wessels (Hg.), *Föderale Union – Europas Zukunft? Analysen – Kontroversen – Perspektiven*, München 1994.

gen könnte: Denn nur wenn die einzelnen Volkswirtschaften sich ohnehin aus eigenem Antrieb in Richtung auf eine Homogenisierung bewegten, könnte eine vorzeitig etablierte Währungsunion auf einen solchen Prozeß beschleunigend wirken. Driften jedoch die Volkswirtschaften auseinander, wirkte die Verwirklichung einer Währungsunion wie ein Sprengsatz. Eine Vorahnung haben die politischen Dissonanzen um das Europäische Währungssystem seit dem Frühherbst 1992 vermittelt.

Da am 1. Januar 1993 das Binnenmarktprojekt der EG in Kraft getreten ist und überdies der freihändlerischen Vertiefung der Beziehungen zwischen EG und EFTA im sogenannten Europäischen Wirtschaftsraum nichts mehr im Wege steht, sollte auch die politische Integrationsfrage flexibel gehandhabt werden. Muß nach dem weltpolitischen Umbruch 1989/90 die *politische* Integration der westlichen Hälfte Europas wirklich im Kontext der EG der Zwölf vonstatten gehen, so wie sie in der alten Konstellation aus naheliegenden Gründen vorgezeichnet war? Sind nicht auch neue Arrangements denkbar? Beispielsweise eine Kernzone aus Deutschland, Frankreich und den Benelux-Staaten, die sich schrittweise ergänzte, möglicherweise eher mit den im Prinzip äußerst leistungsfähigen EFTA-Staaten als mit den übrigen Staaten der heutigen EG der Zwölf?

Ob eine solche oder ähnliche Überlegung völlig abwegig ist, wird sich herausstellen, sobald sich die europäischen Staaten darüber klargeworden sind, wie sie das Debakel um den Maastrichter Vertrag langfristig zu bewältigen beabsichtigen. Ohne Zweifel werden dabei Richtungsentscheidungen fällig, aber die integrative Entwicklung der westlichen Hälfte Europas ist glücklicherweise so weit vorangeschritten, daß solche Entscheidungen nicht mehr autonom zu treffen sind. Gerade die größeren EG-Staaten, Deutschland an erster Stelle, können ihr Europa-Projekt nicht gegen den Widerstand der anderen durchsetzen. Wenn überhaupt, dann wird ein sich integrierendes Europa das Ergebnis einer konzertierten Aktion sein, nicht aber Ausdruck des Willens eines einzelnen Staates. Der schlimmste Fall würde eintreten, wenn Europa hinter den heute schon erreichten Integrationsstand zurückfiele, mit der Folge einer dann allenthalben stattfindenden Renationalisierung der jeweiligen Außen- und insbesondere der Außenwirtschaftspolitiken und entsprechend virulent werdender Sicherheitsdilemmata.

Weitere Schritte in Richtung Integration der westlichen Hälfte Europas liegen also im wohlverstandenen nationalen Interesse Deutschlands, aber die Integration Europas muß nicht identisch sein mit einer »Staatswerdung Europas«. Und es könnte durchaus opportun werden, nach dem Ende der Blockkonfrontation in Europa die Karten neu zu mischen – und zwar sowohl im Hinblick auf die Politikfelder der Vertiefung als auch hinsichtlich der räumlichen Zonen des Integrationsprozesses.

4. Das Interesse an einer gesamteuropäischen Friedensordnung

In den vergangenen vierzig Jahren ist es in Westeuropa gelungen, eines der strukturellen Grundprobleme internationaler Politik zu lösen: das Sicherheitsdilemma. Trotz bleibender Interessenunterschiede spielt das militärische Instrument in den wechselseitigen Beziehungen keine Rolle mehr. Weder wird mit der Anwendung militärischer Gewalt gedroht, noch drohen kriegerische Auseinandersetzungen. Hier also vollzog sich eine Art von politischer Evolution im Sinne einer Zivilisierung der Politik. Der weitere Integrationsprozeß in der westlichen Hälfte Europas hat letztlich zum Ziel, diese Errungenschaft zu vertiefen. Sollte die westliche Hälfte Europas in Richtung auf das Wiederaufleben von »Staatenanarchie« rückfällig werden, würde sich ein solcher Vorgang unmittelbar in einer Renationalisierung der Sicherheitspolitik aller Staaten niederschlagen; unausweichlich würden militärische Miniallianzen und die durch sie provozierten Gegenallianzen neu erstehen, um hegemoniale Bestrebungen einzelner zu verhindern und ein Gleichgewicht zu ermöglichen. Das wäre ein atemberaubender Rückschritt – eine zivilisatorische Regression, die auch dramatische Konsequenzen überall in Gesamteuropa hätte. Denn damit stünde schneller als nach 1989/90 vermutet die Sicherheitsproblematik des gesamten Europa auf ganz neue Weise mit fatalen Ähnlichkeiten zu den zwanziger und dreißiger Jahren zur Disposition.

Gerade angesichts solcher Perspektive muß Westeuropa ein sicherheitspolitischer Stabilitätsanker für das ganze Europa bleiben. Welche Organisationen hierfür besonders dienlich sind, ist eine politisch zweitrangige, wenngleich organisatorisch wichtige Frage. Nach Lage der Dinge wird während der neunziger Jahre eher eine sich redefinierende NATO als die WEU eine auch gesamteuropäisch relevante sicherheitspolitische Rolle spielen, zumal die NATO weiterhin die USA sicherheitspolitisch in die europäischen Angelegenheiten einbindet. Daß die Nordatlantische Allianz mit der Schaffung des Nordatlantischen Kooperationsrates (NACC) ansatzweise die ehemaligen Mitglieder des Warschauer Pakts in die eigene Struktur einbezogen hat, war nicht nur ein taktisch kluger Schachzug, sondern bekanntlich auch der Wunsch vor allem der ostmitteleuropäischen Mitglieder des Paktes, die sich nach dessen Auflösung, wie in vielen Erklärungen artikuliert, in ein sicherheitspolitisches Vakuum hineingestoßen fühlten.

Einbindungen der genannten Art sind für die östliche Hälfte Europas von essentieller Bedeutung, weil hier eine Renationalisierung der Sicherheitspolitiken nicht nur droht, sondern bereits faktisch stattfindet: Nicht nur die ostmitteleuropäischen Staaten, sondern auch alle Nachfolgestaaten der Sowjetunion sind dabei, ihre sicherheitspolitische Lage neu zu definieren und in entsprechende militärische und Rüstungsvorkehrungen zu übersetzen. Deshalb ist die erste Hälfte der neunziger Jahre von einer weichenstellenden Bedeutung für die Sicherheitslage im östlichen Teil Europas. Während in der westlichen Hälfte Europas, Deutschland inbegriffen, keine konkreten und schon gar nicht virulente Sicherheitsdilemmata ausgemacht werden können (wer denn bedroht Deutschland im Sinne einer deshalb konkret erforderlich werdenden Landesverteidigung?), findet Sicherheitspolitik in der östlichen Hälfte Europas in konkreten Konfliktbezügen statt. Die Szenarien haben einen beängstigenden Wirklichkeitsgehalt, so wenn beispielsweise im Hinblick auf die »neue Mazedonien-Frage« kriegerische Auseinandersetzungen zwischen Mazedonien, Griechenland, Bulgarien, Serbien und Albanien prognostiziert werden. Dieses Beispiel steht für allzu viele andere.

Deutschland *muß* ein Interesse daran haben, daß solchen abwegigen sicherheitspolitischen Entwicklungen gegengesteuert wird.[1] Es wäre aber vermessen zu glauben, Deutschland allein könne in dieser Hinsicht mit Aussicht auf Erfolg tätig werden. Erfolge im Hinblick auf die Mäßigung der Sicherheitsdilemmata und den Aufbau einer europäischen Sicherheitsarchitektur werden sich, wenn überhaupt, ohnehin nur als Ergebnis einer kollektiven Anstrengung einstellen. Eine solche kann vermittels westlicher Organisationen vorbereitet werden; die eigentliche Plattform wird aber weiterhin die Konferenz über Sicherheit und Zusammenarbeit in Europa (KSZE) sein. Diese mag schwächer sein, als viele sie gewünscht haben; sie mag inzwischen wegen ihrer »Ausfransung« nach Osten zu viele Mitglieder haben, bei denen nicht so ohne weiteres klar ist, was sie zu einem Mitglied Europas

---

1 S. hierzu Wolfgang Heydrich u. a. (Hg.), *Sicherheitspolitik Deutschlands. Neue Konstellationen, Risiken, Instrumente*, Baden-Baden 1992, hierin insbesondere die Einführungen von Uwe Nerlich zu den vier Hauptteilen des Buches: Konstellationsanalyse, Risikoanalyse, Instrumentalanalyse sowie Interessenanalyse.

macht. Aber eine Alternative zu dieser im Prinzip ausbaufähigen Institution steht nicht zur Verfügung. Deshalb sollte nicht anders als während der alten KSZE (bis 1989) und in der Phase ihrer Reorientierung zu einer Organisation für eine gesamteuropäische kooperative Friedensgestaltung (nach 1990) die deutsche Außenpolitik den weiteren Ausbau der »neuen KSZE« zu einem vordringlichen Ziel machen. Was in wirtschaftlicher Hinsicht unausweichlich auf einer EG- oder EWR-Schiene laufen wird – das Management gesamteuropäischer Wirtschaftskooperation –, wird im sicherheitspolitischen Bereich auf einer KSZE-Schiene zu organisieren sein: die Sicherheitsarchitektur Gesamteuropas.

Dabei gilt es, die erreichten Ansätze auszubauen: die Vertiefung gemeinsamer sicherheitspolitischer Prinzipien (wie über Inspektion und Verifikation hergestellte Transparenz), die Orientierung der Sicherheitsstrukturen an allgemeiner Angriffsunfähigkeit, die Stärkung der beschlossenen Instrumentarien für Eventualfälle (einschließlich der entsprechenden Dringlichkeitsmechanismen), die Modalitäten für Frühwarnung und Konfliktprävention sowie für Krisenbewältigung im Falle eskalierender Konflikte; ganz allgemein: die Modalitäten und Instrumentarien Friedlicher Streitbeilegung (FSB) und Kollektiver Sicherheit (SKS).

Schließlich geht es auch darum, das durch das Gipfeltreffen der KSZE in Helsinki im Juli 1992 eingerichtete Sicherheitspolitische Forum dafür zu nutzen, um weitere, über die bisherigen gesamteuropäischen Abrüstungsabkommen hinausreichende Abrüstungsschritte zu vereinbaren. Die beiden Abrüstungsabkommen von 1990 und 1992, die sich zum einen auf schweres Gerät, zum anderen auf Personalstärken beziehen, haben nämlich Größenordnungen festgelegt, die zwar erhebliche Reduktionen im Vergleich zum militärischen Status quo der zu Ende gegangenen Blockkonfrontation bedeuten; die jetzt festgelegten Größenordnungen von Gerät und Militärpersonal spiegeln jedoch nicht wirkliche sicherheitspolitische Problemlagen wider; im großen und ganzen handelt es sich um willkürliche Obergrenzen, die ohne dramatische sicherheitspolitische Implikationen erhebliche Prozentsätze höher oder auch niedriger liegen könnten.

Überdies sollte sich im Laufe der kommenden Jahre die KSZE reorganisieren: Als institutioneller Kern sollte ein Europäischer Sicherheitsrat geschaffen werden. Diesem könnten zu gleichen Teilen ständige und nicht-ständige Mitglieder angehören. Mit einem solchen Organ, in dem es ein Vetorecht nicht geben dürfte, könnte die Handlungsfähigkeit der KSZE erhöht werden.[1]

Initiativ werden sollte die deutsche Außenpolitik auch im Hinblick auf die Perspektive sich verflechtender europäischer Institutionen (interlocking institutions): Welche Arbeitsteilung und Kooperation sollen zwischen der KSZE einerseits und der NATO und WEU andererseits sowie außerhalb des sicherheitspolitischen Bereichs zwischen KSZE, EG, EWR, Europarat, Gruppe der Sieben und anderen angestrebt werden? Antworten auf diese Frage sind für die KSZE von erheblicher Bedeutung, denn inzwischen ist unübersehbar, daß sie der institutionellen Rückversicherung mit schon existierenden europäischen Institutionen bedarf, um selbst handlungsfähiger zu werden.

Die sicherheitspolitische Problemlage in der östlichen Hälfte Europas definiert sich jedoch nicht nur über potentielle zwischenstaatliche Konfliktfronten, sondern vielfach über ethnonationalistische Konflikte, die allerdings so, wie sie in vielen Fällen gelagert sind, konventionelle zwischenstaatliche Militärkonflikte zur Folge haben können. Von diesem Hintergrund her gesehen muß die bisher nicht erfolgte

1 Zur KSZE s. die Bestandsaufnahme in Norbert Ropers und Peter Schlotter: *Die KSZE. Multilaterales Konfliktmanagement im weltpolitischen Umbruch. Zukunftsperspektiven und neue Impulse für regionale Friedensstrategien*, in: *HSFK-Report*, Nr. 11/12, Frankfurt a. M. 1992. Vgl. auch Michael Staack (Hg.), *Aufbruch nach Gesamteuropa. Die KSZE nach der Wende im Osten*, Münster 1993.

bzw. mangelhafte Bearbeitung ethnonationalistischer Konflikte durch die KSZE als deren größtes Versäumnis begriffen werden.

Spätestens nach dem Kopenhagener KSZE-Dokument vom Juni 1990, in dem zum ersten Mal die Minderheitenproblematik erstaunlich weitsichtig zum Thema gemacht wurde, hätte ein diesbezüglicher Konfliktbearbeitungs- und Institutionalisierungsprozeß beginnen müssen. Beispielsweise durch die Verdichtung der im Kopenhagener Dokument entwickelten Prinzipien und Perspektiven zu einer KSZE-Minderheitencharta, weiterhin durch einen sich daran anschließenden Aufbau einer KSZE-Institution für den Minderheitenschutz, die gegenüber den jeweiligen Regierungen berichtspflichtig wäre und deren sich die Minderheiten als eine Art Appellationsinstanz bedienen könnten. Eine solche Institution hätte eine wichtige Funktion als Plattform für die Streitbeilegung und die Anwendung entsprechender Instrumentarien: Untersuchung, Verhandlung, Vermittlung, Vergleich, Schiedsspruch, insbesondere Bereitstellung von sogenannten Dritten Parteien usf. Die auf der Gipfelkonferenz in Helsinki im Juli 1992 getroffene Entscheidung, im Rahmen der KSZE einen Hohen Kommissar für nationale Minderheiten einzusetzen, ist wichtig, aber diese Maßnahme kommt spät und greift angesichts der realen Probleme institutionell zu kurz.

Deutschland hat keine staatssprengenden ethnopolitischen Probleme, die in vielen anderen Staaten Europas von erheblicher politischer Virulenz sind. Gerade deshalb könnte es im Hinblick auf den Aufbau einer gesamteuropäischen Plattform für die Bearbeitung dieser Problematik initiativ werden.

5. Das weltpolitische Interesse

Auf ihrem Gipfeltreffen in Helsinki verständigte sich die KSZE 1992 darauf, sich selbst als eine »regionale Abmachung« im Sinne von Kapitel VIII der Charta der Vereinten Nationen (VN) zu verstehen. In der Charta ist festgelegt (Art. 52,2), daß sich die Mitglieder regionaler Abmachungen darum bemühen, durch Inanspruchnahme dieser Abmachungen oder Einrichtungen örtlich begrenzte Streitigkeiten friedlich beizulegen, bevor sie den Sicherheitsrat der VN damit befassen. Nach Artikel 53 kann der Sicherheitsrat gegebenenfalls die regionalen Abmachungen oder Einrichtungen zur Durchführung von Zwangsmaßnahmen unter seiner Autorität in Anspruch nehmen. Ohne Ermächtigung des Sicherheitsrates dürfen Zwangsmaßnahmen aufgrund regionaler Abmachungen oder regionaler Einrichtungen also nicht ergriffen werden. Nach Artikel 54 der Charta ist der Sicherheitsrat jederzeit vollständig über Maßnahmen auf dem laufenden zu halten, die zur Wahrung des Weltfriedens und der internationalen Sicherheit aufgrund regionaler Abmachungen oder seitens regionaler Einrichtungen getroffen oder in Aussicht genommen werden.

Die offizielle Definition der KSZE als einer regionalen, den Vereinten Nationen zugeordneten Abmachung zur Wahrung des Friedens hat, nicht anders als die Neuverständigung der VN auf einen aktiveren weltpolitischen Part nach dem Ende des Ost-West-Konfliktes, auch Konsequenzen für die Neudefinition der weltpolitischen Rolle Deutschlands. Worum geht es dabei?

In dem Bericht, den VN-Generalsekretär Boutros-Ghali am 17. Juli 1992 an den Sicherheitsrat richtete, wird eine neue weltpolitische »Agenda für den Frieden« umrissen.[1] In

---

1 Das Dokument des UN-Generalsekretärs ist in dem von der Stiftung Entwicklung und Frieden herausgegebenen Buch abgedruckt: *Die Agenda für den Frieden. Analysen und Empfehlungen des UN-Generalsekretärs*, Bonn 1993.

diesem Dokument moniert der Generalsekretär die bisher unzureichenden institutionellen Vorkehrungen und Kompetenzen, einschließlich einer völlig unzureichenden Mittelausstattung für die Erfüllung wesentlicher Aufgaben der Vereinten Nationen nach dem Ende des Ost-West-Konfliktes und der Blockkonfrontation. Zu diesen Aufgaben werden gezählt: vorbeugende Diplomatie, vertrauensbildende Maßnahmen, Tatsachenermittlung, Frühwarnung, vorbeugende Einsätze in Krisengebieten, vorbeugende Herbeiführung entmilitarisierter Zonen, aktivere Rolle bei friedlicher Streitbeilegung (einschließlich der verstärkten Nutzung des Internationalen Gerichtshofes zur Entscheidung von Streitigkeiten); Entschärfung von Konflikten durch Hilfeleistung, Anwendung von militärischer Gewalt (sofern andere friedliche Mittel nachweisbar versagen); in diesem Zusammenhang: Aufbau von VN-Truppen zur Friedensdurchsetzung mit vorher festgelegter Aufgabenstellung, verstärkte Hilfestellung im Bereich der Blauhelm-Missionen (Sicherung ihrer Finanzierung und Schutz des Personals) sowie Hilfestellung nach Beendigung von Konflikten (»Friedenskonsolidierung in der Konfliktfolgezeit«).

Dieser umfassende Katalog für eine weltpolitisch aktivere Rolle der Vereinten Nationen (Konfliktvorbeugung, friedliche Streitbeilegung, friedenswahrende, friedensschaffende und friedenskonsolidierende Maßnahmen) bliebe, wie immer im Falle überstaatlicher Organisationen, völlig folgenlos, wenn nicht einzelne Mitgliedstaaten, auf die es wirklich ankommt, bereit sind, ein solches Aktionsprogramm mit ins Werk zu setzen.

Zu den Mitgliedstaaten, auf die es ankommt, gehört ohne Zweifel Deutschland. Ob es in Kürze Mitglied des Sicherheitsrates wird, ist dabei eine zweitrangige Frage. Lange ehe es einen ständigen Sitz im Sicherheitsrat wird einnehmen können, kann Deutschland die oft zitierte, aber kaum in operative Perspektiven übersetzte »weltpolitische Verantwortung« übernehmen: Sich die »Agenda für den Frieden« zu eigen zu machen sowie die Vereinten Nationen in den verschiedenen Dimensionen nicht nur konzeptionell, sondern handfest durch personelle, finanzielle und logistische Hilfestellung zu unterstützen wäre ein bedeutender Schritt in Richtung auf eine Profilierung deutscher Außenpolitik. Wichtig wäre es, Rhetorik zu vermeiden, früh und unmißverständlich eigene Konditionen für Maßnahmen des Beistandes zu benennen sowie im Hinblick auf friedenserhaltende und friedensschaffende Maßnahmen der Vereinten Nationen das Versteckspiel mit dem Grundgesetz zu beenden. Die hierfür erforderliche Ergänzung des Grundgesetzes ist, wenn man politisch will, unschwer formulierbar.[1]

Viel schwieriger zu formulieren ist eine Interventionskasuistik, die der »Agenda für den Frieden« logisch voranzustellen wäre, über die eine intensive Diskussion stattfinden sollte: Welches Verhalten von Staaten bzw. gesellschaftlichen Gruppen legitimiert die Intervention von seiten kollektiver Akteure wie der VN oder im europäischen Kontext der KSZE? Welche Handlungen setzen das alte Prinzip der Nichteinmischung in innere Angelegenheiten außer Kraft und erfordern geradezu eine Einmischung? Wenn Genozid-Politik bzw. eine Politik, die Menschen massenhaft vertreibt, unmittelbar einsehbarer Anlaß für legitime Intervention ist (Somalia!), wie steht es dann mit den sich häufenden anderen »chronischen« Bürgerkriegen, dem Fall einer brutalen Drangsalierung von Menschen im Innern eines Landes ohne externe Folgen, der gravierenden Verletzung von Minderheitsrechten oder in ganz anderer Hinsicht der ökologischen Kriegführung oder dem Streben nach Massenvernichtungswaffen, um nur einige Beispiele zu nennen?

Klärungen sind in dieser Hinsicht nicht nur von der Poli-

1 Eine entsprechende Formulierung habe ich vorgelegt und begründet in Dieter Senghaas, *Vorschlag zur Grundgesetz-Ergänzung in Sachen Bundeswehr*, in: *Blätter für deutsche und internationale Politik*, Heft 10, 1992, S. 1162-1164.

tik gefordert, sondern auch von der Wissenschaft, vor allem von einem auf Innovation ausgerichteten Völkerrecht und der Friedensforschung. Es geht dabei nicht um die Wiederbelebung »humanitärer Intervention«, einer Formel, die vor hundert Jahren imperialistische Machtpolitik beschönigte. Vielmehr sollte mit solchen analytischen Bemühungen die Legitimationsgrundlage für Weltinnenpolitik, zumindest für einen gewichtigen Ausschnitt von ihr, erarbeitet werden. Ohne sie wird es bei unmittelbar Betroffenen wie auch gegebenenfalls bei Nichtbeteiligten quasi-instinktive Abwehrreflexe geben.

Von der instrumentellen Seite her könnte eine solche Legitimationsgrundlage nachdrücklich unterstützt werden, wenn allen Interventionen im Auftrage der Vereinten Nationen (zu denen dann auch Interventionen im Rahmen der KSZE gehörten) unmißverständlich der Charakter internationaler Polizeiaktionen gegeben würde. Das bedeutet keinen Verzicht auf bewaffneten Schutz humanitärer Maßnahmen, auch nicht den Verzicht auf andere bewaffnete Interventionen im Interesse der Wiederherstellung verletzter Menschenrechte (beispielsweise im Falle von Völkermord), wohl aber den Verzicht auf Militäraktionen im Sinne klassischer Machtpolitik, ein Gesichtspunkt, der gerade auch bei der Festlegung deutscher Beiträge zu solchen Interventionen beachtet werden sollte.

Der Sicherung des Friedens (im engeren Sinne des Begriffes) muß das weltpolitische Interesse der Deutschen gelten. Aber es muß sich auch verläßlich und berechenbar auf jene Dimensionen internationaler Politik ausrichten, die sich zu weltinnenpolitischen Problemlagen verdichten und einen erheblichen überstaatlichen und überregionalen, d. h. weltweiten Verregelungsbedarf nach sich ziehen: Entwicklung, Umwelt, Menschenrechte.

6. Die Philosophie der eigenen Agenda

Weltpolitik bzw. internationale Politik ist mehr als die Summe der Außenpolitiken einzelner Staaten. Aber einzelne Staaten sind in dieser Welt von unterschiedlichem Gewicht. Von der alten Bundesrepublik wird in völliger Verzeichnung der wirklichen Lage behauptet, sie habe sich im Windschatten anderer großer Mächte bewegt und sich auf diese Art und Weise in einer weltpolitischen Nische gemütlich eingerichtet. Mit dem Ende des Ost-West-Konfliktes und nach vollzogener Wiedervereinigung sei es mit solcher eigennützigen Selbstgenügsamkeit zu Ende. Deutschland könne sich ein solches Selbstverständnis und das entsprechende Handeln nicht mehr leisten, denn man erwarte von ihm ein deutlicheres eigenes Profil.[1]

Solche Thesen und Beobachtungen sind weithin ohne Wirklichkeitsgehalt; sie überleben nur durch den Effekt der ihnen zugrunde liegenden rhetorischen Überzeichnung: Die alte Bundesrepublik fristete kein Nischendasein, aber sie lebte unter konstellationsbedingten welt- und europapolitischen Einschränkungen, die nicht eingebildet und schon gar nicht Ausdruck selbstverschuldeter politischer Unmündigkeit waren.

Bekanntlich werden die zitierten Thesen in die Welt gesetzt, um die politische Klasse der »Machtvergessenheit« zu bezichtigen – mit dem Ziel, den als Folge der Wiedervereinigung unterstellten »Machtzuwachs« (gibt es ihn wirklich?) in deutsche Macht- und Interessenpolitik übersetzt zu sehen. In der Konsequenz solcher meist nur suggestiven Argumentationsketten leben dann leicht alte geopolitische Phantasien wieder auf.[2]

---

1 Neben anderen besonders prononciert Arnulf Baring, *Deutschland, was nun?*, Berlin 1991.
2 Ein demgegenüber umsichtiger Umgang mit der Problematik findet sich in Gregor Schöllgen, *Angst vor der Macht. Die Deutschen und ihre Außenpolitik*, Berlin 1993.

Ihnen liegt ein alter Machtbegriff zugrunde, dem zufolge Macht definiert wird als die Fähigkeit, den eigenen Willen gegen den Widerstand anderer durchsetzen zu können. In einer wesentlich abgemilderten, wirklichkeitsnäheren Form wird Macht als Fähigkeit begriffen, sich nicht anpassen zu müssen. Doch im heutigen Umfeld deutscher Politik, das durch vielfältige Verflechtungen gekennzeichnet ist, scheint jener Machtbegriff der einzig angemessene zu sein, durch den Macht definiert wird als die Fähigkeit, es sich leisten zu können, nicht zu lernen.[1] In dieser Definition sind nämlich die im Machtbesitz immer angelegten Gefahren zur Lernpathologie, zum Realitätsverlust und zur Selbstverdummung eingeschlossen, also die fatalen Folgen der aus Machtbesitz resultierenden Insensibilitäten gegenüber der eigenen Umwelt: die Mißachtung der Interdependenzen und der sich aus ihnen ergebenden Handlungsgebote.

Ein Deutschland, daß sich seiner exponierten, durch viele Interdependenzen charakterisierten Lage bewußt ist, wird gerade angesichts seines Wirtschafts- und seines politischen Handlungspotentials aus wohlverstandenem Eigeninteresse einem fortgeschrittenen, selbstkritischen Machtbegriff folgen. Denn schon das Beispiel der alten Bundesrepublik zeigte, in wie viele Lernzwänge ein größenmäßig, sicherheitspolitisch und ökonomisch exponierter Staat wie die Bundesrepublik eingebunden war und wie wenig es sich ein solcher Staat leisten konnte, sich taub zu stellen und nicht zu lernen. Gerade umgekehrt läßt sich behaupten: Der relative Erfolg der alten Bundesrepublik war unter anderem wesentlich darin begründet, daß sie sich in ihrem Außenverhalten als lernoffen und anpassungsfähig erwiesen hat, weshalb es im jeweiligen Umfeld zu einer insgesamt erfolgreichen politischen Koordination des eigenen Verhaltens mit demjenigen anderer Staaten gekommen ist. Berechenbarkeit und Verläßlichkeit waren,

1 Letztere ist die klassische Definition von Karl W. Deutsch, *Politische Kybernetik*, Freiburg 1969.

ungeachtet unvermeidlicher diplomatischer Kontroversen, wichtige Aktivposten deutscher Außenpolitik.

Das wiedervereinigte Deutschland ist wirtschaftlich nicht weniger exponiert als die alte Bundesrepublik. Sein allgemeines politisches Umfeld ist um einiges komplexer als zur Zeit der Blockkonfrontation. Die Anforderungen an Lernfähigkeit, an Koordination des Handels mit näher und ferner liegenden Staaten sowie an die Konzertierung von Politik mit verbündeten Partnern sind nach dem weltpolitischen Umbruch gewachsen, sie lassen sich nicht durch Rekurs auf »Machtpolitik« überspielen. Eine Reduzierung objektiver Komplexität durch Machtpolitik wäre für Deutschland nicht nur kontraproduktiv, sondern ein Desaster.

Die nationalen Interessen Deutschlands sind, wie aus den fünf vorangehenden Beobachtungen abzuleiten ist, *verflochtene Interessen*: Am deutlichsten tritt dieser Sachverhalt im Hinblick auf das außenwirtschaftliche Profil Deutschlands sowie dessen erforderliche politische Abfederung im Rahmen der westeuropäischen Integration zutage.[1] Sicherheit läßt sich zuträglich nur noch als gemeinsame Sicherheit organisieren, konkret in Europa durch eine Mischung von kollektiver Verteidigung und kollektiver Sicherheit. Weltpolitik im alten Stile einer geopolitisch motivierten Machtpolitik betreiben zu wollen hieße Amok laufen. An einer kollektiven weltpolitischen Agenda sich zu beteiligen und in sie konzeptionelle Impulse und Ressourcen einzubringen wäre demgegenüber Weltpolitik auf der Höhe der Zeit.

Aus einer interdependent werdenden Welt werden viele Probleme auf Deutschland zukommen, ob wir das wollen oder nicht (beispielsweise die Flüchtlingsproblematik). Viele

---

1 Dieser elementare Zusammenhang wird in der meist polemischen Debatte über die »Westbindung« Deutschlands kaum anfänglich erkannt. S. als Beleg die Beiträge in Rainer Zitelmann u. a. (Hg.), *Westbindung. Chancen und Risiken für Deutschland*, Frankfurt a. M./Berlin 1993.

Probleme werden, wenn überhaupt, nur noch in anhaltender weltweiter Koordination mit anderen Staaten beherrschbar sein (so beispielsweise die Ursachen der weltweiten Klimaänderung). Manchen Problemen wird man schlichtweg hilflos ausgesetzt sein (wie beispielsweise dem Bevölkerungswachstum in den Entwicklungsregionen der Welt). Durch entschlossenes Handeln könnten manche Probleme in kürzester Zeit bewältigt werden (internationaler Waffenhandel, Schuldenkrise der Dritten Welt). Entschlossenes Handeln durch Sparmaßnahmen – durch eine technisch mögliche erhebliche Effizienzsteigerung bei der Verwendung von Energie und eine Umpolung auf regenerierbare Ressourcen – könnte in langfristiger Hinsicht das Weltenergieproblem entdramatisieren helfen. Alle diese und andere Problembereiche lassen auch unilaterale Maßnahmen sinnvoll erscheinen, aber ihr Erfolg wäre letztlich nur als Ergebnis eines weltweiten Interdependenzmanagements garantiert. Dieses ist kein Selbstläufer, sondern bedarf der Initiative, also eines oder mehrerer politischer Zugpferde. Wenn von größerer Verantwortung Deutschlands gesprochen wird, ist auch an eine solche initiative Rolle Deutschlands im Konzert mit anderen zu denken.

Außenpolitik, die sich als Friedenspolitik versteht, muß – wenn man von einem zeitgemäßen Friedenskonzept ausgeht – an einer vierfachen Zielsetzung orientiert werden: Schutz der Freiheit, Schutz vor Gewalt, Schutz vor Not und Schutz vor Chauvinismus. Positiv formuliert heißt dies: Förderung und Sicherung von Rechtsstaatlichkeit und ganz allgemein von Menschenrechten; Aufbau von Netzen der Kooperation, die das Sicherheitsdilemma mäßigen und Erwartungsverläßlichkeit im Sinne von Transparenz der Handlungsmotive und der Berechenbarkeit des Verhaltens institutionalisieren; ökonomischer Ausgleich, ohne den sich in und zwischen modernen, das heißt politisierten Gesellschaften Legitimität nicht einstellt; und schließlich Empathie, gewissermaßen der emotionale Kitt, ohne den es eine konstruktive Konfliktkultur innerhalb von Gesellschaften sowie zwischen ihnen nicht gibt, auch nicht einen Zugang zu konstruktiven Formen der Konfliktbearbeitung.

Gebündelt resultiert aus solchen Orientierungen eine Zivilisierung von Politik[1] oder, falls diese Orientierungen umkippen, die Entzivilisierung von Politik, also Regression – und zwar in vierfacher Hinsicht: Regression im Sinne von *Geopolitik*, verstanden als uneingehegter Machtkampf (insbesondere zwischen den »großen Mächten«); Regression im Sinne von *Geoökonomie*, verstanden als aggressiv-eigennützige Maximierung der jeweiligen ökonomischen Position; Regression im Sinne von *Geoökologie*, verstanden als rücksichtslos-egoistische Vorteilsnahme bei der Vernutzung von Natur (insbesondere von Gemeingütern); sowie Regression im Sinne von *Geokultur*, verstanden als bewußte Instrumentalisierung von »Kultur« (oder vielmehr Unkultur) in solchem internationalen Machtkampf.

Gegenüber solchen Versuchungen regressiver Politik und entsprechenden Sogwirkungen aus dem internationalen Umfeld wird sich Politik in Deutschland zu bewähren haben. *Zivilisierung* oder *Regression*: Beide analytische Begriffe markieren eine höchst praktische Alternative.

---

1 Besonders erhellend Hanns W. Maull, *Zivilmacht Bundesrepublik Deutschland. Vierzehn Thesen für eine neue deutsche Außenpolitik*, in: *Europa Archiv*, Bd. 47, Nr. 10, 1992, S. 269-278.

Literaturhinweise

In die Auswahlbibliographie wurden vor allem Veröffentlichungen aufgenommen, die sich mit den Entwicklungen des gesamten internationalen Systems nach dem weltpolitischen Umbruch 1989/90 auseinandersetzen.

Ake, Claude, *The New World Order. A View from the South*, Lagos 1992

Altvater, Elmar, *Der Preis des Wohlstandes oder Umweltplünderung und neue Welt(un)ordnung*, Münster 1992

Amin, Samir, *L'empire du chaos*, Paris 1991

Beyond International Society, Sondernummer von *Millennium*, Bd. 21, Nr. 3, 1992

Brown, Seyom, *International Relations in a Changing Global System*, Boulder 1992

Buzan, Barry u. a., *The Logic of Anarchy. Neorealism to Structural Realism*, New York 1993

Calließ, Jörg (Hg.), *Weltsystem und Weltpolitik jenseits der Bipolarität*, 2 Bde., Loccum 1991 und 1992

Calließ, Jörg (Hg.), *Aufbruch in eine Neue Weltordnung*, Loccum 1992

Calließ, Jörg und Merkel, Christine (Hg.), *Peaceful Settlement of Conflict. A Task for Civil Society*, Loccum 1993

Camilleri, Joseph A. und Falk, Jim, *The End of Sovereignty? The Politics of a Shrinking and Fragmenting World*, Aldershot 1992

Corm, Georges, *Le nouveau désordre économique mondial*, Paris 1993

Czempiel, Ernst-Otto, *Weltpolitik im Umbruch*, München 1993²

Dahrendorf, Ralf, *Der moderne soziale Konflikt*, Stuttgart 1992

Die Erde 2000. Wohin sich die Menschheit entwickelt, Sonderheft von *Spiegel Spezial*, Nr. 4, 1993

Diner, Dan, *Der Krieg der Erinnerungen und die Ordnung der Welt*, Berlin 1991

Doran, Charles F., *Systems in Crisis. New Imperatives of High Politics at Century's End*, Cambridge 1991

Falk, Richard, *Explorations at the Edge of Time. The Prospects for World Order*, Philadelphia 1992

Forndran, Erhard (Hg.), *Politik nach dem Ost-West-Konflikt*, Baden-Baden 1992

Gantzel, Klaus Jürgen (Hg.), *Die Kriege nach dem Zweiten Weltkrieg bis 1992*, Münster 1994

Gore, Al, *Wege zum Gleichgewicht. Ein Marshallplan für die Erde*, Frankfurt a. M. 1992

Grew, Anthony B. u. a., *Global Politics. Globalization and the Nation-State*, Oxford 1992

Gurr, Ted Robert, *Minorities at Risk. A Global View of Ethnopolitical Conflicts*, Washington 1993

Halperin, Morton H. u. a., *Self-Determination in the New World Order*, Washington 1992

Hein, Wolfgang (Hg.), *Umbruch in der Weltgesellschaft. Auf dem Weg zu einer ›Neuen Weltordnung‹*, Hamburg 1994

Hippler, Jochen, *Die Neue Weltordnung*, Hamburg 1991

Holm, Hans-Henrik und Sørensen, Georg (Hg.), *Whose World Order? Uneven Globalization and the End of the Cold War*, Boulder 1994

Huntington, Samuel B., *The Third Wave. Democratization in the Late Twentieth Century*, London 1991

Jowitt, Ken, *New World Disorder. The Leninist Extinction*, Berkeley 1992

Kennedy, Paul, *In Vorbereitung auf das 21. Jahrhundert*, Frankfurt a. M. 1992

King, Alexander und Schneider, Bertrand, *Die globale Revolution. Bericht des Club of Rome 1991*, Sonderheft von *Spiegel Spezial*, Nr. 2, 1991

Klare, Michael T. und Thomas, Daniel C. (Hg.), *World Security*, New York 1991

Knapp, Manfred und Krell, Gert (Hg.), *Einführung in die Internationale Politik*, München 1994[3]

Knieper, Rolf, *Nationale Souveränität. Versuch über Ende und Anfang einer Weltordnung*, Frankfurt a. M. 1991

Kößler, Reinhart und Melber, Henning, *Chancen internationaler Zivilgesellschaft*, Frankfurt a. M. 1993

Kondylis, Panajotis, *Planetarische Politik nach dem Kalten Krieg*, Berlin 1992

Krell, Gert und Müller, Harald (Hg.), *Frieden und Konflikt in den internationalen Beziehungen*, Frankfurt a. M. 1994

Küng, Hans und Kuschel, Karl-Josef (Hg.), *Weltfrieden durch Religionsfrieden*, München 1993

Marty, Martin I. und Appleby, R. Scott (Hg.), *Fundamentalisms Observed*, London 1991

Menzel, Ulrich, *Das Ende der Dritten Welt und das Scheitern der großen Theorie*, Frankfurt a. M. 1992

Mlinar, Zdravko (Hg.), *Globalization and Territorial Identities*, Aldershot 1992

Müller, Harald, *Die Chance der Kooperation. Regime in den internationalen Beziehungen*, Darmstadt 1993

Neue Weltordnung. Beiträge zur Weltordnungsdebatte, Schwerpunkt-heft von *WeltTrends*, Bd. 1, Nr. 1, 1993

Opitz, Peter J. (Hg.), *Weltprobleme*, Bonn 1990[3]

Richter, Emanuel, *Der Zerfall der Welteinheit. Vernunft und Globalisierung in der Moderne*, Frankfurt a. M. 1992

Rittberger, Volker (Hg.), *Regimes in International Relations*, Oxford 1993

Robbe, Martin und Senghaas, Dieter (Hg.), *Die Welt nach dem Ost-West-Konflikt. Geschichte und Prognosen*, Berlin 1990

Robertson, Roland, *Globalization. Social Theory and Global Culture*, London 1992

Rode, Reinhard, *High Tech Wettstreit 2000*, Frankfurt a. M. 1993

Rosenau, James, *Turbulence in World Politics*, Princeton 1990

Senghaas Dieter, *Friedensprojekt Europa*, Frankfurt a. M. 1992

Tetzlaff, Rainer (Hg.), *Menschenrechte und Entwicklung*, Bonn 1993

Tibi, Bassam, *Die fundamentalistische Herausforderung. Der Islam und die Weltpolitik*, München 1993[2]

Weizsäcker, Ernst-Ulrich von, *Erdpolitik. Ökologische Realpolitik an der Schwelle zum Jahrhundert der Umwelt*, Darmstadt 1992[3]

Wolf, Klaus Dieter (Hg.), *Ordnung zwischen Gewaltproduktion und Friedensstiftung*, Baden-Baden 1993

Zunker, Albrecht (Hg.), *Weltordnung oder Chaos? Beiträge zur internationalen Politik*, Baden-Baden 1993

Jahrbücher

Globale Trends 93/94. Daten zur Weltentwicklung, hg. von Ingomar Hauchler und der Stiftung Entwicklung und Frieden, Frankfurt a. M. 1993 (2jährlich)

Friedensgutachten, Münster (jährlich)

Friedensbericht, Wien (jährlich)

Jahrbuch Frieden, München (jährlich)

Zur Lage der Welt, hg. vom Worldwatch Institute, Frankfurt a. M. (jährlich)

Inhaltsverzeichnis

III. Die Welt zwischen Ordnung und Chaos

IV. Deutschland in der Welt

Krieg und Frieden
im Suhrkamp Taschenbuch Verlag

Krieg und Frieden
im Suhrkamp Taschenbuch Verlag

Neue Historische Bibliothek
in der edition suhrkamp

»Hans-Ulrich Wehlers fast aus dem Nichts entstandene ›Neue Historische Bibliothek‹ ist (...) nicht nur ein forschungsinternes, sondern auch ein kulturelles Ereignis.«   Frankfurter Allgemeine Zeitung

314/2/9.93

Neue Historische Bibliothek
in der edition suhrkamp

Ullmann, Hans-Peter: Interessenverbände in Deutschland. NHB. es 1283

Wehler, Hans-Ulrich: Grundzüge der amerikanischen Außenpolitik 1750-1900. Von den englischen Küstenkolonien zur amerikanischen Weltmacht. NHB. es 1254

Wippermann, Wolfgang: Europäischer Faschismus im Vergleich 1922-1982. NHB. es 1245

Wirz, Albert: Sklaverei und kapitalistisches Weltsystem. NHB. es 1256

Wunder, Bernd: Geschichte der Bürokratie in Deutschland. NHB. es 1281

Ziebura, Gilbert: Weltwirtschaft und Weltpolitik 1922/24-1931. Zwischen Rekonstruktion und Zusammenbruch. NHB. es 1261